LES 100 MEILLEURS VINS À MOINS DE 25 $

GUIDE AUBRY
2013

JEAN AUBRY

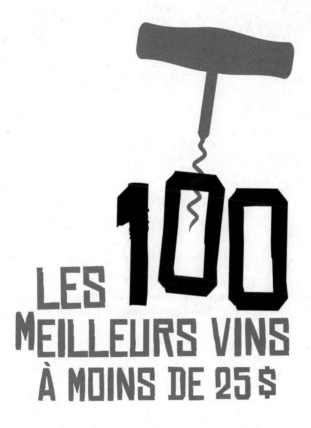

LES 100 MEILLEURS VINS À MOINS DE 25 $

Les Éditions
Transcontinental

CONCOURS

6 000 $ EN PRIX À GAGNER !

Remplissez ce coupon et envoyez-le
par la poste **avant le 4 mars 2013** à :
Concours Guide Aubry 2013
Les Éditions Transcontinental inc.
5800, rue Saint-Denis, bureau 900
Montréal (Québec) H2S 3L5

NOM   PRÉNOM

ADRESSE

VILLE

PROVINCE   CODE POSTAL

TÉLÉPHONE

COURRIEL

Répondez à la question suivante (obligatoire) :
Nommez l'un des 10 Points d'excitation 2013 de Jean Aubry.

*Tous les coupons de participation doivent nous parvenir au plus tard le lundi
4 mars 2013 à minuit, le cachet de la poste en faisant foi. Le tirage au sort
aura lieu le mercredi 6 mars 2013 à 14 h aux Éditions Transcontinental. Les
cinq gagnants seront avisés par téléphone ou par courriel. Valeur totale des
prix offerts : 5 979,45 $. Le concours est ouvert aux résidents légaux du
Canada âgés de 18 ans et plus. Les employés de TC Media et leur famille ne
sont pas admissibles au concours. Aucun fac-similé ou photocopie accepté.
Aucun achat requis*. Règlements complets disponibles sur demande à
l'adresse du concours.*

* Voir les règlements du concours pour plus de détails.

PREMIER PRIX

CAVAVIN®

LE GARDIEN DE VOS VINS

Un magnifique cellier Urbania de Cavavin, capacité de 112 bouteilles, d'une valeur de 1 999 $ rempli de la sélection 2013 complète des *100 meilleurs vins*!

Une valeur totale de
3 678 $

- Modèle noir et inox encastrable
- Tablettes coulissantes en bois haut de gamme
- Commandes numériques tactiles
- Hygrométrie stabilisée

- Porte vitrée double anti-UV
- Éclairage basse émissivité (LED)
- Dégivrage automatique
- Verrouillage de sécurité

DEUXIÈME PRIX

La sélection 2013 complète des 100 meilleurs vins

Une valeur totale de
1 678 $

TROISIÈME, QUATRIÈME ET CINQUIÈME PRIX

Chacun des gagnants recevra les 10 Points d'excitation 2013 de Jean Aubry

Une valeur de
208 $
par prix

L'Alsacien **François Barmès Buecher** avait le vin volubile ce soir-là, assis entre la chroniqueuse gastronomique du quotidien *The Gazette,* Lesley Chesterman, et moi-même. Barmès Buecher, c'est une passion réelle, une énergie vitale, une vérité immédiatement mise en bouteilles, criante, qui ne fait pas de détours. Hélas, il y a eu cet accident tout bête à la fin de 2011 et voilà que l'homme est parti exercer la biodynamie ailleurs, aux racines de l'humanité. Ne serait-ce que pour la suite du monde, avec les inconditionnels du domaine, je lève bien haut un verre de son nourrissant Crémant d'Alsace, à Geneviève Buecher...

LA TABLE DES MATIÈRES

PORTRAITS

LES 100 MEILLEURS VINS À MOINS DE 25 $

ÉDITO

DOIT-ON PAYER SES VINS PLUS QUE 25 $?

Le *Guide Aubry* en sera à sa 10e édition l'an prochain. Une feuille de route plutôt brève si on considère les 93 éditions qu'il aurait été possible de faire paraître depuis la création du monopole d'État, en 1921. Ce guide est cependant là pour rester. Pour guider et informer, dans un contexte où la planète vin est sans cesse en mouvement, avec, vous l'aurez deviné, les incidences que cela peut avoir sur le marché local.

À l'image de nombreux amateurs de vin – et il y en a beaucoup au Québec ! –, j'ai pu constater depuis maintenant plus de trois décennies l'évolution du marché chez nous. Qu'il s'agisse des goûts singuliers des gens d'ici avec, pour corollaire, l'apparition de tendances plus précises, du plus vaste choix de produits proposés par la SAQ, de l'arrivée de nouvelles bannières ainsi que de la formidable mécanique promotionnelle mise en place par Gaétan Frigon, et dont les effets se font toujours sentir aujourd'hui, ne serait-ce que sur le dernier exercice financier dont les ventes et dividendes respectifs sont de l'ordre de plus de 2,8 milliards et de 999,7 millions de beaux dollars canadiens. C'est dans ce contexte qu'évolue désormais le *Guide Aubry, Les 100 meilleurs vins à moins de 25 $.*

Le plaisir de fouiller, de découvrir, de voir, de sentir, de goûter, de cracher et de noter est toujours d'actualité même si, au fil des ans, la donne a changé. Du moins, en ce qui a trait à l'offre proposée par la SAQ. Prenons par exemple le chapitre consacré au « Top 10 vins à moins de 10 $ », qui intéressait les consommateurs soucieux de boire bon, à prix meilleur encore. Le chapitre a tiré sa révérence pour l'édition 2011, faute de candidats substantiels à se mettre sous la dent. Que s'est-il passé ? Hausse draconienne du prix départ chai ? Augmentation catastrophique des coûts de transport ? Élimination pure et simple des entrées de gamme chez les producteurs ? Apparition d'intermédiaires ou de négociants responsables d'une hausse des prix ou encore volonté de la part de la SAQ d'augmenter sa marge financière en éliminant ou en substituant les produits jugés peu rentables (moins de 12 $) – même s'ils sont toujours aussi populaires auprès du public – parce qu'elle souhaite, au final, voir le consommateur abouler la monnaie à l'intérieur d'une fourchette de prix se situant entre 15 $ et 20 $?

Vérifications faites sur le terrain, cette dernière option est la plus crédible, comme en témoignent deux exemples récents relevés au hasard. Ce Valdepenas Bonal 2007 (8,50 $), dont les clients des succursales de Jonquière, de Saint-Tite, de Lévis et de Lebel-sur-Quévillon s'arrachaient en août dernier les dernières bouteilles, ou ce portugais Periquita 2009 (12,10 $), encore disponible en septembre 2012, qui seront respectivement remplacés par le Vega Ibor 2007 (15,00 $) et le Periquita Reserva 2009 (15,95 $), tous deux par ailleurs très recommandables. Ma question : pourquoi obliger un consommateur, dont le budget est de 8,50 $ pour un vin qu'il aime, à payer le double pour un autre qui ne doublera pas nécessairement son plaisir ? Je vois mal, dans une situation non monopolistique, ce même consommateur s'offrir des chocolats Geneviève Grandbois alors qu'il affectionne, mais surtout, ne peut se payer qu'une... Caramilk !

Autres vérifications faites, l'écart entre les vins de moins de 10 $ (moins d'une centaine) et ceux de 15 $ et plus (plus de 1 500) se creuse depuis quelques années, et ce n'est que le début. Qualitativement, on perd au change. Voyez plutôt. Afin de satisfaire des prix de vente en succursale de plus de 15 $ (et ainsi rester dans la course !), plusieurs fournisseurs ont volontairement fait un « glissement » de leurs cuvées originalement embouteillées sous la bannière « Château » vers celle de « Domaine », ou d'autres mentions indiquant que les raisins ne proviennent plus de la propriété, mais qu'ils sont achetés au négoce ou à d'autres vignerons. Au final, nous ne sommes plus en face de la même qualité de produit. Pour un prix toujours passablement élevé. J'observe ce « glissement » avec inquiétude depuis quelque temps déjà.

Plusieurs centaines d'échantillons ont été dégustés encore cette année. La mission de resserrer les mailles qualitatives de produits vendus sous la barre des 25 $ s'est avérée fort exigeante. C'est mon boulot, je l'assume. Je ne travaille pas pour la SAQ et je vous évite les arcanes internes qui ont trait par exemple au protectionnisme concernant les produits courants (versus les produits de spécialité), les quotas de vente, les droits de substitution et autres pressions sur les prix liées aux promotions obligatoires. Mais si je devais être le consultant d'un jour, je dirais aux acheteurs du monopole d'État qu'il existe de superbes petits vins de producteur vendus autour de 3 ou 4 euros la bouteille (des milliers de preneurs se bousculeraient déjà au portillon!), qu'il leur suffit d'aller les chercher et d'être réalistes sur les prix proposés à la vente.

À titre d'un des acheteurs les plus puissants de la planète vin, capable de générer des économies d'échelle fascinantes, la Société des alcools du Québec devrait penser au fait qu'il se vendrait peut-être plus de vins sous la barre des 15 $ si elle respectait aussi le choix d'un consommateur qui ne peut ou ne veut payer plus. À la SAQ, on ne vend pas des clous, des vis et des boulons, mais des bouteilles coiffées de capsule à vis et d'autres flacons porteurs de rêves et d'émotions. Je suis convaincu que le vin n'a pas besoin d'être cher pour être bon et qu'il existe d'excellentes affaires sous la barre des 25 $. J'envisage encore moins de troquer le titre actuel de ce guide contre celui des *100 meilleurs vins à moins de 100 $*!

Jean Aubry

COMMENT UTILISER CE GUIDE

L'éthique

Le *Guide Aubry 2013* est libre de toutes contraintes commerciales, et son contenu n'engage que l'auteur en ce qui a trait à la sélection des échantillons et aux commentaires émis. Parmi les vins blancs et rouges en vente toute l'année à la SAQ, seuls les 100 vins offrant le meilleur rapport qualité-plaisir-prix au moment de la parution sont présents dans ce guide.

La qualité première du vin constitue le critère d'évaluation de base. Tous les vins sont réévalués chaque année, et rien ne garantit que ceux sélectionnés dans une édition se retrouveront dans l'édition subséquente. Le vin est franc, droit, loyal, marchand et... inspiré? Il se taille une place dans ce guide. Qu'il soit modeste ou de prestigieuse lignée, simple vin de pays ou d'illustre terroir, un critère essentiel retient mon attention: celui de l'équilibre. Une notion qui coiffe toutes les autres.

J'ai donc privilégié l'harmonie et la complémentarité de produits susceptibles d'agrémenter et de diversifier le plaisir du vin, quelles que soient votre humeur et la saison de l'année. Parce qu'il est ouvert à tous les produits, ce guide donne la chance à tous les coureurs, même si certains d'entre eux ont peu d'affinités avec mes goûts personnels. Peut-être ont-ils des affinités avec les vôtres. Ne serait-ce que pour cette raison, je me dois d'être équitable. Les prix, scrupuleusement vérifiés au moment de la publication, peuvent néanmoins varier en cours d'année.

La structure du livre

Outre ma compilation annuelle des 100 meilleurs vins blancs et rouges à moins de 25 $, je vous ai concocté de nombreux palmarès – les «top 10» –, qui à leur tour ciblent, dans des catégories précises, des choix gagnants pour tous les goûts et toutes les bourses. Ces sélections vous assurent d'accéder rapidement à la crème de la crème des produits disponibles toute l'année. Notez qu'un accord gourmand complète, sans chichi, la description des produits.

Vous trouverez également bon nombre de chapitres complémentaires, où vous découvrirez tout autant quelles bouteilles apporter au restaurant que les meilleurs accords mets et cépages.

Comme par les années passées, certains chapitres s'ouvrent sur un bref portrait d'une personnalité actuelle du monde du vin.

Les nouveautés de cette édition

Le *Guide Aubry* s'enrichit cette année de trois chapitres originaux.

D'abord, de fructueuses rencontres avec neuf sommeliers, ces artistes des mariages de l'assiette et du verre qui officient à l'enseigne des belles tables du Québec. Ils ont bien voulu se confier tout en vous proposant quelques choix de vins de tous les jours et des grandes occasions. Un chef dont la réputation n'est plus à faire se joint à eux pour s'exprimer à son tour. Vous trouverez leurs suggestions dans **Les choix des experts de la table** (page 25).

Autre nouveauté, tout aussi utile que ludique : le top 10 **Les essentiels du vin** (page 45). Vous y trouverez des propositions d'achat – verre, carafe, bec verseur ou même cellier – ainsi qu'une courte liste d'établissements où les trouver.

Parce que je ne pouvais plus passer sous silence l'enthousiasme des Québécois pour la bière, le top 10 **Les bières de microbrasseries québécoises** (page 55) présente des mousses originales qui sauront combler l'amateur.

La notation

Comme dans les éditions précédentes, tous les vins inscrits cette année dans le chapitre des **100 meilleurs vins à moins de 25 $** ont obtenu la **note minimale de trois étoiles (★★★)**, une cote qui se veut au-dessus de la moyenne. Comme je passe en revue chaque année l'ensemble des catégories proposées à la SAQ, il était logique de départager – surtout dans un guide d'achat – les candidats à l'intérieur de leurs catégories respectives plutôt que d'utiliser une notation inscrite dans l'absolu, comme cela se fait par exemple dans un journal hebdomadaire.

Ainsi, le chianti sera-t-il évalué par rapport à d'autres chiantis, le muscadet par rapport à d'autres muscadets, une syrah australienne par rapport à d'autres syrahs australiennes, et ainsi de suite. Un passage au tamis bien serré qui permet aux meilleurs de briller. Et puis, il ne serait pas logique de comparer des pommes et des oranges, même si elles sont bien mûres !

Le classement

Par souci d'efficacité, je vous propose un classement par ordre croissant de prix pour chacune des catégories. Lorsqu'un produit est offert à la SAQ, il est accompagné de son code produit.

L'index, à la fin du guide, vous donne la liste complète des vins cités, par ordre alphabétique.

Par ailleurs, par souci de concision, j'ai limité à trois le nombre de cépages mentionnés, même si certains produits en contiennent plus.

L'évaluation

L'évaluation d'un vin comme d'une eau-de-vie ne se fait pas à la légère. L'exercice exige du doigté, pour ne pas dire du goûter. Une approche méthodique, standard et renouvelable est de mise ; les préjugés doivent être laissés au vestiaire, l'objectivité occupant le devant de la scène. Encore une fois, et la précision est capitale, tout vin qui répond à mes critères de qualité parmi la vaste sélection disponible a sa place dans ce guide, et ce, même s'il n'entre pas nécessairement dans mon « profil » de goût. C'est ce que j'appelle pratiquer une objectivité sans œillères.

On doit se souvenir que les échantillons retenus cette année l'ont été à la suite d'une sélection draconienne et parmi l'éventail proposé par le monopole d'État.

L'instrument de travail

Dans le but de standardiser les dégusta-tions qui se sont échelonnées sur plu-sieurs mois, tous les vins comme les spiritueux ont été dégustés avec le verre Open Up Pro Tasting de la série Mikasa Oenology (Arc International), et cela, aux températures de service requises.

La garde des vins

Au moment de la dégustation, j'enrichis l'évaluation du vin par les indications CT (court terme), MT (moyen terme) ou LT (long terme), qui permettent de livrer une mesure ap-proximative du potentiel évolutif du vin durant son séjour en bouteilles. Dans la grande majorité des cas au sein de ce guide consacré aux produits courants – comme d'ailleurs la majorité des vins offerts maintenant sur le marché –, ceux-ci sont à leur sommet actuellement et ne se bonifieront plus au-delà de la cinquième année.

Sans prétendre être devin, je laisse ici parler à la fois mon intuition et mon expérience de la dégustation pour suggé-rer l'évaluation qui me semble adéquate.

CT
Court terme : affinera son plein potentiel à l'intérieur des cinq prochaines années.

MT
Moyen terme : affinera son plein potentiel entre la 6e et la 10e année.

LT
Long terme : affinera son plein potentiel au-delà de la 10e année.

Le code ambiance

Pour être apprécié à son maximum, le vin a besoin que vous lui réserviez le meilleur moment pour le déguster. Le contexte et l'ambiance sont, en ce sens, primordiaux.

En exclusivité dans le *Guide Aubry*, le code ambiance vous permet de lier la véritable nature de chaque vin présenté à ces ambiances qui parsèment le quotidien.

J'en ai déterminé quatre. Les voici :

Amour

L'ambiance est à l'intimité, au rapprochement, avec des vins de texture dont la trame chaude et sensuelle invite à la dégustation par petites touches.

Copain

L'ambiance est au dialogue, à la spontanéité, à la camaraderie, à la fête avec des vins légers, agiles, rebondissants et sachant délier les langues.

Détente

L'ambiance est ici à la pause, au calme retrouvé, voire à la méditation, avec des vins de mystère, profonds et évocateurs, qui chavirent doucement.

Quotidien

L'ambiance est aux habitudes saines de consommation avec des vins de tous les jours, simples, polyvalents et accessibles. On partage des vins francs et savoureux, susceptibles de satisfaire les goûts de chacun. Voilà des vins qui font l'unanimité.

Le code tempérament

Le principe d'identification du tempérament d'un vin est inspiré de la nouvelle méthode d'apprentissage Dawine®, conçue par Véronique D'huit, en collaboration avec l'auteur de ce guide.

Cette méthode permet d'identifier facilement les cépages qui correspondent le mieux aux goûts de chacun. C'est une méthode d'apprentissage basée sur la connaissance du tempérament d'un cépage. La « typologie Dawine® » propose quatre familles de tempérament, classées par similitudes de traits de caractère. Il s'agit des tempéraments musclé, solide, élancé et rond.

Musclé

Famille de cépages dont la caractéristique commune est l'énergie et dont les traits de caractère sont les suivants : racé, puissant, dynamique, ambitieux, séducteur.

Ces cépages ont en général de la classe, du tonus, de la force, de la ressource, ce qui leur permet de durer longtemps. Ils donnent des vins plutôt corsés, de longue garde.

Solide

Famille de cépages dont la caractéristique commune est la densité et dont les traits de caractère sont les suivants : concentré, stable, durable, précis, rassurant.

Ces cépages sont en général entiers, avec une certaine austérité dans leur générosité. Ils donnent des vins plutôt structurés, à l'évolution lente.

Élancé

Famille de cépages dont la caractéristique commune est la légèreté et dont les traits de caractère sont les suivants : volubile, aérien, élégant, expressif, sexy.

Ces cépages s'expriment spontanément dans les arômes comme dans l'articulation de la structure, mais ne vieillissent pas nécessairement. Ils donnent des vins plutôt souples, aromatiques et en général de garde moyenne.

Rond

Famille de cépages dont la caractéristique commune est l'épaisseur et dont les traits de caractère sont les suivants : aimable, profond, simple, accessible, charmeur.

Ces cépages ont une matière substantielle, arrondie. On retrouve de la douceur, de la plénitude. Ils donnent des vins plutôt pleins, enrobés, de bonne garde.

Les pictogrammes

 Point d'excitation : accordé au candidat dont la régularité qualitative, le prix demandé et un petit je-ne-sais-quoi l'inscrivent au-dessus de la mêlée dans sa catégorie.

 Met en évidence un vin vraiment pas cher compte tenu de sa qualité.

 Indique que le vin pourrait tirer profit d'une mise en carafe.

Note de l'auteur : Comme les millésimes répertoriés dans ce guide peuvent changer au cours de l'année, je me suis assuré de déguster à la fois le millésime encore présent en succursale et celui qui lui succédera. Les deux millésimes, vous l'aurez compris, doivent obligatoirement se démarquer pour avoir droit de cité à l'intérieur de la présente édition.

MES 10 POINTS D'EXCITATION 2013

CHAMPAGNE

BRUNO PAILLARD
PREMIÈRE CUVÉE,
CHAMPAGNE
BRUNO PAILLARD
57,50 $ (PAGE 139)

MOUSSEUX

CUVÉE FLAMME BRUT, CRÉMANT-
DE-LOIRE, GRATIEN & MEYER
20,20 $ (PAGE 122)

BLANC

INAMA VIN SOAVE 2011,
AZIENDA AGRICOLA INAMA
17,90 $ (PAGE 190)

BLANC

LUGANA 2010,
ZENATO AZIENDA SRL
17,35 $ (PAGE 187)

ROUGE

ZOLO 2011,
FINCAS PATAGONICAS SA
15,50 $ (PAGE 226)

ROUGE

MONASTERIO DE LAS VINAS RESERVA
2006, GRANDES VINHOS Y VINEDOS SA
14,25 $ (PAGE 214)

ROUGE

CAPITEL DEI NICALO
2010, AGRICOLA
F. ILI TEDESCHI
16,05 $ (PAGE 228)

ROUGE

CHÂTEAU SAINT-ANTOINE 2009,
VIGNOBLES AUBERT
15,40 $ (PAGE 225)

ROUGE

MANOR HOUSE 2009,
NEDERBURG WINES
16,95 $ (PAGE 238)

ROUGE

PINOT NOIR MONTES SELECTION
LIMITÉE 2010, MONTES SA
16,95 $ (PAGE 240)

LES CHOIX
DES EXPERTS
DE LA TABLE

L'an passé, des personnalités québécoises de la radio (Isabelle Maréchal), de la musique (Catherine Major, Jim Corcoran), du roman (Chrystine Brouillet) ou du théâtre (Sylvie Potvin et Sylvie Legault) me révélaient leur première expérience du vin, l'émotion qu'il leur procurait, et présentaient leur sélection personnelle de crus à savourer au quotidien, mais aussi pour des occasions spéciales ou plus festives.

Cette année, j'ai tendu la perche et le crachoir aux gens de la restauration québécoise. Un grand chef et neuf sommeliers et sommelières ne se sont pas fait tordre le tire-bouchon pour partager à leur tour leur passion. Ils nous disent comment ils vivent leur métier à travers le vin et, bien sûr, la table qui l'accompagne.

Le chef? Bien sûr, le volubile Normand Laprise qui, une flûte de champagne Henriot à la main, est d'une fébrilité directement proportionnelle à la fraîcheur des produits québécois qu'il met dans l'assiette. Et moi qui pensais que Normand Laprise était aussi timoré que réservé, je dois convenir que le vin devient chez lui un véritable sérum de vérité! Il n'est pas le seul. Je soupçonne d'ailleurs ses confrères, que ce soit les Charles-Antoine Crête, Martin Picard, Derek Dammann ou encore Stefano Faita, de trinquer avec Bacchus avec beaucoup de cœur au ventre après leur service!

Un chef est bien seul sans son sommelier. C'est un peu le prolongement de lui-même, extension liquide et spirituelle reliant le dîneur à l'homme ou à la femme aux fourneaux. Le sommelier est le lien entre les parties qui permet de former un tout. Le sommelier idéal ? Celui qui sait écouter, deviner, saisir le client pour orienter ses goûts en fonction d'un certain budget, avec un brin d'audace, parfois dans des situations où les mariages vins et mets sont aussi périlleux que suicidaires. Un bon sommelier, c'est un ami qui vous veut du bien sans vouloir vous plumer, qui se met à votre place et veut vous faire passer un bon moment sans jamais perdre de vue qu'il y a un chef en cuisine qui souhaite voir ses plats grandir lorsque mouillés avec des vins amoureusement et judicieusement choisis. Surtout, ce sommelier est moins prétentieux que passionné par son métier.

Les sommeliers invités pour cette édition 2013 ? Etheliya Hananova (Lawrence), Élyse Lambert (Le Local), Isabel Bordeleau (Maison Boulud), Marie-Josée Beaudoin (Les 400 coups), Mario Brossoit (L'Express), James Graham-Simpkins (Liverpool House), Samuel Chevalier-Savaria (Toqué !), Patrick St-Vincent (Le Filet) et Merlin Lambert (La Vieille Garde) ont tous accepté de jouer le jeu, et je les en remercie. Ces gens vous prennent en main, sans vous intimider, vous restaurent comme si vous étiez le prince Charles ou Madonna tout en vous faisant découvrir des trucs auxquels vous n'aviez jamais pensé. Et puis, ils sont sympas, ce n'est pas rien !

CHEF

Normand Laprise
Chef exécutif et copropriétaire
Grand Chef Relais & Châteaux
Restaurant Toqué! (Montréal)
Brasserie T! (Montréal)

photo : Hans Laurendeau

À quand et dans quelles circonstances remonte votre première expérience avec le vin ?

À 18 ans, dans un *steak house* de la rue Saint-Jean, à Québec, avec ma copine du temps. Une bouteille de Blue Nun, un vin allemand très populaire à l'époque, un blanc un peu sucré qui plaisait aux filles ! Pour l'accord gourmand, ce fut l'horreur. Le merveilleux monde du vin demeura, pour quelque temps, un domaine inconnu.

Toutefois, en 1988, j'ai eu ma première « cuite » dans le vignoble bourguignon Charlopin, avec le père de Philippe dit « Toutoune ». Une dégustation dans le chai qui a débuté à 14 h et qui s'est terminée... le lendemain. Marsannay, gevrey-chambertin, clos-de-vougeot et autres sublimes vins ont été dégustés en verticale et à la pipette. Une entrée en matière inoubliable pour le novice que j'étais, devenu depuis disciple des vins de Bourgogne.

Pourquoi buvez-vous du vin ?

Parce que j'aime ça ! J'aime le vin pour le goût, le plaisir, le partage, l'amitié. Autour d'une table avec la famille, ma chérie, au bar avec des copains.

Qu'est-ce qu'un bon verre de vin pour vous ?

Au moins 6 oz ! En commençant par un bon chassagne, suivi d'un montrachet et d'un chassagne-montrachet.

Vous fiez-vous à la critique pour orienter vos goûts en matière de vin ou êtes-vous défricheur en la matière ?

Je m'éduque avec les chroniqueurs et les critiques, mais je ne me laisse pas influencer. J'écoute mes goûts. Par exemple, je n'aime pas les vins austères... même de grands crus. Une bonne critique sur un vin de ce type ne m'influencera pas.

Avez-vous sous le coude des vins de tous les jours et d'autres pour les grandes occasions à recommander aux lecteurs du *Guide Aubry 2013* ?

Pour un vin de tous les jours, j'aime bien le Raisins Gaulois 2011 de Marcel Lapierre (17,65 $ – 11459976), le Vézelay de Jeannot Montanet (n.d.), le Saint-Péray de mon amie Anne-Sophie Pic (23,35 $ – 11157100) et le champagne rosé Henriot (75,75 $ – 10839635).

Et pour les grandes occasions, il y a ce Krug Clos Du Mesnil 2000 qui sera sur le marché bientôt et que j'ai eu la chance de déguster avec mon ami Jean Groleau. Excellent ! Ou encore, ce Chambolle-Musigny premier cru 2008, Comte de Vogüé (169,00 $ – 11241766).

SOMMELIÈRE

Etheliya Hananova
Lawrence (Montréal)

Selon vous, quelle est la carte des vins idéale ?

La carte des vins idéale a de la personnalité. C'est important pour moi de voir qu'on y a réfléchi, qu'on a eu une vision et gardé le cap. Je n'aime pas trop la diversité sans direction, juste pour avoir une panoplie de produits. Aussi, en général, j'aime beaucoup boire des vins « de terroir », alors ça me plaît de voir une carte qui offre principalement des vins provenant de producteurs qui travaillent à une échelle plus « humaine ». J'aime ça quand j'ai envie de boire presque tout ce qu'il y a sur la carte. Ça, c'est bon signe !

Quelle est la tendance actuelle en matière de vin ?

Je pense que les gens sont de plus en plus curieux, aventuriers et informés. Je vois un intérêt croissant de la part de mes clients pour des vins qui viennent des régions qu'ils ne connaissent pas, ou d'un encépagement moins connu. Je suis heureuse de voir que les gens sont plus ouverts aux vins plus digestes et élégants. Peut-être sont-ils moins boisés ou super concentrés, mais ils s'agencent parfois plus facilement avec la nourriture. Je trouve que les gens ont moins peur de boire un rouge léger avec de la finesse, ou un blanc pourvu d'un peu de sucres résiduels, ce qui l'équilibre à merveille.

Si vous étiez un cépage, lequel seriez-vous et pourquoi ?

J'ai besoin de faire un travail de dégustation exhaustif (idéalement subventionné) de tous les cépages qui existent dans le monde avant de pouvoir répondre à cette question. [NDLR : la dame est modeste, vous en conviendrez avec moi...]

Pour les lecteurs du *Guide Aubry 2013*, avez-vous quelques suggestions de vins – des vins de tous les jours et d'autres pour se gâter un peu –, actuellement offerts à la SAQ ?

Des produits de spécialité (qui reviennent régulièrement) : pour se gâter, Les Rosiers Domaine de Bellivière 2009, en appellation jasnières (27,60 $ – 11153205), ou Prémices 2009, du même domaine, un peu moins cher (24,25 $ – 11463140). J'aime aussi le Bourgogne Vézelay La Châtelaine 2010, du même domaine (21,30 $ – 11094621), et le Domaine La Montagnette Signargues 2010, un côtes-du-rhône-villages de la Cave des Vignerons d'Estézargues (15,75 $ – 11095949).

Je propose également un bandol Domaine du Gros Noré 2003 (36,75 $ – 11553938), puis l'espagnol Viña Tondonia Reserva Rioja 2001, de la maison R. Lopez de Heredia Viña Tondonia (44,00 $ – 11667901), et le Mâcon-Chaintré 2009, du Domaine Valette (28,05 $ – 10224526).

Il y a aussi le champagne Blanc de blancs Brut de Pascal Doquet (43,00 $ – 11528046) et, pour se gâter encore un peu plus, le champagne Fleury brut 1996, de Fleury Père et Fils (98,50 $ – 11544062).

SOMMELIÈRE

Élyse Lambert
Sommelière consultante
Le Local (Montréal)

photo : Christian Tremblay

Selon vous, quelle est la carte des vins idéale ?

La carte des vins idéale est variée, avec des produits qui ont de la personnalité, celle de leur terroir et de leurs cépages. Elle aura des propositions abordables tout comme des vins un peu plus onéreux, à des coefficients raisonnables. La carte des vins sera aussi composée en fonction du menu proposé.

Quelle est la tendance actuelle en matière de vin ?

Le bon rapport qualité-plaisir est de mise. Le consommateur veut en avoir pour son argent. Les gens sont également sensibles à ce qu'il y a dans la bouteille et se questionnent souvent sur le pourcentage d'alcool et les sulfites.

Si vous étiez un cépage, lequel seriez-vous et pourquoi ?

Si j'étais un cépage, je serais du chardonnay. J'aime à croire que j'ai une certaine polyvalence ; je sais m'adapter aux différentes situations comme le chardonnay s'adapte à différents climats. Il est facile d'approche.

Pour les lecteurs du *Guide Aubry 2013*, avez-vous quelques suggestions de vins – des vins de tous les jours et d'autres pour se gâter un peu –, actuellement offerts à la SAQ ?

Mes petits plaisirs : le Bourgogne La Sœur Cadette 2010, du Domaine de la Cadette (18,05 $ – 11460660), et l'italien La Massa Toscana 2010 (25,05 $ – 10517759).

Mes grands plaisirs : le Chardonnay Kumeu River Estate 2008, de la Nouvelle-Zélande (34,00 $ – 10281184), le Produttori del Barbaresco 2007, du Piémont (36,75 $ – 10858182), et le californien Ridge Geyserville 2009, de la région de Sonoma (42,00 $ – 00862318).

SOMMELIÈRE

Marie-Josée Beaudoin
Les 400 coups (Montréal)

Selon vous, quelle est la carte des vins idéale ?

La carte des vins idéale est une carte où tout le monde saura trouver la bouteille dont il a envie. Une carte diversifiée pour ce qui est des prix, de la provenance des vins et de leur style. Une carte des vins doit aussi être adaptée au menu du restaurant et offrir des choix qui seront faciles à accorder aux plats.

Quelle est la tendance actuelle en matière de vin ?

Je crois que les clients aiment découvrir de petits producteurs. Une fois qu'on a bu les vins de grands domaines et des maisons de négoce, on revient aux plus petits producteurs, avec une signature plus précise. Un peu comme dans l'alimentation, on aime savoir qui produit nos carottes. Cette tendance s'accentuera, on l'espère, pour encourager les petits domaines et délaisser les grandes marques.

Si vous étiez un cépage, lequel seriez-vous et pourquoi ?

Je serais probablement du chenin blanc, parce que c'est un cépage que j'affectionne beaucoup et que c'est également un cépage très polyvalent. Le chenin peut être utilisé pour des blancs élégants, pour des vins effervescents (mes préférés!) et également pour des vins liquoreux, un peu comme moi qui possède plusieurs facettes; une plus classique, une plus énergique et une plus gourmande.

Pour les lecteurs du *Guide Aubry 2013*, avez-vous quelques suggestions de vins – des vins de tous les jours et d'autres pour se gâter un peu –, actuellement offerts à la SAQ?

Pour tous les jours: je propose le portugais Albis 2011, de la péninsule de Setúbal, élaboré par la maison José Maria da Fonseca (12,45 $ – 319905), le vin blanc d'apéro par excellence, aromatique, fruité et léger. Pour les amateurs de sauvignon blanc, il faut absolument découvrir ce blanc tout en fraîcheur, vif et minéral de la Grèce, le Santorini Argyros 2011 (21,15 $ – 11639344).

Pour se gâter un peu: un vin effervescent très élégant, sec et parfait pour accompagner des canapés, le Vouvray Brut 2009, de Vincent Carême (22,65 $ – 11633591). Et pour les amateurs de rouges assez charnus, de grillades et de fruits bien mûrs, il faut essayer le Redoma 2008, du Portugal (44,75 $ – 11634375).

SOMMELIÈRE

Isabel Bordeleau
Maison Boulud (Montréal)

Selon vous, quelle est la carte des vins idéale?

La carte des vins idéale est une carte qui prend beaucoup de temps à lire, non pas parce qu'elle est longue, mais parce qu'elle décline trop de vins intrigants, ce qui rend le choix très ardu! La carte idéale est donc composée de plusieurs jolies curiosités provenant de régions, de cépages ou encore de producteurs surprenants. Pour moi, elle doit aussi contenir une très belle sélection de vins de la Bourgogne, de vins blancs de la Loire, mais aussi de nebbiolos du Piémont et de délicieux rieslings allemands. Elle doit donner envie de revenir afin de pouvoir essayer quelque chose de nouveau à chaque visite.

Quelle est la tendance actuelle en matière de vin ?

Le marché du Québec est très inspirant, car les Québécois sont particulièrement ouverts et curieux. La tendance actuelle nous ramène peut-être un peu plus près du travail du vigneron, avec des vins de petits producteurs travaillant soit en culture raisonnée, biologique ou encore pratiquant la biodynamie (à ne pas confondre avec les vins dits « nature » qui, eux, sont sans soufre).

Si vous étiez un cépage, lequel seriez-vous et pourquoi ?

Je ne serais certainement pas un cépage du Nord ! N'aimant pas trop le froid et la pluie, je choisirais d'être un cépage qui s'épanouit pleinement au soleil. L'assyrtiko, de l'île de Santorini, en Grèce, me plairait bien. Je pourrais donc me réchauffer grâce aux doux rayons du soleil et je pourrais aussi en profiter pour admirer les magnifiques paysages qu'offrent les îles grecques. De plus, je pourrais certainement vivre très, très longtemps, puisque certains pieds de vignes de cette région ont plus de 200 ans ! Et ils ne font que se bonifier avec l'âge...

Pour les lecteurs du *Guide Aubry 2013*, avez-vous quelques suggestions de vins – des vins de tous les jours et d'autres pour se gâter un peu –, actuellement offerts à la SAQ ?

Le Vouvray Brut 2009, de Vincent Carême (22,65 $ – 11633591), est un mousseux de la Loire, fait de chenin blanc, qui se démarque par ses jolies notes de pomme verte, de poire et de tilleul. La bulle est fine, et la bouche est crémeuse. Vincent Carême fait partie de cette jeune génération de vignerons qui ont un profond respect du terroir et optent pour une méthode de travail peu interventionniste. Ce souci de la qualité se ressent jusque dans le verre !

Je suggère aussi Atlantis 2011, de la maison Argyros (16,45 $ – 11097477). Le domaine, situé sur l'île de Santorini, nous propose ici un vin blanc fait principalement d'assyrtiko. Le vin est aromatique à souhait, avec des notes de citron confit et de melon. Les saveurs possèdent une certaine texture en milieu de bouche, mais le vin est rafraîchissant et très minéral. Idéal avec une salade de pieuvre grillée au citron et à la coriandre.

J'aime l'italien Produttori del Barbaresco 2007 (36,75 $ – 10858182). C'est le vin que je choisis quand je désire me gâter un peu. Le cépage nebbiolo n'est pas nécessairement facile d'approche, mais quand on aime, on aime à la folie! Produttori del Barbaresco nous propose ici un barbaresco à prix assez modeste (puisqu'il est plutôt rare de trouver un vin de cette appellation sous la barre des 40 $). Au nez, les notes de violette, de noyau de cerise et d'anis vous charmeront à coup sûr. La robe est peu colorée et, en bouche, le vin est à la fois élégant et puissant. Les tannins sont bien présents, mais ils sont si fins qu'ils ne font qu'ajouter une autre dimension à la texture. Avec un risotto aux champignons sauvages et à la truffe, c'est un délice!

Finalement, le Mas Amiel Vintage Maury 2009 (19,55 $ – 00733808) conviendra tout à fait si vous êtes invité à dîner chez des amis et que vous ne savez pas quoi apporter. Ce vin de dessert plutôt riche et onctueux en séduira plus d'un avec ses notes de mûre, de bleuet, de cassis et de cacao. Mariez-le avec des petits bleuets enrobés de chocolat, ou avec le chocolat noir très fruité du cru de Manjari de Valrhona, et vous serez transporté par cet accord si simple et si bon.

SOMMELIER

Mario Brossoit
L'Express (Montréal)

Selon vous, quelle est la carte des vins idéale ?

Surtout pas le « catalogue avec étiquettes » qui requiert au moins une heure de consultation, durant laquelle vos convives se meurent d'ennui ! Donc, une carte à la fois simple, démocratique, diversifiée, fantaisiste, truffée de découvertes, pour tous les goûts et toutes les bourses. Une carte qui fait voyager, mais qui est aussi conséquente du menu proposé. Vive les canons, mais bienvenue aux aubaines !

Quelle est la tendance actuelle en matière de vin ?

Le bio « raisonné et raisonnable » devient intéressant si on garde à l'esprit que le vin doit demeurer une boisson agréable, délicieuse, complexe et fruitée. La soupe, même naturelle, peut difficilement se réclamer du vin. La minéralité perd pied lorsqu'on a l'impression d'avoir des cailloux et de la terre dans la bouche. On veut que ce soit bon... et pour plus d'une personne. Aussi, les beaux vins de pays faits avec passion, talent et savoir-faire, les vins hors France prennent leur place, les vins blancs et les bulles ont le vent dans les voiles.

Si vous étiez un cépage, lequel seriez-vous et pourquoi ?

Assurément le pinot noir, qui est à la fois diva et nectar. Diva parce que difficile à vivre, cruel, capricieux, hypersensible, fragile, caractériel ; il demande beaucoup de soin et d'attention pour livrer sa pleine mesure, mais alors... quel nectar ! Aucun autre cépage ne saura évoquer une telle intensité émotive. C'est le vin de l'âme, de la passion à l'état pur. C'est un coup de foudre dans un verre. C'est le premier vin auquel je pense quand je vais dans mon cellier.

Pour les lecteurs du *Guide Aubry 2013*, avez-vous quelques suggestions de vins – des vins de tous les jours et d'autres pour se gâter un peu –, actuellement offerts à la SAQ ?

Pourquoi pas des bulles économiques ? Comme l'italien Crede Bisol 2011 (18,90 $ – 10839168), le français Laurens Clos des Demoiselles Tête de cuvée 2010 (20,35 $ – 10498973) ou le cava espagnol Gramona Reserva Brut 2007 (22,80 $ – 10275016).

Sinon, le vin étant affaire d'hommes (et de femmes), je demeure sensible aux agences qui représentent des produits osés et pointus. Des agences comme Rézin, Réserve et Sélection, Bergeron-les-Vins, Le Maître de Chai, Vini-Vins, Vinealis, Œnopole, Société Roucet et La QV sont garantes de qualité. Et si la satisfaction ne peut être garantie, l'évolution est assurée. Ce sont de fiévreux amateurs avec la tête dans les nuages, mais aussi avec les pieds sur terre. Un exercice qui fait de grands bonhommes !

SOMMELIER

James Graham-Simpkins
Liverpool House (Montréal)

Selon vous, quelle est la carte des vins idéale ?
La carte des vins idéale est celle qui propose une sélection à la fois intéressante, dynamique, accessible et concise. Elle doit offrir certains classiques et proposer des vins de provenances un peu plus obscures. Aussi, dans le contexte d'un restaurant, la carte des vins doit être en accord avec les mets proposés par le chef. Par exemple, s'il y a des huîtres au menu, il est important de pouvoir choisir

entre muscadet, chablis ou une autre sorte de vin blanc frais et sec, comme un vin de l'île de Santorini, en Grèce. De plus, il est impératif que la carte contienne des vins prêts à boire, des vins à leur optimum, et pas nécessairement de vieux vins. Bref, la carte modèle serait succincte, présenterait une gamme de bon « jus », à bon prix, et devrait stimuler le palais et l'imagination.

Quelle est la tendance actuelle en matière de vin ?

La tendance en ce moment est orientée sur le vin pur, balancé et bien travaillé, à la fois unique, singulier, qui sort de la norme ; les vins issus de cépages originaux ou qui proviennent de régions moins connues, peut-être. Je parle des vins comme l'assyrtiko de Santorini, l'agiorgitiko du Péloponnèse et le xinomavro de Naoussa, le nerello mascalese, le frappato et le grecanico de la Sicile ainsi que le freisa, le grignolino et le ruché du Piémont, entre autres. Cela dit, cette tendance est plus qu'une question de « quoi boire ». Ce qui est vraiment à la mode, et le sera toujours, c'est simplement d'être ouvert d'esprit, pour faire de nouvelles découvertes viticoles et avoir du plaisir en buvant du vin.

Si vous étiez un cépage, lequel seriez-vous et pourquoi ?

Le nebbiolo ! Parfois austère, parfois dur, mais il s'ouvre graduellement après quelques verres. Il est toujours en train de changer, d'évoluer, et aime bien les mets classiques du Piémont italien, surtout ceux où on retrouve de la truffe !

Pour les lecteurs du *Guide Aubry 2013*, avez-vous quelques suggestions de vins – des vins de tous les jours et d'autres pour se gâter un peu –, actuellement offerts à la SAQ ?

Pour tous les jours : le Bourgogne blanc La Sœur Cadette, du Domaine de la Cadette (18,05 $ – 11460660), l'assyrtiko/athiri/aidani Atlantis 2011, du Domaine I.M. Argyros, en Grèce (16,45 $ – 11097477), le riesling allemand St. Urban Hof 2010 (16,25 $ – 10687601), et le sangiovese-di-romagna superiore Scabi 2010, d'Italie (16,70 $ – 11019831).

Pour se gâter : le Chardonnay Niagara de Norman Hardie, de la péninsule du Niagara (38,50 $ – 11638501), le Meursault premier cru Genevrières, de Rémi Jobard (89,75 $ – 10291147) et le Barolo 2006, Fratelli Alessandria, d'Italie (123,25 $ – 11220295).

SOMMELIER

Samuel Chevalier-Savaria
Toqué! (Montréal)

Selon vous, quelle est la carte des vins idéale ?

Étoffée ou minimaliste, la carte d'un restaurant doit être à la base un outil de travail efficace pour le personnel de service et de sommellerie. Dans sa composition, elle doit majoritairement être en harmonie avec le menu tout en offrant une variété aromatique et une bonne palette. Mais, au final, la carte idéale, c'est la carte en laquelle on croit : des vins choisis, des vins qu'on est heureux de servir et de boire.

Quelle est la tendance actuelle en matière de vin ?

En plein dans son temps, c'est le bio. Plus de producteurs s'y convertissent d'année en année, et on a plus de recul sur le phénomène. Je crois (et je ne suis pas le seul) que, dans un avenir pas si lointain, la majorité de la viticulture sera biologique.

Si vous étiez un cépage, lequel seriez-vous et pourquoi ?

Je serais probablement un cépage du sud de la France. Pour le style de vie, ce serait le mourvèdre : les pieds dans l'eau, la tête au soleil. Pour l'attitude, le carignan : un peu rustique, robuste ou souple selon les jours et, surtout, un rebelle incompris.

Pour les lecteurs du *Guide Aubry 2013*, avez-vous quelques suggestions de vins – des vins de tous les jours et d'autres pour se gâter un peu –, actuellement offerts à la SAQ ?

Côté blanc :

Tous les vins du défunt François Barmès Buecher (Domaine Barmès Buecher), et surtout son Riesling Herrenweg 2010 (27,05 $ – 11153117), pour goûter la perfection durant la semaine, et son Riesling grand cru Hengst 2007 (42,25 $ – 11010343), pour tomber sans connaissance le week-end, sans oublier son délicieux Crémant d'Alsace (22,50 $ – 10985851). Autrement, le côtes-du-roussillon-villages Les Calcinaires 2010, du Domaine Gauby (24,50 $ – 11222186) ; c'est le Roussillon de la fraîcheur, avec des notes d'amande, d'abricot, aux accents de mer et de roche... Que demander de plus ?

Côté rouge :

La famille Amoreau est formidable et fait des vins qui le sont tout autant, comme le classique Château le Puy (26,00 $ – 709469), un bordeaux-côtes-de-francs qui présente une texture comme on en trouve rarement à ce prix-là. Et pour se la jouer un peu avec le patron ou le beau-père, le Château le Puy Barthélémy, dans les SAQ Signature. Oui, c'est cher, mais les millésimes 2000 (112,25 $ – 11448855) ou 2005 (96,00 $ – 11448847) en valent le coup, et quand on a un cœur à gagner, on compte moins bien.

SOMMELIER

Patrick St-Vincent
Le Filet (Montréal)

Selon vous, quelle est la carte des vins idéale ?

Une carte où les vins proviennent, si possible, des plus petites parcelles afin d'avoir l'empreinte la plus juste d'un terroir, d'un climat. Ensuite, que les vins proposés soient prêts à boire, déjà mûrs. Finalement, des prix doux, de façon à pouvoir boire plus d'une bouteille...

Quelle est la tendance actuelle en matière de vin ?

J'ai envie de parler de tendances commerciales au Québec. Je crois qu'un effort devra être fait pour améliorer la qualité des vins vendus en épicerie et dans les dépanneurs.

Si vous étiez un cépage, lequel seriez-vous et pourquoi ?

Je choisirais d'être du concord, sauvage, intraitable et un peu sur. Sinon, du merlot bordelais, et je ferais taire mes détracteurs...

Pour les lecteurs du *Guide Aubry 2013,* avez-vous quelques suggestions de vins – des vins de tous les jours et d'autres pour se gâter un peu –, actuellement offerts à la SAQ ?

Pour leur rusticité, des vins en provenance du Sud-Ouest : le Lo Sang del Païs, un marcillac du Domaine du Cros (14,10 $ – 743377), et Le Roc Cuvée Don Quichotte 2008, de la famille Ribes (18,85 $ – 10675327).

Ensuite, un vin qui vous procurera un plaisir instantané, le Domaine Pellé 2011, un menetou-salon du Domaine Henry Pellé (19,05 $ – 1052336).

Puis la cuvée Expression de Granite 2010, muscadet-sèvre-et-maine, de Guy Bossard, Domaine de l'Écu (20,70 $ – 10282873), dans les petits millésimes autant que possible.

Bien sûr, il y a de ces vins qui sont essentiels dans mon frigo, comme le pinot gris du Domaine Ostertag, en France (41,50 $ – 924977).

Plus chers :

L'Antoniolo Gattinara 2006, d'Italie (39,75 $ – 10861023) : un vin complet.

Pour leur finesse tout à fait bourguignonne, tous les vins de Bruno Clair (France), dont le Marsannay blanc 2008 (30,25 $ – 925651), le Marsannay Les Longeroies 2007 (35,75 $ – 11168837), le Chambolle-Musigny Les Varoilles 2008 (68,75 $ – 11168845) ou le Savigny-lès-Beaune 2007 (78,25 $ – 11458842).

Je suggère aussi le mâcon-villages Les Héritiers du Comte Lafon (22,30 $ – 11386033). Puis les vins de Quintarelli, soit le Valpolicella Superiore 2002, Quintarelli (79,25 $ – 10811253) ou encore, le Bianco Secco 2010, veneto (35,75 $ – 10663801), pour l'esprit qu'il insuffle.

Finalement, les champagnes Gimonnet (n.d.), Egly-Ouriet (77,00 $ – 11538025), Billecart-Salmon Brut (60,00 $ – 10653347) et Brut Rosé (91,25 $ – 10812942).

SOMMELIER

Merlin Lambert
La Vieille Garde (Chicoutimi)

Selon vous, quelle est la carte des vins idéale ?

En tant que chef et sommelier – ça vient d'un seul bloc, chez moi –, je recherche des vins qui donnent autant faim que soif. Des vins qui appellent les saveurs, les textures, les parfums… qui suscitent les nourritures. Et pas l'inverse ! Au bistrot, dans l'accord mets et vin, c'est le mets qui s'accorde !

Donc, bien avant d'entrer en cuisine, je monte ma carte à partir de quelques beaux cépages des terroirs ancestraux, les « grands frères » de France, d'Espagne, d'Italie, de Grèce ou de Hongrie, puis de jolis vins vifs et bien gaillards venus d'ailleurs. Des vins qui se défendent, mais des vins qui se parlent, s'interpellent…

En trio, par exemple. Prenons un pinot noir bourguignon – un grand bourgogne est essentiel à toute carte digne de ce nom –, et voyons comment il se décline en fonction des terroirs et des choix de l'éleveur, en pinot « tripatif », ludique, bien vivace, des crus d'Afrique du Sud, d'Australie, d'Argentine ou de Californie, néo-classiques du Nouveau Monde…

Mais la carte idéale doit être la sœur du menu et, techniquement parlant, se décliner « au verre » ! L'audace est alors sans danger et appelle la découverte.

Quelle est la tendance actuelle en matière de vin ?

La grande tendance du moment, ce sont les vins dits bios, les vins nature, élevés en biodynamie, en agriculture raisonnée… C'est aussi la redécouverte des terroirs et des vieilles maisons, et la remise en valeur des cépages rares, tel le gringet. Nombre de petits producteurs, dont beaucoup en Bordelais – héritiers, mais plus souvent encore héritières de la vigne familiale –, convertissent au bio des vignobles fatigués par l'abus des chimiques. Les magnifiques Terra Alta d'Espagne suivent le même chemin. On mise sur la qualité et le petit volume.

Autre tendance forte, les vins américains et, tout dernièrement, ceux de l'État de Washington. On doit aussi souligner l'effort monumental des vignerons québécois pour adapter à nos terroirs des vignes qui vivent bien le froid… et le chaud, canicule estivale oblige ! Quelques très jolis vins atteignent ces temps-ci une belle maturité et je prévois déjà que les volailles et gibiers leur feront honneur…

Si vous étiez un cépage, lequel seriez-vous et pourquoi ?

Le gamay, sans hésiter ! Parce que c'est un vin de plaisir, un vin de soif, un vin de fête. Il donne des grands crus (moulin-à-vent, juliénas, morgon) et des petits beaujolais tout neufs, à s'enfiler entre copains et sans cérémonie. C'est l'amitié, la vie. Un beau fruit auquel il faut redonner ses lettres de noblesse. Tu bois ça avec l'entrée, une daube, un petit sauté, un mijoté à la rigueur, avec les fromages, bien sûr, et gourmandise suprême, avec un gâteau au chocolat amer ! Non, vraiment, le gamay, pour le plaisir en bouche... le côté lumineux.

Pour les lecteurs du *Guide Aubry 2013*, avez-vous quelques suggestions de vins – des vins de tous les jours et d'autres pour se gâter un peu –, actuellement offerts à la SAQ ?

Pour tous les jours, d'abord le Raisins Gaulois 2011, de Marcel Lapierre (17,65 $ – 11459976), un gamay étonnant, de pure soif, avec une jolie touche poivrée, une couleur très claire, mais une belle bouche charnue. Ça se boit à grandes lampées.

Ensuite, le Domaine La Madura 2008, un saint-chinian de Nadia et Cyril Bourgne (17,45 $ – 10682615), libère des arômes très élégants de thym et de romarin, de mûre, de cacao et d'épices, avec un soupçon de boisé. Avec sa bouche texturée et ses tannins veloutés, il est parfait pour les grillades de viande rouge.

Avec sa robe rubis brillant, son bouquet rappelant le cassis sauvage et le pin soutenu par de subtiles notes vanillées provenant de l'élevage, le portugais Quinta dos Roques 2009, élaboré en fonction d'une culture raisonnée, est un vin bien généreux (14,80 $ – 744805).

Quelques vins pour les grands plaisirs : Sotanum 2009, des Vins de Vienne (53,50 $ – 894113), a un nez combinant poivre, girofle, fruits noirs, olive, violette et fumée. La bouche est puissante, très élancée, racée, fougueuse, d'une grande longueur. C'est un vin de plénitude, de profondeur... pour le beau-père exigeant.

Puis Engelgarten 2009, c'est un alsacien du Domaine Marcel Deiss, en biodynamie (40,00 $ – 11687688). Pour le premier moment à table, un blanc serré, gras et minéral, à la robe ample et brillante, aux arômes de poire et d'écorce d'orange cuite. C'est un vin très facile d'accès, comme tous les graves en blanc.

TOP 10

LES ESSENTIELS DU VIN

Il y a le vin, et tout ce qui gravite autour. Les « gadgets » du vin n'ont cessé de se multiplier au cours des années ; ils font le bonheur d'amateurs sans cesse à l'affût de la dernière nouveauté. Il y a les bidules de base, et les autres, à l'utilité parfois douteuse, qui trouveront à encombrer un peu plus les tiroirs de la cuisine ou de la salle à manger.

Mais si on revient à l'essentiel, au premier maillon, à l'outil indispensable entre tous, pour ne pas dire le plus capital des instruments de travail (dans mon cas) ou de plaisir (dans votre cas), c'est incontestablement le verre à vin. Vous vous en privez, et vous voilà effectuant un double plongeon arrière dans la préhistoire de l'humanité alors que l'homme et sa fiancée buvaient à même le sol, à quatre pattes, lapant l'essentiel pour assouvir leur soif. Cela manque singulièrement de classe, surtout en société.

Au-delà du verre, plusieurs gadgets me semblent pertinents. Je vous en présente quelques-uns, histoire de ne pas boire idiot ou, pourquoi pas, pour offrir en cadeau. À noter que les prix indiqués le sont à titre indicatif. Vous trouverez à la fin du chapitre une liste de fournisseurs et boutiques offrant les produits en question.

Verre Riedel, série Ouverture (12,40 $)
6 verres (55 $) ■ Coffret + 6 verres (115 $)

La célèbre maison autrichienne fait tout sauf dans le verre à moutarde. C'est net, stylisé, conçu pour exalter à la fois les vertus, mais aussi les défauts du vin. Comme je suis optimiste de nature, j'essaie d'éviter de verser les défauts dans mon verre. La forme, l'angle de trajet du vin hors du verre et son impact au palais, tout est d'une importance capitale. Un peu comme l'acoustique de la nouvelle Maison symphonique de Montréal. Riedel pousse même l'expertise à dessiner des verres selon le profil singulier des grands cépages du monde. Ainsi existe-t-il le verre pinot noir ou chardonnay, nebbiolo ou sangiovese. Sobriété, équilibre et, bien sûr, beauté sont au rendez-vous. Pourquoi ce Riedel de la série Ouverture ? Parce qu'il réunit les trois qualités précédentes, en plus d'être polyvalent. Blanc, rosé, rouge, mousseux ou moelleux : tout lui va comme un verre. Et puis son buvant fin fournit à votre vin l'occasion de faire l'amour à vos lèvres. Voilà qui démarre bien.

Carafe dite « Capitaine » (85 $)

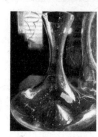

J'aime la carafe. C'est beau, effilé, gracieux, et ça ne ment jamais, car la carafe se dévoile sans pudeur. Il n'y a qu'à voir ce qu'elle a dans le ventre ! Plus qu'un objet de décoration, elle permet au vin la respiration qui lui manque. Comprimé sous le verre de sa bouteille, il peut enfin prendre le bol d'air oxydatif dont son milieu réducteur l'a longuement privé. Comme pour les verres, les formes varient à l'infini. Certaines sont de véritables œuvres d'art soufflées, poussant la transparence de leurs intentions dans des formes évoquant souvent les plus belles bouteilles de grappas italiennes. Au-delà de l'idée de voir le vin, cette carafe « Capitaine » à fond plat et à large ventre permet au vin jeune – qui constitue tout de même plus de 75 % de nos achats quotidiens – de se défouler un bon coup, l'oxygénant bien sûr, mais permettant aussi de contrer certains petits problèmes de réduction éventuels. Très pratique lorsque vous avez affaire à des bouteilles coiffées d'un bouchon dévissable. Pour ce qui est des vins vieux, optez cependant pour une carafe dont la surface de contact à l'air est plus réduite. Enfin, pourquoi l'appelle-t-on « Capitaine », cette carafe ? Parce que sur les bateaux, en haute mer et sous tous les roulis permis, elle est ni plus ni moins difficile, voire impossible à culbuter. Vous aurez le mal de mer bien avant !

Gaine rafraîchissante (de 15,95 $ à 17,95 $)

Elle peut sembler bien anodine dans toute la panoplie de produits, mais cette enveloppe plastifiée qu'on conserve au congélateur avant de la glisser autour du corps de la bouteille est un outil formidable non seulement pour refroidir, mais pour permettre de maintenir pendant une bonne heure la température de vos blancs, rouges ou rosés, en format 750 ml. Pour ma part, je l'utilise en toutes circonstances et en toutes saisons. Utile, légère, efficace.

Tire-bouchon Pulltap's (9,95 $)

Qu'on le veuille ou non, et avant que toutes les bouteilles ne soient passées au bouchon dévissable, le tire-bouchon a encore de beaux jours devant lui et de belles à détrousser. Simplifiez-vous donc la tâche, ménagez votre poignet et faites preuve d'assurance devant les convives en débouchant convenablement une bouteille avec ce Pulltap's dont le double levier permet d'éviter les accidents et donne une image vraiment professionnelle de vous-même. La vrille est longue et fine, et le maniement aisé. Ne faites pas comme moi : évitez de le glisser dans vos bagages à main lors de votre prochain vol. Ce serait donner des munitions à l'agent de sécurité pour vous narguer avant votre départ !

Pipette à porto (19,95 $ les quatre)

Pas aussi indispensables que l'air qu'on respire et le vin qu'on boit, mais ces miniatures pour lilliputiens qui permettent de savourer un bon porto tawny en le sirotant comme un gentleman anglais m'ont laissé bouche bée. Le verre est fin, très délicat (trop ?), avec une contenance suffisante permettant de ne pas dépasser la dose et de vaquer à ses occupations après boire. Une curiosité qui a son charme, que vous pourrez toujours recycler en pipe si le cœur vous en dit.

Bec verseur aérateur (24,95 $)

Vous voulez éviter de sortir l'artillerie lourde que représente la carafe et préférez le glou-glou sympathique du liquide qui fait ses pompes entre la bouteille et votre verre de vin ? Cet outil est particulièrement performant à cet égard. Mais attention de bien le nettoyer après usage pour ne pas contaminer ou simplement tacher l'outil en question. Vous en trouverez plusieurs modèles sur le marché.

Bec verseur anti-gouttes (1 $)

Combien de nappes blanches ont-elles été épargnées de la redoutable goutte de carmenère chilien, bien dense et bien foncée, parce que l'amphitryon prévoyant avait roulé le bec verseur anti-gouttes à l'intérieur du goulot de la bouteille ? Allez, dites un chiffre pour voir. Il y en aura toujours une de moins si vous l'adoptez ! Neutre sur le plan alimentaire, souple et léger d'utilisation, recyclable durant 100 ans, convenant à toutes les ouvertures ou presque, ce verseur anti-gouttes est sans doute la découverte la plus importante depuis que l'homme a marché sur la Lune, un verre de champagne à la main. Indispensable.

Linge en microfibre (14,95 $)

Vos verres sont presque secs après un lavage sans savon ? C'est exactement à ce moment-là que le linge de microfibre entre en action en polissant et caressant sans charpie aucune tous les angles de vos verres. La trame serrée et glissante de ce linge permet en effet de faire briller sans laisser le moindre souvenir d'une empreinte de doigt, d'un sillon d'eau chlorée ou de la plus petite poussière qui aurait l'outrecuidance d'y adhérer. Bref, côté performance, il va bien au-delà de votre linge à vaisselle ou du simple revers de votre cravate, même signée Armani.

Bouchon hermétique pour mousseux et champagne (4,95 $)

Je sais que la tentation de terminer la bouteille de champagne est grande, sinon ce ne serait pas une tentation. Dans le cas où vous souhaiteriez prolonger le plaisir, le lendemain par exemple, il existe des bouchons qui adorent s'arrimer au goulot de votre bouteille, non pas pour lui clouer le bec, mais pour lui permettre de recréer ce pop! en sol mineur lorsque la petite soif du lendemain se pointera de nouveau. Un bouchon qui scelle parfaitement le gaz carbonique en offrant une seconde vie à votre mousseux préféré.

Cellier (de quelques centaines à quelques milliers de dollars)

Incontournable pour l'amateur le moindrement préoccupé de s'assurer un fonds de retraite liquide digne de ce nom, le cellier ne doit tout de même pas faire office de cimetière à bouteilles. Ce serait trop con. Surtout si on n'a pas lésiné sur le contenu. Un bon cellier doit être fiable et de qualité, bien sûr, mais il doit aussi refléter vos ambitions. Un conseil: optez pour un format légèrement supérieur à vos besoins au cas où la passion du vin, vous savez cette passion dévorante qui ne vous laisse plus de repos, vous gagnerait sans crier gare. Plusieurs marques sont offertes, dont la marque Cavavin, fabriquée au Québec depuis 30 ans, d'une fiabilité qui n'est plus à démontrer.

OÙ LES TROUVER

12° en Cave
www.12encave.com
4556, boul. Saint-Laurent, Montréal
514 866-5722

Aux Plaisirs de Bacchus
www.auxplaisirsdebacchus.com
1225, av. Bernard, Montréal (Outremont)
514 273-3104, 1 855 273-3104

Cavavin
www.cavavin.com
4575, boul. Sir-Wilfrid-Laurier, Saint-Hubert
450 676-6447, 1 877 676-6447

Després Laporte
www.despreslaporte.com
  Granby
  44, rue Saint-Jude Sud
  450 777-4644, 1 800 378-4644
  Laval
  994, boul. Curé-Labelle
  450 682-7676, 1 877 682-7676
  Québec
  850, boul. Pierre-Bertrand, local 110
  418 682-5643, 1 866 682-5643
  Saguenay
  1130, rue Manic
  418 543-7244, 1 800 461-7244
  Sherbrooke
  185, rue de la Burlington
  819 566-2620, 1 800 378-2620

La Cache
www.lacachedesign.com
Galeries des Monts
75, rue de la Gare, bloc C4,
Saint-Sauveur-des-Monts
450 240-0111

Vin Arti
www.vinarti.ca
441, rue Lindsay, Drummondville
819 850-2220

Vin et Passion
www.vinetpassion.com
  Laval
  110, promenades du Centropolis
  450 781-8467
  Saint-Bruno-de-Montarville
  Promenades St-Bruno
  321, boul. des Promenades, Saint-Bruno
  450 653-2120

Vinum
www.vinumdesign.com
1480, rue City Councillors, Montréal
514 985-3200

Vinum Grappa
www.vinumgrappa.com
1261, av. Maguire, Sillery
418 650-1919, 1 877 305-1919

Top 10

LES BIÈRES
DE MICROBRASSERIES
QUÉBÉCOISES

La bière. Le mot seul désaltère. « La bière, celle qui se boit », aimait dire l'animateur Jacques Bertrand sur les ondes de Radio-Canada. Oui, en effet, celle qui se boit, celle qui est digeste, qui n'encombre ni ne gonfle l'œsophage avec des relents de gaz carbonique aussi agressifs que grossiers. La bière, qu'elle soit légère (5 % alc./vol.) ou forte (plus de 12 % alc./vol.), celle qui a du goût, « son » goût, une personnalité et un caractère singuliers, celle enfin qu'on souhaite retrouver dans son verre et à laquelle on devient fidèle. Qui n'a pas un jour ou l'autre bidouiller dans son garage une ou deux cuvées maltées pour le plaisir d'être le brasseur d'un jour ? Avec les résultats qu'on connaît ! Nous, les Québécois, aimons la bière, même si elle est en légère régression depuis quelques années chez nous, représentant moins de 50 % des ventes d'alcool.

Quelque 45 brasseries industrielles et une trentaine de microbrasseries ont aujourd'hui pignon sur cuve au Québec. Les grosses pointures industrielles ont environ 75 % des parts de marché, et les microbrasseries occupent, grosso modo, 25 % de l'espace commercial chez nous. On est loin de la grosse Dow tablette engloutie dans les tavernes où les dames étaient aussi invisibles que les verres étaient hautement stérilisés. Selon Philippe Wouters, de Bières et plaisirs (www.bieresetplaisirs.com), les bières importées représentaient 6 % du volume des ventes en 2009 (pour 16,4 % des parts de marché) contre près de 13 % pour les bières d'ici (et 6,7 % des parts de marché). On s'aperçoit que le vent tourne depuis plusieurs années pour ces microbrasseries, qui se multiplient comme autant de levures durant l'opération du houblonnage, apportant un vent de fraîcheur déconcertant car l'industrie nous avait longuement endormis avec des produits aussi fades qu'insipides et dépersonnalisés.

Mais attention! Toutes microbrasseries qu'elles soient, certaines sont plus constantes que d'autres sur le plan de la qualité de leurs produits. Comme pour la vogue des vins «bios», il y a des microbrasseries moches et d'autres meilleures, il y a celles qui brassent des brassins approximatifs et d'autres qui maîtrisent bien la matière. Une bière de microbrasserie est-elle nécessairement meilleure qu'une bière industrielle? Pas nécessairement. Surtout que de gros efforts ont été déployés du côté de l'industrie pour séduire l'amateur de bières personnalisées, devenu plus exigeant au fil des ans.

J'aime la bière. Une bonne bière, une seule, après une séance ardue de dégustation de vins, c'est comme le contenu de la bouteille de champagne qui gicle sur la tête du cycliste professionnel après la course (même si je désapprouve le geste). Ça remet les papilles à l'heure. J'ai assisté cette année aux Houblonneries 2012, à Montréal, un minicongrès des brasseurs artisans du Québec. Belle ambiance amicale où la convivialité, le partage et l'échange coulaient à flots. C'est d'ailleurs inscrit sur la contre-étiquette d'une bouteille de bière artisanale : convivialité, partage, échange. Je vous propose donc une dizaine de ces bières, glanées au fil des découvertes.

S'il vous venait toutefois à l'idée de concilier un livre dans une main et une mousse bien fraîche de l'autre, permettez que je vous propose *La route des grands crus de la bière – Québec et Nouvelle-Angleterre,* de Martin Thibault et David Lévesque Gendron, aux Éditions Québec Amérique. Soif à vous, donc!

Comment c'est fait?

Avec de l'amour, bien sûr. Mais il y a aussi de l'eau pure (qui constitue 90 % du produit) et du malt. On fait macérer des céréales germées (principalement de l'orge avec, ici et là, du froment ou encore de l'avoine). On ajoute ensuite du houblon et des épices (coriandre, orange, etc., selon le goût souhaité) avant de procéder au levurage, où les levures se régaleront des sucres libérés et permettront d'amorcer la fermentation. Suivront l'élevage (pour les bières de garde), la filtration (ou non), puis le conditionnement. On servira la bière généralement entre 8 °C et 12 °C, dans le type de verre qui lui convient le mieux.

Il existe 4 types de bières :

- les bières de fermentation basse (lagers);
- les bières de fermentation haute (ales);
- les bières de fermentation spontanée (de type lambic);
- les bières de fermentation mixte (combinaison de fermentation haute et de fermentation spontanée).

Cheval Blanc, Les Brasseurs RJ, Montréal

2,05 $
341 ml

5 % alc./vol.
www.brasseursrj.com

On ne peut passer sous silence la fusion entre les Brasseurs GMT, les Brasseurs de l'Anse et Le Cheval Blanc, orchestrée en 1998 par Roger Jaar. Le fils, Philippe, a bien en main aujourd'hui les rênes administratives des Brasseurs RJ qui en ont résulté. On ne peut non plus passer sous silence la présence de Jérôme C. Denys (Cheval Blanc) dont les 25 ans d'expérience en font un maître brasseur incontournable au Québec, quand ce n'est pas hors frontières. La gamme est vaste et connue de tous, que ce soit la Belle Gueule, la Tremblay, la Coup de Grisou, la Blanche de l'Île, la Brune d'Achouffe, ou encore, en saison, la Folie Douce, la Tord-Vis, la Sainte Paix ou la Snoreau. J'ai toujours eu un faible pour cette Cheval Blanc sur lie, mélange d'orge et de blé, aux arômes subtils, guillerets, citronnés et à la texture si fine qu'on a l'impression de croquer du cristal fin. Une bière tendre, douce sans être sucrée, finement amère, juvénile et rieuse. Une des meilleures, sinon la meilleure blanche vendue chez nous.

Bierbrier Premium Ale, Brasserie Bierbrier, Montréal

2,35 $
341 ml

5 % alc./vol.
www.bierbrier.com

L'arrière-grand-père de Charles Bierbrier ne se doute pas, lorsqu'il abandonne son affaire d'alcool en 1921, au moment où entre en scène le monopole d'État qui deviendra la SAQ, que petit-petit-fiston fonderait, 84 ans plus tard, sa propre entreprise brassicole. Le credo de ce dernier ? « Si je mets mon nom sur la bouteille, vous pouvez être certain que c'est une excellente bière ! » Le jeune entrepreneur brasse ses bières à Montréal et approvisionne une restauration aussi exigeante que huppée, dont le Joe Beef de David

McMillan et de Frédéric Morin, pour qui il a créé une cuvée exclusive du nom de Joe Beef Special Pils. J'aime la Premium Ale pour sa robe rousse chaude et sa mousse fine, ses arômes discrets de grillé et de houblon amer, et cette façon de se tenir en bouche, à la fois vive et bien droite, mais aussi suave, avec une longue finale amère. Le tout est net, sec, plutôt léger de corps, bien personnalisé.

Blonde, Brasseurs du Monde, Saint-Hyacinthe

2,35 $
341 ml

5 % alc./vol.
www.brasseursdumonde.com

Plusieurs bières sont brassées du côté de Saint-Hyacinthe, avec ce qui me semble beaucoup de passion et de joie de vivre. Il y a déjà la gamme Sympathique, dont cette Blonde qui a vu le jour le 1er mai 2011, puis la gamme Passion, comprenant Nectareüs, Big Ben Porter, Saison Tradition et la redoutable Houblonnière, véritable tisane houblonnée pour amateurs iconoclastes ; enfin, les gammes Millésimée et Hors Série. Le site Web nous apprend que la Blonde est fermentée comme une ale, mais à plus haute température qu'une lager. Elle se rapproche, en raison de ses ingrédients (grains d'orge maltée très pâles et houblon de Saaz), de la pilsner tchèque. Or pâle et collet fin, nez subtil, délicat, presque féminin avec ce côté floral séduisant. Bouche légère, vivante, brodée avec délicatesse. Encore une fois, net, sec et charmeur, à défaut peut-être de longueur. Bière de soif pure.

La Païenne, Brasserie Dieu du ciel !, Montréal et Saint-Jérôme

2,75 $
341 ml

5,5 % alc./vol.
www.dieuduciel.com

Pas moins de 19 bières figuraient au menu du « bistrobrasserie » situé au 29, avenue Laurier Ouest, à Montréal, le 25 juillet dernier, alors que la microbrasserie, située à Saint-Jérôme brasse en tout temps une douzaine de bières. Mais tout peut changer rapidement, car ici, ça bouge, et pour le mieux ! Inaugurée le 11 septembre 1998, à 18 heures précises, cette microbrasserie demeure un phare de créativité dans ce monde souvent banalisé des bières commerciales. On y sent une passion, un goût d'aller plus loin, de forcer la découverte en proposant des bières singulières, qui jamais ne laissent indifférents. Que ce soit Route des épices, Rosée d'hibiscus, Déesse nocturne, Aphrodisiaque, Décibel ou encore cette Païenne, le véritable voyage est dans le verre. Cette dernière donne à boire et à manger tant elle semble consistante et tenace au goût, une belle à la robe or à peine voilée, aux arômes floraux et fruités, aux saveurs fluides mais précises, doucement maltées. L'allonge et l'équilibre en font une bière qui me désaltère à la fin d'une semaine de boulot bien remplie, alors que je m'installe au bistro de l'avenue Laurier.

Dominus Vobiscum Triple, Microbrasserie Charlevoix, Baie-Saint-Paul

4,69 $
500 ml

9 % alc./vol.
www.microbrasserie.com

Plantée au cœur de Baie-Saint-Paul, cette microbrasserie qui a pignon sur cuve depuis 1998 offre, outre la Blanche, l'Ambrée, la Double et la Triple, toutes d'inspiration belge, La Vache Folle (Milk Stout et ESB). La confection artisanale est ici fortement personnalisée, déployant souvent de la complexité et une profondeur encore rarement rencontrées parmi les bières du Québec. Cette blonde à la teinte plutôt foncée offre un nez large, franchement épicé, passablement malté, alors que la bouche, ample et généreuse, capiteuse et bien enveloppée demeure harmonieuse malgré la teneur élevée en alcool. Une « belge » qui n'a rien à envier à ses consœurs du plat pays. Un morceau de cheddar trois ans ne lui résistera pas !

- -

Stout Impérial, La Barberie, Québec

4,69 $
500 ml

7,5 % alc./vol.

www.labarberie.com

Cette coopérative qui démarrait en 1995 au cœur du quartier Saint-Roch, à Québec, se veut écologiquement et socialement responsable. Elle est un modèle du genre au Québec. Outre cette Stout Impérial qui, selon les experts de la maison, se marie bien avec les chocolats fourrés à la crème de Baileys, la coop brasse une Blonde biologique, une Rousse Bitter, une Brasse-Camarade, une Cuivrée au thé, une India pale ale, une Blonde de Chardonnay et, en saison, une Pale ale lime et framboise, une Blanche aux fruits et une Rousse forte aux fruits, sans compter de nombreuses bières en fût dont la maison encourage la consommation. La dégustation de cette stout est une belle, une grande aventure organoleptique. Déjà, le collet de mousse impressionne, telle une muraille à conquérir par l'assaillant, dont le brun clair chapeaute une bière d'un noir profond comme la nuit, une bière emballante en raison de sa combinaison amer-grillé-fumé, au nez comme en bouche. La finale est longue, onctueuse, puissante, mais c'est aussi très frais, à la fois net et sec.

Simple Malt Cascade Spéciale, pale ale américaine, Brasseurs illimités, Saint-Eustache

4,70 $
500 ml

5,8 % alc./vol.
CODE SAQ : 11700934 ▪ www.brasseursillimites.com

Cette entreprise livre près d'une dizaine de bières, soit Golding Pale Ale, IPA Classique, Altbier, Imperial Stout, Scotch Ale, Vin d'Orge, Double Porter et Fumée. On peut dire que cette IPA (India pale ale) ne manque pas de cran ! La robe rousse est soutenue et suggestive, alors que les arômes sont particulièrement intenses, avec ce grillé et cette envolée typique des houblons Cascade états-uniens. Puis il y a la bouche, captivante, qui donne l'impression d'avoir du corps sans pourtant être dense ni volumineuse, et la finale, enfin, nette, amère, droite et ajustée au quart de tour. Une bière qui ne dédaignera pas un bon saumon, particulièrement s'il est fumé.

- -

Simple Malt Scottish Spéciale, ale écossaise, Brasseurs illimités, Saint-Eustache

4,70 $
500 ml

6,8 % alc./vol.
CODE SAQ : 11701515 ▪ www.brasseursillimites.com

Dans la foulée de la précédente, mais ici, on joue sur le malt, avec ce profil qui ajoute à la profondeur mais surtout à la texture, riche et soutenue, fumée, presque caramélisée. Le type même de la bière qu'on sirote un soir de novembre, en la mariant à une carbonade flamande, quand le temps gris, humide, qui transperce, fait tout pour être rabat-joie. Certains pousseront l'audace gourmande en l'accompagnant d'un single malt écossais, histoire de combiner ces caractères fumés et tourbés qui prolongent longuement le palais. Passez-la dans un verre ballon pour maximiser la dégustation.

La Graincheuse, ambrée, La Voie Maltée, Microbrasserie du Saguenay – Lac-Saint-Jean

4,99 $
500 ml

8 % alc./vol.
www.lavoiemaltee.com

C'est au cours du 6e Festival des vins de Saguenay, en juillet dernier, que j'ai mis les pieds pour la première fois à la microbrasserie de Jonquière, avalant coup sur coup les calmars Malcommode, le mini *pulled pork* et la tartine de champignons au vin d'orge qu'il y avait au menu. La jolie serveuse m'a appris que j'étais à l'endroit même où a commencé cette aventure brassicole, en 2002, avec Daniel Giguère aux commandes. (Lui et ses comparses ont essaimé plus tard à Chicoutimi, en 2008. Ils ouvriront un autre établissement au printemps 2013, cette fois à Québec.) J'y ai bu quelques Liberlime, jusqu'à pousser la soif sur les Libertine, Ambiguë, Polissonne, Pure Laine et Soutien-Gorge, avant de plier bagage... en taxi. Un régal! Cette Graincheuse, de type saison belge refermentée en bouteilles, à la mousse rousse et aux flaveurs évoquant les fruits secs, l'écorce d'orange et la coriandre, donne envie de « caller » l'orignal aux abords de la forêt saguenéenne tant elle coule de source. Subtil équilibre entre fraîcheur, velouté et amertume sur une longueur en bouche qui jamais ne chauffe. Superbe!

Doppelbock Grande Cuvée, Les Trois Mousquetaires Microbrasseurs, Brossard

8,99 $
750 ml

8,7 % alc./vol.
www.lestroismousquetaires.ca

Si le site Internet de cette microbrasserie, qui a ouvert ses portes en 2004, ne donne pas beaucoup d'information sur ses bières, la contre-étiquette des bouteilles permet en revanche de grappiller quelques renseignements non négligeables. Un bon point. En plus de cette Doppelbock, le maître brasseur Alex Ganivet-Boileau confectionne une blonde, une rousse, une blanche, une noire, mais aussi les Sticke Alt, Kellerbier, Oktoberfest, Rauchbier, Maibock, Pale Ale Américaine, Weizen Impériale, Porter Baltique et Weizenbock, des noms aussi difficiles à prononcer que les bières, elles, sont faciles à écluser. Cette lager brune a de quoi réjouir l'amateur de bière riche et étoffée, habillée de façon princière et dont la sève et la puissance la destinent à s'attabler aux côtés du gibier braisé. Brassée à partir de malt 100 % québécois, elle offre onctuosité sur une finale à peine relevée par l'amertume. Bière de gars ? Il doit bien y avoir des filles mousquetaires quelque part !

BAR A VIN
PEZENAS

LES VINS DE
CÉPAGE

On croit les reconnaître et, pourtant, dégustés à l'aveugle, ils intriguent et peuvent tromper. Ce pinot noir de huit ans d'âge, par exemple, est-il de Savoie, de Bourgogne ou est-il logé du côté de la Loire, du côté de Sancerre? Ou encore, cette syrah du Rhône, ce merlot de Bordeaux et ce pinot noir de la Côte de Nuits sont-ils si différents sur le plan organoleptique lorsqu'ils atteignent l'âge vénérable de 15 ans de bouteille? L'expérience démontre qu'ils se confondent, avec le temps. Est-ce à dire que leur personnalité propre prend de la distance, alors que croît et s'impose plus encore l'esprit du terroir? Je suis bien près d'y penser.

Autre exemple : souvenez-vous des nombreuses diatribes concernant l'œnologue bordelais Michel Rolland. Ce qu'on lui reproche? D'avoir une empreinte trop forte sur les vins qu'il produit, chez lui ou ailleurs dans le monde, à titre de consultant. L'homme règle d'ailleurs ses comptes à ce sujet dans son livre, *Le gourou du vin,* paru aux éditions Glénat en juin dernier. Pour l'avoir suivi durant presque 30 ans et après avoir goûté à plus d'une centaine de ses vins élaborés aux quatre coins du globe, je dois avouer que, si sa signature est perceptible dans les vins jeunes, elle s'estompe graduellement au fil du temps, laissant cépages et terroirs s'affirmer. Comme quoi il faut faire confiance à la nature, car elle reprend de toute façon ses droits.

Les vins dégustés pour le *Guide Aubry 2013* ont été choisis parce qu'ils expriment le fruit dans leur jeunesse. Des vins juvéniles, issus de vinifications axées sur le fruité, dont le seul but est de les mettre en valeur pour le plaisir de boire simple, ou simplement de boire bon. Ils vous sont présentés parce qu'ils offrent une personnalité et une identité bien tranchées. ●

Melon de Bourgogne

Muscadet-sèvre-et-maine sur lie Chéreau Carré 2011, Chéreau Carré

13,70 $

France / Loire – muscadet-sèvre-et-maine
CODE SAQ : 365890

Le muscadet fait-il encore figure de parent pauvre dans l'imaginaire du consommateur ? Je dois avouer qu'il reste encore beaucoup de chemin à faire, et ce, même si ce brillant vin blanc sec de la Loire n'a jamais été aussi réussi. Non seulement a-t-on une meilleure compréhension du cépage dans cette appellation, mais de nombreux jeunes viticulteurs ont mis leur énergie à mieux le faire connaître dans des cuvées débordantes de caractère et d'authenticité. Celle-ci est un régal, avec un très léger perlant qui lui confère cette texture particulière, une texture qui fait décoller les saveurs fruitées d'agrumes et de pomme verte, qui saisit parfaitement le palais en le portant longuement. Plus qu'un « vin de piscine », un joli blanc à servir avec des huîtres fraîches, des moules ou des calmars frits.

Quotidien ● **CT** ● **Élancé**

Pinot blanc

Pinot blanc Grande Réserve 2011, Vignerons de Pfaffenheim & Gueberschwihr

15,40 $

France / Alsace
CODE SAQ : 11459677

Fermez les yeux, penchez-vous à la fenêtre de votre voiture et humez les arbres en fleurs dans la fraîcheur du printemps, mais surtout les vignes qui terminent leur floraison. Défilez dans ce bucolique paysage alsacien, dont les arômes juvéniles et sensuels surgissent d'une nature qui donne tout. Ce pinot blanc est aux premiers rangs : net, ample, généreux, charmeur et un rien cabotin, doté d'une texture ronde qu'une acidité fine vient troubler en y ajoutant un peu plus de relief, d'esprit. Tout est là, avec simplicité, mais surtout avec légèreté (12,5 % alc./vol.), équilibre, et même avec une certaine longueur, sans boisé apparent. Joli vin sec à servir à l'apéro avec une tranche de jambon et melon, ou avec des moules au vin blanc.

Quotidien ● **CT** ● **Rond**

BLANC

Palomino
Fino Tio Pepe, Gonzalez Byass SA

16,75 $

$

Espagne /Andalousie – Jerez de la Frontera
CODE SAQ : 242669

L'histoire du cépage palomino remonte à l'époque où les Maures régnaient sur l'Espagne. Ce n'est pas un cépage très connu ; il est même plutôt obscur. Vinifié en vin sec, nature, il est peu intéressant, même si les sols crayeux et très blancs – les *albariza* – lui confèrent déjà une pointe de caractère et que sa transformation sous un voile de levures (*flor*) à l'intérieur d'un système de soleras lui ajoute de la dimension et de la complexité. La très ancienne maison Gonzalez Byass fournit le monopole d'État avec des finos qui n'ont absolument pas intérêt à séjourner trop longtemps sur les tablettes, car ils perdent rapidement de leur fraîcheur. Le secret ? Les acheter dans une succursale où il y a beaucoup de roulement. Le palomino, duquel provient ce merveilleux fino, est l'ambassadeur même de l'apéritif : très sec, vibrant, presque mordant, il permet rapidement aux glandes salivaires de faire ce pourquoi elles ont été créées, soit fonctionner à plein régime ! Un blanc de caractère à servir bien frais avec des olives farcies aux anchois, des noix grillées au Tamari ou des rondelles de chorizo piquant.

Copain ● CT ● Élancé

BLANC

Pinot grigio
Santa Margherita 2011, Santa Margherita SPA

18,95 $

Italie / Trentin Haut-Adige
CODE SAQ : 964601

Je ne vous cacherai pas – et pourquoi le ferais-je ? – que le fameux et très populaire cépage pinot grigio peut atteindre, lorsqu'il est laissé à lui-même, des sommets de vacuité organoleptique. D'ailleurs, combien y a-t-il sur les tablettes de ces blancs délavés, neutres et insipides, dilués et sans un gramme de personnalité ? Certaines maisons poussent même le raffinement jusqu'à laisser une part de gaz carbonique pour leur assurer une « vibration » supplémentaire dans l'espoir de déjouer la vigilance des amateurs. Ce n'est pas du tout l'option que prône la maison Santa Margherita, qui s'efforce, depuis plus de cinq décennies maintenant, de tailler un vin digne de ce nom. L'ensemble est fin, délicat, léger, délicieusement parfumé, avec un fruité bien nourri en milieu de bouche, frais, dense, stimulant, parfaitement équilibré. Un blanc sec idéal à l'apéritif ou en entrée avec le prosciutto-melon.

Copain ● **CT** ● **Élancé**

- -

Chardonnay
La Chablisienne « La Sereine » 2009, La Chablisienne

21,65 $

France / Bourgogne – chablis
CODE SAQ : 565598

Je me souviens encore de cette entrevue à la radio où l'animatrice affirmait avec autant de ferveur que de candeur raffoler des vins de chablis, mais détester ceux élaborés à base de... chardonnay ! Léger décalage en ondes... mais une fois l'embarras passé, nous avons tous deux éclaté de rire. Le chablis serait-il lui-même un cépage ? On n'est pas très loin de la vérité, sachant que le chardonnay, si sensible aux terroirs qui l'accueillent tout en se déclinant sous une multitude de facettes, adopte dans cette appellation septentrionale un caractère unique. Ici plus qu'ailleurs, le mot « minéral » ne souffre nullement d'être cité hors contexte. Cette belle cave coopérative, qui a vu le jour en 1923 et qui est desservie par quelque 300 membres qui la nourrissent en jus, est d'une qualité exemplaire depuis une bonne décennie. Ce 2009 offre un fruité pur, net, charmeur, avec la rondeur et la plénitude du millésime, mais aussi cette caractéristique du terroir chablisien où le minéral affleure sans cesse. Essayez un tartare de saumon.

Quotidien ● **CT** ● **Rond**

Malbec
Finca Flichman 2011, Finca Flichman SA

9,45 $

Argentine / Mendoza
CODE SAQ : 10669832

Vous le connaissez bien, parce qu'il est fiable. Fiable et pas cher. Mais c'est après un passage en carafe qu'il livre le meilleur de lui-même, car, la plupart du temps, une pointe de réduction se manifeste à l'ouverture, réduction qui disparaît rapidement toutefois. Derrière, le fruité est drôlement bien travaillé, entier, bien frais, pas nécessairement complexe, mais franc et sincère. J'ai même l'impression que l'ensemble est plus tannique dans ce millésime, où la bouche est bien calée sur une assise de tannins, de la mi-parcours jusqu'en finale. Bien sûr qu'il est rustique, mais il est comme ça, le malbec, avec cette touche paysanne qui le destine rapidement aux charcuteries ou à un bon burger.

Copain ● **CT** ● **Solide**

- -

Tannat
Don Pascual Reserve 2011, Establecimiento Juanicó SA

13,50 $

Uruguay / Juanicó
CODE SAQ : 10299122

Le grand manitou du tannat, Alain Brumont, a passé sa vie entière du côté de Madiran, en France, à essayer d'amadouer ce gaillard qu'est le tannat, et il y est parvenu. Il a compris très tôt l'importance de la maturité des pépins et, surtout, il a compris quel était le temps d'extraction nécessaire pour en tirer le meilleur parti possible. Bien sûr, il a été voir aussi du côté du microbullage (ou micro-oxygénation), dans le but de favoriser une meilleure polymérisation de ces pépins et d'assurer plus de souplesse et de coulant à son vin. Cette cuvée de l'Uruguay nous en fournit une version presque allégée, même si la solidité de l'ensemble se vérifie dès la première gorgée. La robe est soutenue, les arômes de la mûre bien mûre et du cassis frais sont simples mais francs, alors que la bouche, bien corsée, est juteuse, mais aussi au garde-à-vous à l'arrière du palais. Ce tannat s'est assoupli plus encore avec la terrine de campagne au sanglier.

Quotidien ● **CT** ● **Solide**

73

Cabernet-sauvignon
Santa Carolina Reserva 2011, Vina Santa Carolina SA

13,95 $

Chili / Valle del Rappel
CODE SAQ : 11015988

Vous n'êtes pas devant un cabernet-sauvignon si sa couleur est diaphane. Non. La couleur doit être forte, et le violacé de la teinte traduit plus encore la jeunesse. Ce qu'il y a d'intéressant, c'est que même s'il est jeune, on sent rapidement une idée de grandeur dans le cabernet-sauvignon, une espèce d'autorité tranquille, de distinction assumée. Et toujours cette fraîcheur de menthe verte et de cassis, de tabac frais qui, même sur une trame puissante et capiteuse, permet de garder la distance et d'assurer un minimum d'élégance. Ce beau Reserva va en ce sens. Expressif, il a du corps et de solides tannins qui ne demandent qu'à se fondre après une ou deux années de bouteille. Mais déjà le magret de canard ou la côtelette d'agneau grillée au romarin le dérideront sans peine.

Quotidien ● **CT** ● **Musclé**

- -

Barbera
Follìa 2010, Podere Castorani SRL

14,80 $

Italie / Piémont – barbera-d'alba
CODE SAQ : 10966811

Voici l'illustration parfaite du type de vin qu'on sert un lundi soir. Vous savez, ces lundis qu'on souhaiterait faire disparaître, tant ils hésitent à faire adéquatement le pont entre le dimanche, encore férié, et le mardi, où la semaine semble s'être véritablement mise en marche vers le vendredi. Normal, car le cépage barbera, quoique simple, rustique même sur le plan de l'expression, n'en demeure pas moins réconfortant et calmant, tel cet ami vers qui vous vous tournez lorsque la mélancolie ou le blues de l'existence s'empare de vous. Voilà donc que ce vin vous stimule avec sa vivacité, son expression fruitée, ses tannins suffisamment compacts pour donner l'illusion d'être costaud, même si, en fin de compte, il demeure passablement léger. Et la finale sait vous rappeler son bon souvenir grâce à cette pointe d'amertume typique. La lasagne maison prévue pour ce lundi soir en sera toute contente.

Quotidien ● **CT** ● **Solide**

- -

Zinfandel
Liberty School 2010, Liberty School

19,95 $

États-Unis / Californie
CODE SAQ: 10709021

Ce beau « zin » est sorti du lot cette année en étalant claire-ment ce que représente ce cépage, lequel n'est pas néces-sairement facile d'approche, mais amplement satisfaisant quand il se montre à la hauteur. C'est le cas avec cette maison qui offre aussi, dans la même gamme de prix, une tout aussi délicieuse syrah et un beau cabernet-sauvignon bien dans sa peau. Le zin, c'est avant tout des arômes ex-pressifs de fleurs et d'épices, mais surtout, une texture et un volume qui s'appuient d'abord sur une vinosité et une richesse particulières, donnant l'impression d'une consti-tution moyenne, alors que l'ensemble demeure véritable-ment puissant et corsé. Pas la moindre aspérité, donc, mais beaucoup de fruit, suffisamment en tout cas pour s'amuser avec le méchoui de porc ou d'agneau.

Quotidien ● **CT** ● **Solide**

Top 10

UNE RICHESSE D'ICI

VIN
DU QUÉBEC

CERTIFIÉ

LES VINS DU QUÉBEC

Au moment de mettre sous presse, il y avait encore quelques négociations musclées entre le Québec et l'Ontario à propos de cette histoire de vin de glace, plus précisément sur l'utilisation du terme « vin de glace » sur l'étiquette. L'objet du litige ? L'association des vignerons ontariens, à qui il serait déjà malaisé de reprocher quoi que ce soit en matière d'éthique vitivinicole – on n'a qu'à penser à la pratique du commerce (en vrac) de vin de glace ou d'autres moûts dans le but d'enrichir les cuvées de vignerons hors province, entre autres –, dénonce cette pratique québécoise qui consiste à placer, à la vigne, des filets sous les grappes de raisins gelés, une façon de faire qui, selon nos voisins canadiens, ne correspondrait pas au cahier des charges dites internationales, selon lequel les baies doivent geler naturellement sur pieds de vignes, et pas autrement.

N'importe quel chef de culture vous dira que ces mêmes grappes ne sont plus, au cœur de l'hiver, alimentées depuis belle lurette par la plante mère et concentrent déjà les sucres, par cryoextraction, dans un processus de dessiccation naturelle. Qu'elles soient encore accrochées aux ceps ou tombées dans les filets, cela ne change rien à l'affaire. Pourtant, l'industrie ontarienne monte aux barricades en voulant non seulement s'approprier le terme « vin de glace », mais, du coup, interdire aux Québécois de le mentionner sur leurs étiquettes.

Cette affaire cache quoi, au juste ? Allons voir du côté des cidres de glace chez nous... Est-ce parce que le cidre de glace québécois, réputé ici comme à l'étranger pour sa qualité, est encore moins cher que celui produit en Ontario ? La concurrence est-elle si vive qu'il faille trouver un moyen de discréditer, d'une façon ou d'une autre, notre industrie ? Est-ce parce que l'industrie ontarienne veut s'octroyer le monopole mondial du vin de glace, sans toutefois avouer que la congélation (cryoconcentration) se pratique déjà allègrement chez eux ?

La décision, de juridiction fédérale, devrait tomber sous peu, si ce n'est déjà fait. Dommage que ce dossier ne relève pas du registre provincial, ce qui protégerait ce secteur chez nous. Mais pour le protéger, le gouvernement du Québec aurait tout avantage, de concert avec les membres de l'industrie, dont l'Association des vignerons du Québec (AVQ) et son programme de certification des vins du Québec, à baliser la voie vers un cahier des charges strict qui toucherait TOUS, je dis bien TOUS, les vignerons qui ont pignon sur vigne au Québec. Je parie que la Société des alcools du Québec, qui ne ménage pas ses efforts depuis quelques années pour soutenir la production locale, verrait la chose d'un bon œil.

Encore cette année, j'ai été très sensible à la qualité des vins d'ici. Parmi les 63 membres de l'AVQ, 22 portent déjà la « certification vin du Québec » (CVQ). Les mauvaises langues diront qu'il ne s'agit seulement que du tiers des répondants, ce à quoi je répondrai qu'il reste encore deux tiers de vignerons à convaincre que l'avenir du vin québécois sur l'échiquier mondial n'aura de sens que si les intervenants de la filière se donnent des moyens rigoureux pour assurer la meilleure qualité qui soit. « Pour être crédible, le vin québécois devra obligatoirement passer par la qualité pour survivre », me disait avec justesse Yvan Quirion, du Domaine St-Jacques, avant de saluer bien bas le travail de fond et la ténacité sereine de l'actuel président de l'AVQ, Charles-Henri de Coussergues. Ce dernier travaille toujours sur la traçabilité du produit, une garantie supplémentaire servant non seulement à rassurer le consommateur sur la provenance des raisins, mais aussi, qui sait, à jeter les bases d'un éventuel système d'appellations contrôlées. Après la CVQ, pourquoi serait-il interdit d'aller plus en profondeur avec des ACQ (appellations contrôlées du Québec), qui délimiteraient des zones précises de production en fonction des terroirs et du climat ? Certains vignerons, dont je tairai cette fois les noms mais qui pourront rebondir dans une prochaine édition, s'opposent vigoureusement à cette pratique, dénigrant férocement cette CVQ, qui les embarrasse puisqu'ils importent justement des moûts de raisin... de l'Ontario !

La question : un vin produit et vendu au Québec, composé de moûts en provenance du ROC, est-il toujours un vin québécois ? Moi, j'appelle ça de la fraude, purement et simplement. Mais rassurez-vous, ami lecteur, ce *Guide Aubry 2013* vous propose encore cette année le meilleur de la production d'ici, élaboré avec des raisins d'ici et vinifié par des vignerons d'ici qui aiment leur métier. Bonne dégustation !

**Les grandes lignes du programme
de certification des vins du Québec :**

■ S'applique à deux catégories de vins : le vin
de vendange classique et le vin liquoreux.

■ Garantit que les raisins entrant dans l'élaboration des vins proviennent de sources connues,
lesquelles sont très majoritairement québécoises.

■ Détermine les critères permettant la vinification et l'élevage des différents types de vins,
soit : vin blanc, vin rosé, vin rouge, vin mousseux pour le vin de vendange classique, et
vin de glace, vin de vendange d'hiver, vin de
vendange tardive pour le vin liquoreux.

■ Fait appel à un organisme de certification
externe (accrédité en conformité avec le
guide ISO 65) pour assurer le respect des
normes en toute impartialité.

■ Oblige à une traçabilité continue avec identification et suivi rigoureux des vins (déclaration
de la surface plantée, type d'encépagement,
identification parcellaire).

Boisé d'Havelock 2011, Vignoble du marathonien

13,00 $

Canada / Québec – Montérégie, Havelock
WWW.MARATHONIEN.QC.CA

La famille Joly garde le cap et allonge la foulée avec conviction, quel que soit le millésime. Il y a une certaine assurance dans le traitement, que ce soit à la vigne comme au chai, surtout lorsqu'il est question de faire séjourner du blanc en barrique pendant quelques mois, histoire de personnaliser la cuvée. Pour tout vous avouer, ça fonctionne, ici, avec ce seyval blanc titrant tout juste 10 % alc./vol. Robe pâle, arômes nets à peine grillés sur fond de noix de coco, bouche fluide, nerveuse, digeste, délicatement fruitée. Vin de soif estival qui s'accommodera à merveille d'un *fish and chips* ou d'un *grilled cheese* au brie québécois.

Cépage : seyval blanc

Copain • **CT** • **Élancé**

De Villers 2011, Vignoble Côte de Vaudreuil

13,00 $

Canada / Québec – Vaudreuil-Soulanges
WWW.COTEDEVAUDREUIL.COM

Serge Primi et sa compagne ne boivent pas de vin... ils en mangent ! L'intérêt est bel et bien là, multiplié par une passion palpable. Depuis 2006, le jeune vignoble met les bouchées doubles, sans toutefois augmenter les cuvées. On en fait peu, mais on s'assure de faire bien. Dégustés à quelques reprises, dont une fois à l'aveugle, ces vins m'étonnent toujours par leur simplicité, leur netteté et la franchise de leur fruité. Vraiment meilleurs que 90 % des vins importés vendus en épicerie en ce qui a trait à la qualité, le vin rouge Le Primius (15,00 $) et le rosé Pepino (13,00 $) réussissent le pari de ne jamais diluer leur caractère, de ne jamais se « folkloriser », même si leur charme et leur accessibilité les rendent redoutables. Ce blanc De Villers conviendra avec la salade de crevettes ou encore avec la poitrine de poulet aux agrumes.

Cépages : prairie star, vandal-cliche, saint-pépin

Quotidien • **CT** • **Élancé**

Seyval/chardonnay Les Pervenches 2011, Vignoble Les Pervenches

16,50 $

Canada / Québec – Montérégie, Farnham
WWW.LESPERVENCHES.COM

Quand vous lirez ces lignes, les cuvées Chardonnay 2010 (25,00 $), en blanc, et Solinou 2011, en rouge, à base de frontenac, de maréchal-foch et de zweigelt (15,00 $), se seront déjà envolées vers les meilleures tables du Québec et les caves d'amateurs exigeants. C'est comme être en file indienne devant une succursale de la SAQ à cinq heures du matin pour aller se procurer une bouteille du chablis de François Raveneau! Incontournables au Québec quand il s'agit de la production locale, Véronique Hupin et Michael Marler doivent figurer dans ce guide, mais doivent aussi être connus des buveurs de vin qui hésitent encore à déguster un produit du Québec. Bien malin que ce seyval friand et sapide, arrondi par le chardonnay. Il donne l'impression de croquer dans une pomme. Un joli blanc sec d'apéro à servir avec une pointe de Migneron de Charlevoix.

Cépages : chardonnay, seyval blanc

Quotidien ● CT ● Élancé

- -

Côte d'Ardoise 2009, Domaine des Côtes d'Ardoise

16,00 $

Canada / Québec – Cantons-de-l'Est, Dunham
WWW.COTESDARDOISE.COM

Cet assemblage est vraiment convaincant. Rarement voit-on au Québec un style qui nous rapproche de la bonne vieille Europe sans pourtant y être totalement immergé. Une appartenance subsiste, celle reliée au vignoble d'ici, avec cette rusticité mais aussi ce souffle de fraîcheur qui convainc et un fruité qui demeurera toujours libre d'accès. Avec l'autre cuvée en rouge, Haute Combe (14,00 $), où se greffe le cépage de chaunac, voilà un rosé qui a du caractère, avec des tannins présents mais subtils, qui reviennent sans cesse meubler l'arrière-bouche sans qu'il soit jamais question de rugosité. Tout le contraire, d'ailleurs! Aimera s'envoler avec un magret de canard du Lac-Brome.

Cépages : gamay noir, maréchal-foch, lucie-kuhlmann

Copain • CT • Élancé

Les Bacchantes 2011, Vignoble de l'Orpailleur

16,30 $

Canada / Québec – Montérégie, Farnham
CODE SAQ : 1678933 ■ WWW.ORPAILLEUR.CA

Ai-je besoin de présenter les vins de Charles-Henri de Coussergues? Dans son domaine, connu ici et à l'étranger, l'homme multiplie les cuvées, qui puisent leur raison d'être dans une matière première dont la qualité ne cesse de croître avec les années. Qu'ils soient vinifiés en rouge, en moelleux ou en mousseux – la cuvée Brut avec ses 30 mois sur lattes est incontournable –, les vins ne sont jamais prétentieux et savent demeurer nets et droits, délestés de toutes fioritures. Des vins vrais, parfaitement digestes. C'est le cas de ce beau rosé de saignée et de pressurage, parfumé, léger, d'une délicatesse et d'une fraîcheur assumées. Il a fait bonne figure avec une longe d'agneau grillée aux herbes. Rare peut-être, mais à découvrir.

Cépage : seyval noir

Amour • CT • Élancé

Cuvée Alexandra 2009 et 2010, Vignoble Les Vents d'Ange

15,80 $

Canada / Québec – Saint-Joseph-du-Lac
CODE SAQ : 11576275 ■ WWW.VIGNOBLEVENTSDANGE.COM

L'histoire nous dira si l'élaboration de vins à partir de cépages de table a un avenir au Québec. Pour le moment, le vignoble Les Vents d'Ange compte sur ces hybrides que sont le montréal blues (en rouge) et le kay grey (en blanc) pour se démarquer. Ç'aurait pu être le 4725, le brianna ou encore le prairie star, que je n'ai personnellement pas goûté, mais quelque chose me dit que cela viendra bien un jour. Pour le moment, cette Cuvée Alexandra est vivante, légère sur le plan de la structure comme celui du contenu, désaltérante sur la forme et le fond. La finale se corse à peine sous l'influence discrète du cépage sainte-croix, avec une part d'amertune qui confère un peu de relief. Sans vouloir vexer Sylvie D'Amours et André Lauzon, le pâté chinois qui l'accompagnait a trouvé preneur !

Cépages : montréal blues, sainte-croix

Quotidien • CT • Élancé

Cuvée Sainte-Pétronille 2010, Vignoble Sainte-Pétronille

17,00 $

Canada / Québec – Île d'Orléans
WWW.VIGNOBLEORLEANS.COM

Il faudra se rendre à l'île d'Orléans ou visiter le site de l'Association des vignerons du Québec (www.vinsduquebec.com) pour se procurer cette belle bouteille de rouge aussi attrayante que le vignoble de cinq hectares d'où est issue la substance. On est sérieux chez les Denault. Pas de multiplication de cuvées, seulement une concentration de ce qu'ils savent faire, cépage par cépage. Macération à froid par-ci, élevage judicieux par-là, assemblages complémentaires, équilibres justes, sans forcer la note. En plus de la cuvée de blanc Voile de la Mariée 2011 (15,50 $), à base de vandal-cliche et de vidal – qui, soit dit en passant, est un délice avec un *lobster roll* –, cette ambitieuse cuvée en rouge étonne par son expression fruitée et ce glissant en bouche que n'interdit nullement une légère présence de tannins. C'est frais, à peine fumé, franc de goût, d'une certaine longueur. Tentez une bavette frites ou une rillette de canard.

Cépages : baco noir, sabrevois, sainte-croix

Quotidien • CT • Musclé

ROUGE

Sélection de St-Jacques 2010, Domaine St-Jacques

17,50 $

Canada / Québec – Montérégie, Saint-Jacques-le-Mineur
WWW.DOMAINESTJACQUES.COM

Il y a une activité fébrile au Domaine St-Jacques ; les Quirion s'y affairent avec un bonheur évident, bien entourés d'une équipe dynamique qui sait ce qu'elle a à faire, tant dans le vignoble – « C'est dans le champ que se fait le vin ! » ne cesse de répéter Yvan Quirion – qu'au chai, où œuvre désormais un œnologue de Normandie. Ce domaine remet toujours tout en question et, au final, se dépasse. À preuve, on a pu remarquer ces dernières années un accroissement de la qualité. Tannins plus mûrs, équilibres manifestes, expression des cépages mieux cernée. Seul hic : on n'arrive pas à répondre à la demande grandissante. Ici, le cépage fétiche d'Yvan Quirion, le lucie-kuhlmann, à la texture ronde et suave, évoquant le merlot, compose la cuvée Sélection. Fruité bien net, mûr et croquant, sur un ensemble qui peut faire penser à un fer servadou du côté de Marcillac, en France. Le 2011, commercialisé à l'automne 2012, est aussi incontournable, ainsi que tous les autres vins de la maison. Un domaine phare.

Cépages : baco noir, lucie-kuhlmann, maréchal-foch

Quotidien ● CT ● Rond

ROUGE

Baco Réserve 2009, Domaine Les Brome

24,05 $

Canada / Québec – Cantons-de-l'Est, Lac-Brome
CODE SAQ : 11632804 ■ WWW.DOMAINELESBROME.COM

Il y a plusieurs bonnes raisons de s'arrêter au domaine de Léon Courville. D'abord, parce que l'endroit est magnifique, qu'il y a possibilité d'y organiser de jolies fêtes sur le thème du vin, de discuter avec l'œnologue des hauts et des bas de la viticulture québécoise, et parce qu'on peut emporter à la maison quelques cartons de blanc, de rouge ou encore, du délicieux rosé Détente 2011 (14,95 $ – 11686626), qui s'envole trop rapidement, hélas. Ce baco noir vaut aussi largement qu'on s'y intéresse, un cépage certes rustique, mais pourvu ici de toute sa substance, de toute sa richesse fruitée. C'est noir, dense, très frais grâce à sa nuance mentholée végétale, rond, avec des tannins bien soutenus. Pas mal du tout avec la gigue de chevreuil. Pas donné, cependant...

Cépage : baco noir

Quotidien • CT • Musclé

- -

Frontenac noir 2010, Vignoble Gagliano

25,40 $

Canada / Québec – Cantons-de-l'Est
CODE SAQ : 11506606 ▪ WWW.VIGNOBLEGAGLIANO.COM

La maison a beaucoup fait parler d'elle cette année avec sa cuvée Tinello, qui est certainement ambitieuse avec son volume et son boisé affirmé, même si elle ne touche pas particulièrement mes fibres affectives. Ce Frontenac noir et le Frontenac gris 2010 sont actuellement les deux meilleures cuvées produites au domaine, même si, je me permets de le préciser, elles ne sont pas tout à fait ce que je préfère. Je dois admettre qu'il y a là une belle émotion, un style précis qui ne badine pas avec le fruité riche et qui plaît avant tout pour sa capacité à bien s'intégrer sur la trame légèrement tannique de l'ensemble. Le goût est franc, passablement puissant, donnant l'impression de boire un bon rouge des Abruzzes. D'ailleurs, le spaghetti bolognaise lui va comme un gant. Mais rafraîchissez-le de quelques degrés avant de le servir.

Cépage : frontenac noir

Quotidien • CT • Musclé

D'AUTRES BONS CHOIX

MOUSSEUX

La Sélection des Mousquetaires, méthode champenoise traditionnelle, Vignoble Le Cep d'Argent, Magog, Cantons-de-l'Est ■ www.cepdargent.com (23,00 $)

BLANCS

Côte d'Alban 2010, Vignoble le Mernois, Saint-Thomas-de-Joliette, Lanaudière
www.vignoblelemernois.com (13,00 $)

Cuvée William 2010, Vignoble Rivière du Chêne, Saint-Eustache, Laurentides
www.vignobleriviereduchene.ca (14,50 $ – 744169)

L'Orpailleur 2011, Vignoble de l'Orpailleur, Dunham, Cantons-de-l'Est
www.orpailleur.ca (14,70 $ – 704221)

Classique blanc de St-Jacques 2010 et 2011, Domaine St-Jacques, Saint-Jacques-le-Mineur, Montérégie
www.domainestjacques.com (14,75 $ – 11506120)

Le 1535 2010, Vignoble Isle de Bacchus, Saint-Pierre-de-l'Île-d'Orléans, Québec
www.iledebacchus.com (15,00 $)

Voile de la Mariée 2011, Vignoble Sainte-Pétronille, Sainte-Pétronille, Québec
www.vignobleorleans.com (15,50 $)

Vent d'Ouest 2011, Domaine du Ridge, Saint-Armand, Cantons-de-l'Est
www.domaineduridge.com (15,90 $ – 928523)

Riesling Côtes d'Ardoise 2010, Domaine des Côtes d'Ardoise, Dunham, Cantons-de-l'Est
www.cotesdardoise.com (17,00 $)

La Marédoise 2011, Domaine des Côtes d'Ardoise, Dunham, Cantons-de-l'Est
www.cotesdardoise.com (17,20 $ – 734871)

Réserve Vidal 2010, Domaine Les Brome, Lac-Brome, Cantons-de-l'Est
www.domainelesbrome.com (24,00 $)

Cuvée Natashquan 2009, Vignoble de l'Orpailleur, Dunham, Cantons-de-l'Est
www.orpailleur.ca (25,00 $)

ROSÉS

Brise 2011, Vignoble de la Bauge, Brigham, Montérégie
www.labauge.com (14,75 $ – 10850615)

Péché 2011, Domaine Les Brome, Lac-Brome, Cantons-de-l'Est
www.domainelesbrome.com (15,50 $)

Rosé de St-Jacques 2011, Domaine St-Jacques, Saint-Jacques-le-Mineur, Montérégie
www.domainest-jacques.com (15,50 $ – 11427544)

Le Rosé Gabrielle 2011, Vignoble Rivière du Chêne, Saint-Eustache, Laurentides
www.vignobleriviereduchene.com (15,75 $ – 10817090)

Champs de Florence 2011, Domaine du Ridge, Saint-Armand, Cantons-de-l'Est
www.domaineduridge.com (15,90 $ – 741702)

ROUGES

Phénix 2010, Vignoble Rivière du Chêne, Saint-Eustache, Laurentides
www.vignobleriviereduchene.ca (13,00 $)

Haute Combe 2009, Domaine des Côtes d'Ardoise, Dunham, Cantons-de-l'Est
www.cotesdardoise.com (14,00 $)

Trous de la Phine 2010, Vignoble le Mernois, Joliette, Lanaudière
www.vignoblelemernois.com (14,75 $ – 11575791)

Solinou 2010, Vignoble Les Pervenches, Farnham, Montérégie
www.lespervenches.com (15,00 $)

Primius 2010, Vignoble Côte de Vaudreuil, Vaudreuil-Dorion, Vaudreuil-Soulanges
www.cotedevaudreuil.com (15,00 $)

Clos du Maréchal 2011, Domaine du Ridge, Saint-Armand, Cantons-de-l'Est
www.domaineduridge.com (15,90 $ – 10220373)

Domaine De Lavoie 2010, Domaine De Lavoie, Rougemont, Montérégie
www.de-lavoie.com (17,00 $ – 741173)

Côte d'Ardoise 2010, Domaine des Côtes d'Ardoise, Dunham, Cantons-de-l'Est
www.cotesdardoise.com (18,00 $)

Cuvée de Montmollin 2011, Vignoble Les Pervenches, Farnham, Montérégie
www.lespervenches.com (18,00 $)

Réserve de St-Jacques 2010, Domaine St-Jacques, Saint-Jacques-le-Mineur, Montérégie
www.domainestjacques.com (23,95 $ – 11506365)

Baco Réserve 2009, Domaine Les Brome, Lac-Brome, Cantons-de-l'Est
www.domainelesbrome.com (24,05 $ – 11632804)

MOELLEUX

Douceur d'Ardoise, Domaine des Côtes d'Ardoise, Dunham, Cantons-de-l'Est
www.cotesdardoise.com (22,00 $ les 500 ml)

Vin de glace, Vignoble Les Artisans du Terroir, Saint-Paul-d'Abbotsford, Montérégie
www.artisansduterroir.ca (22,75 $)

Vin de glace blanc 2009, Domaine St-Jacques, Saint-Jacques-le-Mineur, Montérégie
www.domainestjacques.com (32,25 $ les 200 ml – 11506331)

Vin de glace 2009, Vignoble de l'Orpailleur, Dunham, Cantons-de-l'Est
www.orpailleur.ca (32,75 $ les 200 ml – 10220269)

Vandal vin de glace 2010, Vignoble Sainte-Pétronille, Sainte-Pétronille, Québec
www.vignobleorleans.com (33,00 $ les 200 ml)

Givrée d'Ardoise Rosé, vin de glace 2009, Domaine des Côtes d'Ardoise, Dunham, Cantons-de-l'Est
www.cotesdardoise.com (39,00 $ les 375 ml)

Vin de glace rouge 2010, Domaine St-Jacques, Saint-Jacques-le-Mineur, Montérégie
www.domainestjacques.com (46,00 $ les 200 ml – 11213600)

Les disponibilités sont, hélas, aléatoires.

Top 10

LES VINS BIOS

Astuce commerciale pour mieux tromper le chaland ou réalité en pleine expansion aux quatre coins du vignoble mondial? Quoi qu'il en soit, le «bio» portant la certification officielle de «vin issu de l'agriculture agrobiologique» a le vent en poupe parmi les consommateurs, même si la définition du mot laisse place à une interprétation différente pour bon nombre d'acteurs de l'industrie.

Alors, bio ou pas? Selon certains, aucun vin n'est «biologique» puisque, entre la période où les fruits sont récoltés jusqu'à leur mise en bouteilles, plusieurs produits sont ajoutés. Qu'on pense aux sulfites, aux levures industrielles aromatiques, au phosphate diammonique, au chlorhydrate de thiamine, au charbon actif, à la gélatine alimentaire, à la colle de poisson, à l'ovalbumine, à la caséine, au dioxyde de silicium, à la bentonite, aux enzymes pectolytiques, à l'alginate de potassium et au sulfate de calcium, sans oublier les bactéries, sulfate d'ammonium, sucres, enzymes, tannins, acide tartrique ou citrique, gomme arabique, caramel, copeaux... et j'en passe. Pourtant, le vin qui se dit issu de l'agriculture agrobiologique contient en partie ou en totalité tout ce beau monde «exogène». La cerise sur le gâteau? Tous ces produits sont homologués par l'Union européenne dans le cahier des charges du bio.

Le plus populaire des «ajouts» permis? Bien sûr, vous l'aurez deviné: le dioxyde de soufre (SO_2), un gaz dense et incolore qui irrite le nez et durcit le vin s'il y en a trop, et qui peut, chez les personnes sensibles, provoquer des maux de tête. À quoi servent ces sulfites? À plusieurs choses, comme sélectionner les « bonnes » levures au détriment des « mauvaises », disperser la couleur des peaux des baies de raisin et surtout contrer toute forme d'oxydation. Mais il est possible de s'en passer en mettant tout en œuvre pour conserver le produit en milieu réducteur (tout le contraire du milieu oxydatif). Il existe plusieurs techniques pour y parvenir, mais je vous épargnerai ici les détails fastidieux.

Disons simplement qu'un vigneron qui sait faire, qui est consciencieux, mais aussi astucieux, peut sans problème éviter le SO_2 ou en réduire considérablement la quantité. Sachez aussi que les sulfites sont des produits « naturels » (il s'agit de molécules qu'on retrouve dans la nature) et qu'ils n'ont donc pas été « inventés » pour contrarier les adeptes du vin bio. Un ajout, même minime, qui se combine ensuite au vin, est, à mon avis, tout à fait concevable. D'ailleurs, la SAQ exige, avec raison d'ailleurs, que ses fournisseurs incluent dans leurs produits une dose minimale de SO_2 pour pouvoir les commercialiser chez nous.

Qu'est-ce qu'un vin dit « naturel »? Tout bêtement un vin élaboré à partir de jus de raisin fermenté. Point à la ligne. Sa mention sur une étiquette est en ce sens un euphémisme. À moins, bien sûr, que le vin ne soit pas issu de jus de raisin fermenté. Rassurez-vous, ces derniers ne sont pas dans le *Guide Aubry*! ●

Cuvée des Conti, Château Tour des Gendres 2011, Famille De Conti

16,10 $

France / Dordogne – bergerac
CODE SAQ: 858324

Des gens savants ont dit que le millésime 2011 était un millésime de vigneron. Traduction : Dame Nature a forcé cette année-là le vigneron à lui donner un sérieux coup de pouce en lui apportant quelques petites corrections au chai. Millésime de vigneron ou non, on reconnaît rapidement la signature de ce même vigneron, surtout lorsqu'il est constant et sait à tous coups tirer son épingle du jeu et la pipette du fût. C'est le cas avec cette cuvée familiale, qui m'a même semblé plus riche, plus fournie, plus puissante que celle élaborée en 2010. Le registre aromatique est sobre, d'intensité moyenne, avec des nuances de poivre, de citron confit, de menthe, alors que la bouche, svelte et vineuse, s'élargit sur le fruit tout en prolongeant la finale d'une amertume particulièrement agréable. Doit-on jouer sur cette même amertume pour accompagner le plat ? Je sens déjà ici l'endive au jambon et sa béchamel aromatisée à la noix de muscade. On passe à table ?

Cépages : sémillon, sauvignon, muscadelle

Amour ● CT ● Rond

Domaine des Huards 2011, Michel Gendrier

17,40 $

France / vallée de la Loire – cheverny
CODE SAQ: 961607

Pas de doute, nous sommes en Loire. On sent déjà une espèce de « fragilité » dans le vin, de frilosité même, comme si les cépages se tenaient bien droits, intimidés en quelque sorte par ce climat septentrional incertain qui les pousse à chaque millésime vers des maturités improbables. La beauté avec ce vin bio, et avec tous les vins bios en général, c'est que la plante sait s'organiser pour trouver le juste milieu, préservant à la fois une densité de fruit suffisante, un équilibre sur le plan de l'acidité et une maturité parfois tout juste suffisante, mais bien réelle, pour jouer l'harmonie. Après un 2009 solaire, riche mais svelte, un 2010 sapide et éclatant, ce 2011 arrive sur la pointe des pieds, pas intimidé pour deux sous cependant, avec son caractère juteux soutenant un fruité vivace, croquant, de belle clarté. Belle bouteille pour un déjeuner sur l'herbe où salade de crevettes, de pommes de terre, huîtres fraîches ou petit chèvre frais sont à l'honneur.

Cépages : sauvignon, chardonnay

Quotidien ● CT ● Élancé

Chardonnay Bonterra 2010, Bonterra Vineyards

19,35 $

États-Unis / Californie – Mendocino County
CODE SAQ: 342436

Cette maison est connue sur la côte ouest américaine, mais aussi chez nous, au Québec, pour livrer de bons vins issus de l'agriculture agrobiologique. Il n'y a qu'à penser aux Zinfandel 2009 (20,05 $ – 530139), Cabernet-sauvignon 2010 (19,95 $ – 342428), Merlot 2009 (20,00 $ – 897645), Sauvignon blanc 2009 (19,95 $ – 11091905) et Viognier 2010 (19,95 $ – 898767) pour embrasser une gamme qui laisse libre cours à l'expression des cépages, sans être trop interventionniste. Ce chardonnay est tout simplement bon. La robe est vive, et les arômes, nets et très frais, alors que la bouche roule en rondeur, presque avec suavité, fait preuve d'un bon tonus et montre une finale à peine beurrée et grillée. Par son amplitude, il convient bien avec une volaille et même quelques mets asiatiques légèrement épicés. Toujours fiable et vendu à bon prix.

Cépage : chardonnay

Amour ● CT ● Rond

ROUGE

Arrogant Frog Ribet Rouge Rural 2011, The Humble Winemaker

14,05 $

France / Languedoc – vin de pays d'oc
CODE SAQ: 11015881

Quand j'ai rencontré Jean-Claude Mas cette année à son domaine familial, près de Pézenas, dans le sud de la France, j'ai été impressionné non seulement par l'homme d'affaires futé, mais aussi par le visionnaire, qui a su mettre « en boîte » avec habileté un concept pour vendre ses vins et, par surcroît, montrer la qualité des vins de la région à l'étranger. Sa mascotte? Oui, une sympathique grenouille sur l'étiquette, mais, derrière elle, dans le ventre de la bouteille, du « jus » à la hauteur des aspirations du jeune entrepreneur. Ce positionnement amphibien montre bien sûr le profil des vins du Nouveau Monde axés sur la richesse, la plénitude et la gourmandise, mais ils savent traduire aussi les beaux terroirs de Pézenas, des Grés de Montpellier, des Terrasses du Larzac et de Limoux. Le vin est expressif, a du coffre, de la fraîcheur, des tannins riches, sphériques et bien mûrs. Poussez la curiosité en dégustant les magnifiques Vignes des Crès Ricards (18,20 $ – 11573841) avec une brochette d'agneau, et comme la grenouille, croassez de bonheur !

Cépages : cabernet-sauvignon, merlot

Quotidien • CT • Musclé

ROUGE

Château Puy-Landry 2011, Régis Moro

14,15 $

France / Bordeaux – côtes-de-castillon
CODE SAQ: 852129

Un autre classique qu'il fait bon boire sans jamais risquer la déconfiture sur le plan de la digestion. Un amour de vin, en fait, pensé, conçu et livré par un homme qui aime son métier, qui le prend au sérieux et qui veut tout bonnement le partager. Pourquoi s'arracher les étiquettes prestigieuses quand le vin qu'on boit est bon, que sa qualité est rapidement partagée autour d'une table, sans prétention ? Les plus malins le savent, surtout qu'à ce prix l'affaire est belle. Pour vous le décrire simplement, disons qu'il n'est pas très coloré, et qu'il est bien net, aromatique, parfumé même, coulant, tendre dans sa chair fruitée, léger mais suffisamment consistant pour tenir avec une bavette grillée et ses petits oignons caramélisés. Il accepte même d'être servi frais. Du bon bordeaux sain et très digeste.

Cépages : merlot, cabernet franc

Copain ● **CT** ● **Rond**

- -

Blés Crianza 2009, Dominio de Aranleon

14,60 $

Espagne / Valencia
CODE SAQ: 10856427

La bouteille est à peine débouchée et voilà que, rapidement, une odeur de raisin frais envahit la pièce. Nous sommes sur la bonne voie. Celle des cépages qui vivent et qui parlent, qui révèlent l'authenticité du terroir, qui expriment en somme le bonheur d'être assemblés. Le tempranillo pour l'étoffe, le cabernet-sauvignon pour la fraîcheur et la pointe d'autorité, et le monastrell pour la structure et le petit resserrement en fin de bouche qui invite à une autre gorgée. Cette cuvée démontre aussi le potentiel de ces vins espagnols qui livrent, à prix d'ami, une qualité enviable. L'arôme est soutenu, sur le fruit, un rien épicé avec, en bouche, ce coulant sans cesse traversé par la fraîcheur, ce corps moyen et cette finale bien nette, édifiante. À servir à peine rafraîchi avec des tapas où jambon, olives et fromage sont au menu. Un régal !

Cépages : tempranillo, cabernet-sauvignon, monastrell

Copain ● **CT** ● **Musclé**

ROUGE

Bacchus 2010, Enoteca Internationale de Rham

15,00 $

Italie / Abruzzes – montepulciano-d'abruzzo
CODE SAQ: 11462024

Bon, avouons que l'équipe marketing ne s'est pas foulé un poignet en appelant cette cuvée «Bacchus», cuvée que, au premier abord, je trouvais déjà bien suspecte. Mais comme j'aime à le dire, la vérité est dans le verre! Et elle l'est. Nouvel ajout au répertoire des produits courants, ce bio élaboré avec un des cépages les plus aimés des Québécois est une réussite sur plusieurs points. D'abord, il est impeccable sur le plan de l'équilibre, avec un volume d'alcool qui se situe sous la barre des 13°. Ensuite, le fruité lisse et pourtant consistant constitue le cœur du vin, se permettant même une texture veloutée qui ajoute au charme. Enfin, son caractère, bien à lui, mélange d'autorité et d'authenticité, se situe loin des circuits commerciaux. Meilleur encore si vous le servez autour de 14-15 °C avec une assiette de charcuteries ou un morceau de pecorino.

Cépage: montepulciano

Copain • CT • Solide

ROUGE

Clos de La Briderie Vieilles vignes 2010, SCEA Clos de la Briderie

15,55 $

France / vallée de la Loire – touraine-mesland
CODE SAQ: 977025

Ce rouge léger installe déjà ce climat sain où on sent qu'on va s'amuser ferme. On sent surtout qu'on va s'en tirer sans avoir de la broue dans l'toupet, du plomb dans l'aile et une casquette du lendemain solidement vissée sur un crâne qui n'en demandait pas tant. Conforme à ce qu'il est, sans prétention, ce beau bio révèle, avec une constance qualitative exceptionnelle, le fruit d'une vinification bien menée, à l'intérieur des limites que la nature lui a fixées. La robe est juvénile, pas trop concentrée, les arômes sont frais, francs et très nets, avec cette trace de fumée caractéristique du cabernet, alors que les saveurs, souples, légères et friandes, sont parfaitement à l'aise avec le grain fruité qui prolonge la bouche avec pureté et une jolie longueur. Vin de soif, oui, vin festif, vin digeste, vin, de plaisir, voilà c'est dit. Tartine de rillettes, de creton, de pâté de campagne et petits cornichons croquants, bien sûr.

Cépages : côt, cabernet franc, gamay

Copain ●**CT** ●**Élancé**

- -

Montirius 2011, SCEA Saurel et Seignour

19,05 $

France / Rhône – vacqueyras
CODE SAQ: 872796

Plonger dans l'univers des vins bios est bon, essentiel même pour qui aime se frotter à une aventure fruitée digne de ce nom. Avec la cuvée Le Clos 2007 (25,40 $ – 917377) de la même maison, nous entrons dans un mode végétal respecté parce que l'homme qui le met en valeur connaît sa nature et ses limites, et n'essaie pas de trop en faire, mais de « faire juste ». Le vin commence là, d'ailleurs, à la jonction où l'intérêt de l'homme épouse celui de la plante. Montirius n'est pas un nouveau venu dans ce guide. Il s'impose naturellement au fil des millésimes. Pour moins de 20 $, il y a ici une présence fruitée qui se manifeste harmonieusement, offrant un bon volume sur des tannins abondants mais fondus, au velouté profond, avec ce retour épicé qui évoque la réglisse en finale. Une belle bouteille de caractère, stylée, à servir autour de 16 °C, accompagnée d'un sauté de lapin aux herbes, par exemple.

Cépages : grenache, syrah

Copain ●**CT** ●**Rond**

Château Le Puy 2007, JP&P Amoreau SARL

24,95 $

France / Bordeaux – bordeaux-côtes-de-francs
CODE SAQ: 709469

Le domaine a-t-il besoin de présentations ? Abonnée à la culture agrobiologique depuis 1610 (!), cette maison familiale va son chemin, contre vents et marées, ignorant ses détracteurs (dont les pontes de l'œnologie dite moderne des laboratoires bordelais), qui trouvent que ses vins sont issus de la préhistoire. Mais elle chérit les amateurs, nombreux, qui adorent le style, aussi vrai que dépouillé, sans manipulations ni fard. Que du vin, léger, oui, à la texture inimitable, au style aérien, à contre-courant des jus hyper concentrés et boisés qui sont trop souvent la norme à Bordeaux. Le 2005 était d'anthologie, le 2006, bien serré et bon pour une longue garde, alors que ce 2007 glisse avec aisance et spontanéité, sans s'enfarger dans les fleurs du tapis. Le 2008 est offert en format 500 ml (18,20 $ – 896399). Si vous voulez passer à la grande cuvée, allez du côté du Barthélémy (96,00 $ – 11448847), où le merlot vieilles vignes s'épanche en confidences et fait rêver. La côte de veau grillée l'accompagnera bien.

Cépages : merlot, cabernet-sauvignon

Détente • CT • Rond

D'AUTRES BONS CHOIX

MOUSSEUX ET CHAMPAGNE

Domaine Barmès Buecher 2009, crémant-d'alsace, Geneviève et François Barmès Buecher, France (22,50 $ – 10985851)

Duval-Leroy Authentis Cumières 2001, Duval-Leroy, France (107,75 $ – 10811085)

BLANCS

Genoli 2011, Vina Ijalba SA, Espagne (12,40 $ – 883033)

Clos Château Gaillard 2009, touraine-mesland, Château Gaillard / Vincent Girault, France (14,30 $ – 10337918)

Agioritikos 2011, E. Tsantali SA, Grèce (14,70 $ – 861856)

Clos de la Briderie 2011, touraine-mesland, SCEA Clos de la Briderie, France (15,25 $ – 861575)

Chardonnay Nativa Gran Reserva 2007, Vina Carmen SA, Chili (15,35 $ – 904656)

Le Canon du Maréchal 2011, André et Bernard Cazes, France (15,50 $ – 10894811)

Inzolia Era 2009, Casa Vinicola Botter Carlo & C. SPA, Italie (15,60 $ – 11015638)

Riesling Réserve 2010, Domaine Fernand Engel, France (17,05 $ – 10518591)

Le Moulin des Nonnes 2011, Cuvée Inés Andrieu, minervois, Louis & Henri Andrieu, France (18,35 $ – 10507041)

Coste delle Plaie 2011, Podere Castorani SRL, Italie (19,35 $ – 10788946)

Château La Tour de L'Évêque 2011, côtes-de-provence, Régine Sumeire, France (19,45 $ – 972604)

Expression de Gneiss 2010, muscadet-sèvre-et-maine, Guy Bossard EARL Domaine de l'Écu, France (19,95 $ – 10919150)

Sauvignon 2010, saint-bris, Domaine Ghislaine et J.-H. Goisot, France (22,25 $ – 10520819)

**Domaine la Moussière 2011, sancerre,
SCEA Alphonse Mellot, France** (25,85 $ – 033480)

**Les Meysonniers 2011, crozes-hermitage blanc,
M. Chapoutier, France** (30,75 $ – 10269361)

**Le Clos Jordanne, Chardonnay Village Reserve 2008,
Le Clos Jordanne, Canada** (31,00 $ – 11254031)

ROUGES

Château La Lieue 2010, Jean-Louis Vial, France
(12,70 $ – 605287)

**Luzon Organic 2010, monastrell, Bodegas Luzon SL,
Espagne** (13,95 $ – 10985780)

Laudum Nature 2009, Bodegas Bocopa, Espagne
(14,10 $ – 11015611)

**Malbec/cabernet-sauvignon Fuzion 2010,
Familia Zuccardi, Argentine** (14,15 $ – 11015603)

**Tajano 2009, montepulciano-d'abruzzo, Azienda Vinicola
Umani Ronchi, Italie** (14,60 $ – 11372918)

**Cabernet-sauvignon Vida Organica 2010,
Familia Zuccardi, Argentine** (14,95 $ – 10985827)

**Domaine de Petit Roubié 2010, EARL Les Domaines
de Petit Roubié, France** (15,35 $ – 913491)

**Château Grinou Réserve 2010, Catherine et Guy Cuisset,
France** (15,40 $ – 896654)

**Château Tour Boisée, Marielle et Frédérique 2011,
Marie-Claude et Jean-Louis Poudou, France**
(15,45 $ – 896381)

**Château Couronneau 2009, bordeaux supérieur,
SARL Château Couronneau, France** (16,00 $ – 10667301)

**Syrah/cabernet-sauvignon Les Ruines 2010,
Bon Cap Wines, Afrique du Sud** (16,45 $ – 10985843)

Mas Elena 2008, penedès, Cavas Parès Baltà SA, Espagne (17,75 $ – 10985763)

Nerello Mascalese Di Giovanna 2009, Di Giovanna SRL, Italie (17,85 $ – 11577366)

Carmenère/cabernet-sauvignon Novas 2010, Vina Cono Sur, Chili (17,95 $ – 11333513)

Château Lionel Faivre Prestige 2007, corbières, Château Lionel Faivre, France (18,25 $ – 10272069)

Marie-Gabrielle 2009, André et Bernard Cazes, France (18,75 $ – 851600)

Sangervasio 2008, toscana, Sangervasio, Italie (19,15 $ – 11201537)

Château des Seigneurs de Pommyers 2008, bordeaux, M. Piva, France (19,20 $ – 892695)

Perrin Nature 2010, côtes-du-rhône, Perrin et Fils SA, France (19,55 $ – 918821)

Château des Broccards 2010, chénas, GFA du Château des Broccards, France (19,60 $ – 856856)

Punset 2010, barbera-d'alba, Punset SA, Italie (20,70 $ – 10985747)

Valdifalco 2009, morellino-di-scansano, Loacker Tenute, Italie (23,30 $ – 10223806)

Domaine Ilaria 2008, irouleguy, GAEC Domaine Ilaria, France (24,10 $ – 10783694)

Les disponibilités sont, hélas, aléatoires.

Top 10

ICI, HALTE
RIVÉSALTE

LES
APÉROS

L'**amertume, vous connaissez?** Bon, cette saveur élémentaire n'est pas très à la mode et ne le sera sans doute jamais. C'est comme ça. Question de culture en matière de goût. Ne l'oublions pas, nous vivons en Amérique, pays du sucrose, du glucose et de... l'*overdose* de sucre. Pourtant, s'il est une saveur qui plombe rapidement le palais en quête de substances apéritives – du latin *aperire,* qui veut dire *ouvrir* –, c'est bien le sucré, surtout s'il n'est pas rééquilibré par une bonne dose d'acidité.

Campari, Bitter ou Cynar, à base d'artichaut, ou encore le célèbre Pimm's, à base de gin, voilà à quelle enseigne logent les apéros entièrement consacrés à cette fameuse amertume. On peut penser qu'ils constituent les *drinks* de snobs très branchés ou, au contraire, de vieux nostalgiques romantiques qui ne sont jamais passés à autre chose, mais ces amers demeurent tout de même d'une redoutable efficacité pour placer le palais tout entier dans les blocs de départ.

Ne serait-ce que pour le dépaysement ou pour ne pas mourir idiot, penchez, cette année, du côté de l'amertume et invitez-la dans vos verres. Puis il y a cette nette impression de digestibilité qui vous donne l'illusion, avant le repas, d'avoir tout digéré avant même d'avoir mangé. Voyez déjà l'économie !

Dans un autre ordre d'idées, un sujet qui traîne depuis deux ans : la réapparition de la fameuse bière tchèque Pilsner Urquell sur le marché québécois. Après une enquête digne de Joseph Rouletabille, d'Arsène Lupin et de Sherlock Holmes réunis, et sous les arcanes secrets des imbroglios de commercialisation, de dépôt de marque, etc., la bière en question ne sera pas commercialisée au Québec. C'est moche, mais c'est ainsi. Je ne suis pas supposé vous le dire, mais elle est tout de même vendue à 2,45 $ les 500 ml (!) (code 255380) dans une province limitrophe près de chez vous. À vous de trouver laquelle ! ●

Cuvée Boréale Pommes et Canneberges, Les Brasseurs du Nord

2,35 $

Canada / Québec, Laurentides
DANS LES ÉPICERIES ET DÉPANNEURS ■ WWW.BOREALE.COM

Elles ont fait leur apparition en mai 2012, tout juste avant les fruits de l'été: une aux pommes et canneberges, et une autre aux bleuets sauvages. Créatrice de la Cuvée Boréale, Laura Urtnowski a eu l'idée de fusionner les produits du terroir (à l'exception du houblon qui n'est pas encore commercialement viable) avec du malt, de l'eau et des levures afin de livrer deux types de bières aux fruits (d'autres suivront) élaborées le plus naturellement du monde. Ici, jus de pomme McIntosh des vergers de Saint-Joseph-du-Lac, jus de canneberge des Bois-Francs, malt caramel du Témiscouata et miel de fleurs sauvages de Saint-Benoît (Mirabel) aromatisent une bière légère mais pleine et savoureuse, peu dosée, à la bulle crémeuse, fraîche et bien serrée. Une bière de belle tenue, franche de goût, de longueur moyenne, relevée d'une délicate pointe d'amertume. Pas mal avec certains fromages de type Oka.

Amour

Fuller's London Pride, Fuller, Smith & Turner PLC

3,70 $
500 ml

Angleterre
CODE SAQ: 10322388

Le contexte? Il y est certainement pour quelque chose. L'automne dernier, à Londres, j'éclusais par demi-litre entier cette belle ale anglaise avec un *fish and chips*. Jamais cette bière ne m'avait paru aussi séduisante. Jusqu'à ce que je la commande sur une terrasse au Québec, accompagnée d'un simple jambon-beurre! Belle robe soutenue, à peine cuivrée, saveurs et arômes houblonnés, relevés sur la finale d'une pointe plus tenace évoquant le grillé, le caramel, ainsi que d'un soupçon de fine amertume qui désaltère et invite à l'autre verre. Rafraîchissante, mais aussi rassasiante. Si le hasard voulait que vous poursuiviez jusqu'au repas, avec une daube, par exemple, alors la version plus forte Extra Special Bitter (ESB Champion Ale) de la même maison (3,70 $ – 10322396) devrait prolonger le plaisir un bon moment encore. Belle affaire à ce prix.

Copain

Capataz Fino, Alvear SA

14,00 $

Espagne / Andalousie, Montilla-Moriles
CODE SAQ : 884833

Comment, mais comment diable ne pas succomber ? À force de tourner autour du pot, de faire semblant d'ignorer que ça existe, de faire la fine bouche alors que votre gosier a un besoin criant d'être désaltéré, comment résister ? Alors, succombons ! Car, à ce prix, non seulement y a-t-il beaucoup de vin, mais il y a aussi beaucoup d'histoire, de traditions, d'anecdotes et de métaphores autour de ce produit qui ne ressemble à rien d'autre. Ce fino est bien sûr sec, bien sec, imperturbablement sec, peut-être trop sec pour certains, car, combiné à une trame oxydative très persuasive, on a l'impression que notre palais tout entier va décoller pour ne plus jamais atterrir. Sans doute, dans toute l'histoire des apéritifs, depuis Jules César et ses Romains jusqu'au Bloody Caesar et son céleri, jamais n'y a-t-il eu de mise en bouche aussi efficace qu'avec un bon xérès. Servir frais, mais pas trop froid, avec des olives ou des noix grillées.

Cépage : palomino fino

Copain ● CT ● Élancé

Château du Tariquet, floc-de-gascogne, P. Grassa Fille & Fils

19,00 $

France / Sud-Ouest
CODE SAQ : 966598

Vous connaissez déjà les blancs secs et les moelleux, sans oublier la formidable gamme d'armagnacs de ce domaine aujourd'hui géré, et avec passion, par les fils Grassa, Armin et Rémy. Bref, vous partez avec la gamme des produits Grassa sur une île déserte et vous n'avez plus rien à craindre ! Ce floc a de qui tenir. C'est une mistelle pétante de jeunesse avec un fruité diablement ouvert et savoureux, un modèle d'équilibre, de suavité, mais aussi de vigueur. Sans doute plus accessible, plus gourmand que son cousin, le pineau des Charentes, ce Tariquet constitue le parfait apéro. Servi frais, sur glace ou allongé de soda tonique, il accompagne les amandes rôties ou de petits canapés à la mousse de foies de volailles. Pour les véritables amateurs d'Armagnac, à noter que la maison commercialisera cette année une cuvée centenaire d'une beauté absolue. À surveiller de près !

Cépages : ugni blanc, sauvignon, colombard

Amour • **CT** • **Rond**

- -

Crémant de Bourgogne Brut Rosé, Louis Picamelot

19,00 $

France / Bourgogne
CODE SAQ : 11341847

C'est au tout début des années 1930 que les bulles voient le jour dans cette maison familiale qui est aujourd'hui menée par Philippe Chautard, petit-fils de Louis Picamelot. J'avais déjà un faible pour cette cuvée à base de pinot noir nourri sur lattes durant presque un an, au dosage faible mais à l'ambiance fruitée particulièrement festive. Je l'ai dégustée à nouveau au cours de la dernière édition des

Grands Jours de Bourgogne en mars 2012, parmi de nombreux autres candidats. Pour tout vous dire, pour le prix, difficile de trouver mieux. Les arômes aux nuances florales, grillées et épicées culminent sur une finale bien nette. Bel apéro pour la truite à peine fumée déposée sur canapés.

Cépage : pinot noir

Amour ● CT ● Rond

Salers, gentiane, Distillerie de la Salers, Labounoux

22,90 $

France / Corrèze
CODE SAQ : 11544290

La distillerie Salers est « fière de ses racines ». Son apéritif à base de gentiane jaune (*Gentiana lutea*), récoltée dans la région du Puy Mary, en France, est, depuis 1885, un incontournable pour qui l'amertume n'est pas la mer à boire, mais plutôt vachement désaltérante. L'amertume se faufile rapidement, mais elle est vite circonscrite par de légers sucres qui l'enrobent sans la dénaturer. La robe vert fluo précède un nez intense marqué par ces amers herbacés typiques de la plante, alors que la bouche, suave et satinée, portée par 16 % d'alc./vol., semble longuement ravivée par la tonalité amère. La longue, très longue finale rejoindra les biscottes aux graines de carvi ou autres salades d'artichaut. Vous pouvez aussi l'allonger d'un trait de liqueur de cassis (Cassis Mona & Filles, à l'île d'Orléans) ou de soda tonique.

Copain ● LT ● Rond

Mas de Lavail, Nicolas Battle

28,05 $

France / Languedoc-Roussillon – maury
CODE SAQ : 11154777

Je vous encourage à aller faire un tour dans le Roussillon, à deux pas de la frontière espagnole, pays du grand grenache noir chauffé sur schistes où une belle poignée d'artistes comme Philippe Gard (Coume del Mas), Romuald Peronne (Domine Saint Sébastien), Georges Puig (Puig-Parahÿ), Delphine Verdaguer (Cave Verdaguer) ou encore Olivier Decelle (Mas Amiel) font du cousu main, avec une matière première qu'ils portent littéralement aux nues. Avec cette cuvée Mas de Lavail, nous sommes sur un mode fruité, en opposition à un mode oxydatif, plus riche en flaveurs tertiaires. Le fruité est pur, brillant, la texture est souple, fine et puissante, et la finale, longue et chaleureuse, est relevée d'une pointe de figue fraîche et de cacao. Comparez ce muté, par exemple, avec le 2008 du Mas Amiel (29,55 $ – 11544151), dans un style semblable, ou encore, plus rare celui-là, avec ce superbe Maury Hors d'âge du Domaine Pouderoux (35,00 $ – 11114901), qui offre un extraordinaire satiné en bouche. Un grand muté de méditation à siroter sans souci, la tête dans les nuages.

Cépage : grenache noir

Détente • LT • Rond

Agrapart Terroir Blanc de Blancs Extra Brut, Champagne Agrapart & Fils

59,50 $

France / Champagne
CODE SAQ : 11552450

Du chardonnay, oui, et de la plus belle espèce, de celle qui parle droit, avec finesse, sans fioriture et avec du caractère. Mais attention ! Pas même la vinification en fût de chêne ni l'élevage long sur lies n'en altèrent la grâce ; ils en renforcent seulement la personnalité, en toute discrétion, d'ailleurs. Je ne connais pas spécialement les terroirs Avize, Oger, Cramant et Oiry, d'où est issue cette cuvée peu dosée (5 g), mais j'y sens une approche minérale, presque saline, qui imprime au palais de la vivacité et beaucoup de netteté. L'ensemble, harmonieux, déroule son chapelet de bulles en vous invitant à réciter le vôtre, sans scrupules, avec un bonheur facilement partagé. Rare, sans doute, mais tellement délicieux. Très bon rapport qualité-prix !

Cépage : chardonnay

Détente ● CT ● Rond

Neige Noir 2007, La Face Cachée de la Pomme

48,50 $
500 ml

Canada / Québec, Montérégie
VENDU À LA PROPRIÉTÉ OU AU MARCHÉ DES SAVEURS

Cet « ambre du Québec », issu du pressurage effectué à l'automne 2007, ensuite muté avec de l'eau-de-vie de pomme puis élevé en fût pendant quatre ans, est absolument remarquable. Rare aussi, puisque les 1 500 bouteilles produites, et pas encore offertes à la SAQ, trouvent preneur dans les restaurants gastronomiques ainsi que chez les véritables amateurs du genre. Je suis bouche bée devant la beauté sereine, l'originalité, l'harmonie et la profondeur de ce muté qui n'a rien à envier aux meilleurs flocs de Gascogne et autres pineaux des Charentes. Ambrée, la robe laisse entrevoir un bouquet captivant où la pomme fait place à la figue et aux épices sur fond de cassonade et de miel de sarrasin. Équilibre parfait entre acidité, alcool et sucre ; finale nette et longueur qui rime avec bonheur. C'est le début d'une nouvelle aventure en matière de pomme et de ses nombreux dérivés, une aventure dont on entendra parler ici comme à l'étranger. Apéro ? Digestif ? Peu importe ! Si vous désirez un mousseux, le Bulle de Neige (15,00 $ – 11398253), vendu à la SAQ celui-là, est tout ce qu'il y a de vivant et de digeste.

Pommes : russet, jonagold, honeycrisp, cortland

Amour ● LT ● Rond

Absinthe Vieux Pontarlier, Distillerie Les Fils d'Émile Pernot

83,00 $

France / Franche-Comté
CODE SAQ : 11485091

Bon, nous laisserons les pastis Pernod et Ricard aux joueurs de pétanque bien bronzés pour flirter ici avec quelque chose de nettement plus sérieux. Cette maison familiale datant de 1890, qui distille également de remarquables eaux-de-vie de fruits, dispose d'alambics centenaires (la fameuse fabrique Egrot) pour élaborer une des meilleures absinthes qui soient. Cette « boisson spiritueuse aux plantes d'absinthe » – composée, bien sûr, d'*Artemisia absinthium,* mais aussi d'anis vert, de fenouil de Provence et d'autres plantes et épices, le tout sans la moindre trace de sucre –, et qui titre poliment 65 % d'alc./vol., est tout simplement un monument de pureté. Au nez comme en bouche, derrière une robe « vert péridot » particulièrement lumineuse, s'installe un climat où la grande fraîcheur contraste avec une tonicité et une puissance à couper le souffle. La déguster nature est un plaisir, même si un doigt d'eau glacée versée sur un carré de sucre lui ouvre encore plus l'esprit et en exhale le souffle profond. Tonifiante et désaltérante, cette absinthe est un *must* pour le fin connaisseur ! Vendue dans les SAQ Signature.

Détente ● LT ● Élancé

TOP 10

LES MOUSSEUX

« **V**ous désirez un verre de champagne ? »
C'est en général en ces termes que la proposition est lancée au restaurant, au bar ou dans l'avion après le décollage. Chaque fois, je ne peux m'empêcher de craindre la suite. Souvent, trop souvent même, la bouteille n'est ni identifiée ni présentée convenablement au client avec, pour résultat, que le terme générique « champagne » s'applique à toutes les sauces, sans considération pour la nature du produit.

La sempiternelle formule qui consiste à dire que « tous les champagnes sont des mousseux, alors que tous les mousseux ne sont pas nécessairement des champagnes » passe souvent sous le radar de gens qui n'en ont souvent rien à cirer de la différence ou de l'appellation contrôlée en question. Il est vrai, toutefois, que la qualité des mousseux élaborés selon la méthode dite « traditionnelle » – la méthode champenoise étant exclusivement réservée à l'élaboration du champagne – a considérablement augmenté, et il n'est pas rare de confondre, à l'aveugle, un mousseux et un champagne de marque. Il y a même des champagnes qui se font chauffer le popotin par des mousseux de qualité nettement supérieure !

Que reste-t-il alors pour justifier tout cela ? Un terroir, un climat et l'art d'assembler les parcelles comme les cuvées, qu'on élève au niveau du grand art pour justifier l'appellation champagne. Il reste une question à se poser : est-ce possible de réaliser cela ailleurs qu'en Champagne ? Faites vos jeux ! ●

Antech Cuvée Expression 2008, G. & R. Antech SA Domaine de Flassian

18,00 $

France / Languedoc-Roussillon – crémant-de-limoux
CODE SAQ : 10666084

Tout au sud de Carcassonne, un moine de l'abbaye bénédictine de Saint-Hilaire a découvert par hasard la mise en bulles vers 1531, bien avant dom Pérignon, en Champagne. Depuis, ça mousse bien du côté de Limoux, avec du chardonnay, du mauzac et du chenin blanc qui prennent leurs aises sur des sols calcaires, mais surtout sous des latitudes fraîches qui permettent de retenir l'essentiel du caractère aromatique des cépages. Cette maison familiale s'enorgueillit d'être la sixième génération à peaufiner la bulle dans une batterie de belles cuvées qui portent haut les standards de l'appellation. Ici, le fruité ne mâche pas ses mots; il vous les met en bouche avec assurance, franchise et vigueur, générosité et longueur. Un mousseux de caractère, inspiré et particulièrement polyvalent, que ce soit à l'apéro ou avec des fruits de mer.

Cépages : chardonnay, mauzac, chenin

Amour ● CT ● Rond

- -

Raventos i Blanc Reserva Brut 2009, Josep Maria Raventos i Blanc SA

19,60 $

Espagne / Penedès – cava
CODE SAQ : 11140615

Sans doute le meilleur mousseux actuellement dans sa catégorie, ce cava a ses adeptes, au Québec comme ailleurs dans le monde. Depuis ses origines, en 1497, ce domaine familial ne fait pas dans le compromis. L'approvisionnement est varié, et le parcellaire est utilisé comme autant d'outils servant à développer la complexité des cuvées. Puis le séjour minimum sur lattes (bouteilles couchées en cave pour la seconde fermentation, sous autolyse [transformation] des lies et de gaz carbonique), qui est de 15 mois pour cette cuvée, place celle-ci au niveau de ce qui est exigé en Champagne pour avoir droit à l'appellation. Robe jaune paille, bulles fines et abondantes, qui éclatent franchement en bouche, avec brillance et vigueur, et qui révèlent un fruité tenace, bien porteur. Finale nette pour un ensemble peu dosé (peu de sucres complétant le dégorgement avant l'expédition), parfaitement savoureux. Entre vous et moi, ce cava mériterait d'office la palme d'un « point d'excitation » si ce n'était que sa popularité le place parfois en rupture de stock !

Cépages : xarel-lo, chardonnay, parellada

Amour • CT • Musclé

Cuvée Flamme Brut, Gratien & Meyer `20,20 $`

France / Loire – crémant-de-loire
CODE SAQ : 11177856

Vous savez ce que c'est : on vous sert une flûte de mousseux à votre arrivée, vous l'empoignez par habitude, parfois avec nonchalance, puis, entre une conversation qui se termine et une autre qui reprend ailleurs, vous relevez la tête, un brin dubitatif, au-dessus de votre flûte et vous vous dites « Wow ! Pas mal ce truc ! » Du champagne ? Non, mais il y a un style, une manière de faire qui le suggère fortement. La matière est mise en œuvre avec un doigté qui la force à sortir de son contexte, de son appellation. Le chardonnay enrobe l'ensemble de sa sève fine, alors que le chenin muscle et tend le vin comme un arc pour mieux exprimer le caractère cabotin du cabernet franc, ce qui ajoute un petit quelque chose de délicieusement délinquant. On sent la précision. La trame de bulles fines charme et confère de la texture et beaucoup d'élégance. Je remercie l'hôtesse de son hospitalité, mais surtout de son bon goût !

Cépages : chenin, chardonnay, cabernet franc

Détente • CT • Musclé

Prestige Brut, Moingeon

20,25 $

France / Bourgogne – crémant-de-bourgogne
CODE SAQ : 871277

Vous aimez vos crémants opulents et dotés d'une sève fruitée particulièrement convaincante ? Cette maison vous en offre un sur un plateau d'argent. La source d'approvisionnement en matière de fruits confirme déjà le sérieux du propos, avec ce goût de chardonnay bourguignon qui montre déjà beaucoup de panache et de distinction. L'ensemble est dosé comme il se doit : il n'altère ni ne plombe l'expression fruitée qui prend ici de la hauteur, s'affirme puis culmine en beauté. Et puis, il y a cette sapidité friande à la clé, ce « mouvement » de fraîcheur acidulée qui ponctue le milieu de bouche en déroulant, au final, une vitalité saine, presque glorieuse. Un bon mousseux à servir à l'apéro, bien sûr, mais aussi avec une volaille à la crème ou des crustacés simplement relevés de beurre blanc et citron. Classique.

Cépages : pinot noir, chardonnay

Amour • CT • Rond

- -

Laurens Clos des Demoiselles Tête de cuvée 2010, J. Laurens

20,35 $

France / Languedoc-Roussillon – crémant-de-limoux
CODE SAQ : 10498973

Ce mousseux qui s'inspire de la Champagne ne sera jamais un champagne, même avec tout le savoir-faire du Champenois Michel Dervin, qui s'est installé dans la région dans les années 1980. Il est au contraire franchement languedocien en raison de son caractère franc et affirmé, hautement savoureux grâce à son fruité profond et riche qui porte longuement la trame du vin. Mais ce qu'on peut retenir de son profil champagne, c'est le filon de pureté qui traverse le tout, avec cette impression aérienne et subtile des meilleurs mousseux de Reims et d'Épernay. Cela se sent et se goûte. Plus de 50 % de chardonnay fusionne ici avec 30 % de chenin blanc avec une rare connivence, faite d'éclats de rire, de spontanéité, de transparence, de charme et d'élégance. Le tout est admirablement dosé pour laisser au fruité l'occasion de briller longuement. Délicieux avec une salade de crevettes grillées.

Cépages : chardonnay, chenin blanc, pinot noir

Amour ● CT ● Élancé

- -

Bortolomiol Bandarossa 2011, Bortolomiol SPA

Italie / Vénétie – prosecco-di-conegliano-valdobbiadene

20,50 $

CODE SAQ : 10654956

Comme le chantait si bien Trenet : « Y'a d'la joie, y'a d'la joie… » Et y'a beaucoup de joie ici ! Une joie claire, immédiate, contagieuse. Une joie qui croule de rire et vous place illico dans un contexte bucolique de la Vénétie, aussi charmante que les vignerons qui y tirent leurs fruits. Tout cela se fait sans forcer la note, en suggérant le fruité, qui s'invite comme s'il arrivait sur un nuage, frais, dispos, aérien. Un mousseux léger, fin, tonique et stimulant, avec cette petite pointe saline typique de ce vin, un mousseux qui vous regarde dans les yeux, devine vos intentions et se charge de les mettre à exécution, que ce soit simplement à l'apéritif avec quelques olives ou une pointe de pecorino, ou en entrée avec un feuilleté aux champignons et crevettes. Tout se termine en beauté sur une finale nette, allégée mais dotée d'une forte personnalité.

Cépage : prosecco

Copain ● CT ● Élancé

Perle Rare Brut 2007, Louis Bouillot

20,95 $

France / Bourgogne – crémant-de-bourgogne
CODE SAQ : 884379

Cette ancienne maison basée à Nuits-Saint-Georges livre dans ses trois gammes – les Classiques, les Millésimés et les Grands Terroirs (Les Grands Reyes-Blanc, Dessus les Vermots, Les Trois Saints et Les Villages) – une expression moustillante de la Bourgogne qui ravira les amateurs de pinots noirs et de chardonnays issus de cette région. Avec l'autre cuvée, Perle d'Aurore Rosé Brut (21,95 $ – 11232149), elle signe des vins qui savent demeurer élégants, qui offrent un fruité mûr et généreux, mais aussi une sensation de plénitude qui n'alourdit jamais l'ensemble en raison d'un équilibre judicieusement dosé. Techniquement parlant, c'est irréprochable, et bien loin de ces mousseux acides, dilués et franchement commerciaux qui inondent les tablettes des supermarchés européens. Ce qui n'est heureusement pas le cas au Québec. Évidemment délicieux à l'apéro avec les pailles au fromage, mais aussi avec une quiche au saumon, le midi, histoire de mousser un peu l'après-midi qui s'annonce.

Cépages : pinot noir, chardonnay

Amour ● CT ● Rond

Gloria Ferrer Brut, Gloria Ferrer Vineyards

21,90 $

États-Unis / Californie – Sonoma
CODE SAQ : 10839184

Nous sommes presque ici au niveau d'un blanc de noirs contenant plus de 90 % de pinot noir issu d'une quarantaine de parcelles. Le résultat est encore une fois étonnant. L'expertise de la maison se flaire au premier nez. Voyez plutôt : la robe est d'un beau cuivré, les arômes, amples et larges, sentent bon la mie de pain, le grillé et le vanillé, alors que la bouche, riche et moelleuse, se profile sur un fruité franc et bien fourni. On a l'impression d'entrer dans une boulangerie au petit matin et d'être conquis par les effluves chaleureux de l'endroit. L'ensemble demeure léger, mais également convaincant grâce à sa matière fruitée. L'équilibre et la longueur en bouche impressionnent. Un mousseux qui, à ce prix, vaut largement le détour.

Cépages : pinot noir, chardonnay

Amour • CT • Rond

Chandon Riche, Domaine Chandon

25,15 $

États-Unis / Californie
CODE SAQ : 11473428

Avec le nom Chandon et près d'une vingtaine de mousseux produits, en Californie seulement, il semble approprié de dire que cette maison possède un minimum de crédibilité en la matière. Je n'avais pas dégusté ce produit depuis un moment et je dois avouer mon intérêt, même si ce type de mousseux dosé – du niveau d'un extra dry – ne représente pas tout à fait ce que je préfère. Convenons tout de même que cette bulle a sa place et plaira aux amateurs de vins riches et bien brodés, aux flaveurs fruitées satinées, amples et séduisantes, étoffées du plus radieux fruit qui soit. D'ailleurs, les arômes évoquent certaines mistelles de type pineau des Charentes, mais sans l'alcool, et ce mélange de fruits jaunes compotés, de crème au beurre et de caramel fin trouveraient, avec le clafoutis, la tarte fine à l'abricot, le cheddar fort mais aussi les mets asiatiques relevés, matière à s'affirmer plus encore. Classe et longueur. À découvrir.

Cépages : pinot noir, chardonnay, muscat

Amour • CT • Rond

Roederer Brut, Roederer Estate Inc.

27,70 $

États-Unis / Californie – Anderson Valley
CODE SAQ : 294181

Ce grand classique de ce guide est incontournable pour plusieurs raisons. Parce que ce superbe mousseux dans lequel domine le chardonnay ne veut pas ressembler à un champagne, même si le Champenois Jean-Claude Rouzaud se penchait sur son berceau en achetant le vignoble de 265 hectares en 1982. Bien sûr, il y a des airs de famille : une confection « cousue main », l'utilisation de vins de réserve bonifiés en fût et un élevage sur lattes durant au moins 24 mois. Il y a aussi bien sûr la recherche exclusive de la cuvée (première presse), qui est ici de 70 %, laissant de côté les tailles (presses successives, moins intéressantes sur le plan de la qualité) pour se concentrer sur l'essentiel des jus. Et puis, il y a cette vinification fine, sans fermentation malolactique pour plus de vivacité encore, cet assemblage de parcelles variées, préservées, par nuits fraîches, de la dégradation du caractère aromatique des cépages. C'est un plaisir que de sentir ces arômes de pomme et de grillé, de goûter ces saveurs satinées, sans cesse tonifiées par l'acidité. Le champagne du pauvre ? Alors je veux bien être pauvre !

Cépages : chardonnay, pinot noir

Copain • CT • Élancé

D'AUTRES BONS CHOIX

Segura Viudas Brut Reserva 2002, Segura Viudas, Espagne (14,30 $ – 158493)

Monmousseau Cuvée J.M. 2007 Blanc de blancs Brut, J.M. Monmousseau, France (16,85 $ – 223255)

Cuvée de l'Écusson Brut, Bernard Massard SA, Luxembourg (17,15 $ – 095158)

Sieur d'Arques Première Bulle 2010, blanquette-de-limoux, Les Vignerons du Sieur d'Arques, France (17,95 $ – 094953)

Nino Franco, Nino Franco Spumanti, Italie (18,60 $ – 349662)

Blason de Bourgogne Réserve, Crémant de Bourgogne Cuvée brut, Les Caves de Marsigny, France (18,80 $ – 10970131)

Crede Bisol 2011, prosecco-di-valdobbiadene, Bisol Desiderio et Figli Societa Agricola, Italie (18,90 $ – 10839168)

Domaine de Fourn 2009, blanquette-de-limoux, GFA Robert, France (19,20 $ – 220400)

Château Moncontour Brut, Cuvée Prédilection 2009, Château Moncontour, France (19,95 $ – 430751)

Crémant de Loire, Paul Buisse, France (20,80 $ – 10517572)

Cave De Viré Brut chardonnay, crémant-de-bourgogne, Cave De Viré, France (22,50 $ – 735886)

Vouvray Brut 2009, Vincent Carême, France (22,65 $ – 11633591)

Gramona Reserva Brut 2007, cava, Gramona SA, Espagne (22,80 $ – 10275016)

Ca'del Bosco Cuvée Prestige Brut, Ca'del Bosco SPA Societa Agricola, Italie (33,00 $ – 11008024)

Ferrari Rosé Brut, trento, Ferrari Filli Lunelli SPA, Italie (33,00 $ – 10496901)

Bellavista Cuvée Brut, franciacorta, Azienda Agricola Bellavista, Italie (36,75 $ – 340505)

Bellavista Gran Cuvée Satèn, franciacorta, Azienda Agricola Bellavista, Italie (62,00 $ – 11064392)

Bellavista Gran Cuvée Pas Operé 2003, franciacorta, Azienda Agricola Bellavista (73,00 $ – 10540078)

Les disponibilités sont, hélas, aléatoires.

LES CHAMPAGNES

Le **Champenois Pierre-Emmanuel Taittinger,** de la maison éponyme, aimait bien dire qu'« un bon champagne, c'est celui qui donne envie de faire l'amour ensuite », avec pour effet immédiat, côté masculin, un toast prestement porté à l'amphitryon, et, côté féminin, un rosissement des joues semblable à la variante chromatique du verre de champagne qu'elle pose sur ses lèvres. Effet bœuf pour une conversation qui, par la suite, alimentera un chapelet de perles comparable au train de bulles se bousculant dans les verres. Voilà pour l'ambiance champenoise. Soyons sérieux, et admettons-le, pas un mousseux sur la planète vin ne peut s'enorgueillir d'être si impérialement « allumé » que le vin de Champagne.

Après un stage effectué en 1989, à l'invitation de la maison Taittinger, à Reims, qui m'avait ouvert les yeux sur la complexité du produit, j'ai parcouru de nouveau la région en profondeur en mai dernier, visitant ses grandes maisons, ses crayères sombres et fraîches et son fascinant vignoble couvrant quelque 34 000 hectares.

Mes impressions ? Elles sont nombreuses. Malgré la dynamique du cordon de bulles dont les chimistes s'entendent pour dire que celles-ci seraient dues « aux propriétés tensioactives des macromolécules glyco-protéiques » – toujours utile à savoir au cours des repas où la conversation s'enlise ! –, on ne doit pas oublier que la Champagne est paresseuse. Paresseuse en raison de ce lent et long processus qui invite le vin clair à se mettre à l'ombre en cave, sur lattes, pendant un minimum de 15 mois et même, dans le cas des grandes cuvées, au-delà de 120 mois. Paresseuse, donc, mais aussi industrieuse et inventive, parcimonieuse et maniaque, avec un souci constant du détail, au chai comme à la vigne.

Saviez-vous, par exemple, que chez Krug, pour aboutir à une cuvée, les dégustations sont réalisées par 5 membres permanents durant 5 mois, et que ces derniers auront rempli plus de 5 000 fiches de dégustation ? Ou que, chez Louis Roederer, l'assemblage des meilleures cuvées de vin clair file ensuite en foudre (150 au total) pour au moins 8 ans avant que le produit soit déclaré « vin de réserve », dont 10 % de ce dernier entrera par la suite dans la composition du Brut Premier ? Que l'agriculture agrobiologique, biodynamique et même que le labour avec des chevaux trouvent de plus en plus d'adeptes dans ce coin de pays où la chimie de synthèse était depuis des années la norme, avec des sols diablement appauvris ?

Fabuleuse Champagne où les vins, pourtant élaborés avec les trois principaux cépages que sont le chardonnay en blanc et les deux pinots en rouge, et issus de plus de 275 000 parcelles de vignoble, composent des cuvées qui jamais ne se ressemblent sur le plan du style comme sur celui de la signature. À celles et à ceux qui seraient tentés de dire que le champagne coûte cher, je serais tenté de répondre qu'un Brut sans année élaboré par une grande maison se détaille le même prix qu'un grand cava espagnol ou qu'un franciacorta italien. Quant aux champagnes de vignerons, ils sont souvent moins chers que n'importe quel bon mousseux de la Nouvelle-Zélande, d'Australie, d'Allemagne ou de la Californie.

Je vous en propose encore une fois quelques-uns qui, au fil de l'année, ont été d'une constance et d'un équilibre toujours impeccables au moment de la dégustation. Ce qui ne devrait nullement vous éloigner des autres excellents mousseux disponibles à la SAQ ! ●

DE SOBRIÉTÉ ET D'ÉLÉGANCE

Thomas Henriot
Champagne Henriot

« Fine, délicate, aérienne... » C'est ainsi que Thomas Henriot définissait sa Cuvée des Enchanteleurs lors de son passage au Québec, en novembre 2011, au cours d'une dégustation mémorable de six millésimes de la maison, dont un 1964 si captivant qu'il donnait l'impression d'accéder au niveau de grand vin. Comme le soulignait Thomas Henriot, si « faire du champagne est relativement simple, faire des vins est déjà une opération plus compliquée ». Une affaire de vin, donc.

Puisés à même les meilleurs terroirs de Chouilly, d'Avize ou de Mesnil-sur-Oger pour les chardonnays, et de Mailly, Verzy, Verzenay et Avenay pour les pinots noirs, les cépages sont avant tout les « messagers » de ces terroirs, inscrivant directement dans l'ADN du vin le style que pérennise la maison Henriot, à savoir sobriété, race, élégance et profondeur. Rien que ça.

L'homme, qui représente la 7e génération de la maison Henriot, est à l'image de ses vins : organisé, méthodique, sérieux, sans pour autant se priver de s'amuser ferme à table avec les amis, là où son champagne mais aussi les bourgognes de la maison Bouchard Père & Fils et les chablis signés William Fèvre sont servis avec le même intérêt. Il suffit d'ailleurs de voir la filiation, sur le plan du style et sur celui du goût, avec ces maisons entrées dans le giron Henriot pour rapidement saisir la « marque » Henriot : des vins racés collés à même le terroir, du cousu main.

Une chose horripile Thomas Henriot : les mauvais champagnes ! « La demande mondiale pour le champagne ne fléchit pas, mais le prix des raisins n'est pas en berne non plus. Alors que faire sinon être condamné à livrer le meilleur ? Il faut encourager nos vignerons à produire le meilleur raisin tout en les fidélisant à notre objectif de qualité. Se sécuriser en approvisionnement est déjà passablement difficile, alors il faut inciter nos fournisseurs à jouer le jeu, non seulement pour nous, mais pour l'image à l'étranger de la Champagne tout entière. »

> *« La demande mondiale pour le champagne ne fléchit pas, mais le prix des raisins n'est pas en berne non plus. »*

Que pense-t-il des mousseux qui, eux, se vendent plus cher que les champagnes ? Le vigneron trouve qu'il est dommage que la hiérarchie ne soit pas respectée, surtout qu'il existe des maisons qui se taillent des parts de marché en Champagne avec des effervescents de piètre qualité, ce qui nuit à l'image du vin de Champagne. Donc, mieux vaut un bon mousseux qu'un mauvais champagne ? « Mieux vaut un grand champagne, toujours ! »

Cette maison familiale fondée en 1808 opte incontestablement pour un champagne au style précis, du genre «apéritif», dans le meilleur sens du terme, à savoir qu'il ouvre le palais et l'esprit, sans jamais alourdir l'estomac. Même si la cuvée Blanc de Blancs Brut (69,00 $ – 10796946), composée d'une mosaïque de crus avec 25 % de vin de réserve à la clé, peut jouer le jeu à table avec une entrée, par exemple.

En plus substantiel, le Henriot Brut 2003 (85,00 $ – 10839627), aux flaveurs riches et pleines, pourra constituer le cœur du repas, alors que la superbe Cuvée des Enchanteleurs, dont le millésime 1996 est actuellement offert (190,50 $ – 11552901), révélera ses secrets en fin de repas, pendant que tout le beau monde passe au salon. Élaboré à partir de l'approvisionnement de six grands crus (moitié chardonnay, moitié pinot noir), ce gentleman brille et montre une profondeur d'esprit grâce à son séjour prolongé de 10 ans sur lattes.

Enfin, les amoureux de rosés – de véritables vins rosés, s'entend – pourront se régaler avec le Brut Rosé, composé majoritairement de pinot noir (une quinzaine de crus et 25 % de vin de réserve), traçant ainsi, encore une fois, la signature de la maison, axée sur l'équilibre et la beauté. Comme l'apprécie Thomas Henriot.

Pascal Doquet Blanc de blancs Brut, Champagne Pascal Doquet

43,00 $

France / Champagne
CODE SAQ : 11528046

Je n'ai rencontré Pascal Doquet que par l'entremise de ses vins. J'ai alors eu une impression de réjouissances, comme si j'avais été invité à une noce fruitée digne des meilleurs engagements pour la vie. Et la vie se manifeste de plus belle depuis que la maison s'est convertie à l'agriculture agro-biologique en 2010, à l'image des Pascal, Bedel, Ruffin, Brochet, Ardinat et autres Dufour. Fondée par l'arrière-grand-père en 1933 du côté de Vertus, la maison dispose d'un peu plus de 8 hectares de chardonnay, dont des parcelles en grands crus du côté de Mesnil-sur-Oger et d'un demi-hectare de pinot noir, pour une production totale de 75 000 bouteilles. Vin d'artisan, vin d'échanges et de belles complicités, ce blanc de blancs possède à la fois délicatesse et caractère, sur une base certes aérienne, mais qui ne manque ni de tonus ni de matière. C'est un nuage de vin vaporisé sur les papilles pour stimuler les récepteurs, lubrifier la conversation et surtout porter le message que le champagne peut être vendu à bon prix tout en étant personnalisé. Belle bouteille d'apéro, de matin et de soir, d'amitié et d'amour. J'aime !

Cépage : chardonnay

Amour ●**CT** ●**Élancé**

- -

Chanoine Grande Réserve Brut, Chanoine Frères

43,75 $

France / Champagne
CODE SAQ : 11766571

Si je ne m'abuse, il s'agit d'un nouvel ajout au répertoire des produits courants dans une fourchette de prix particulièrement digestes pour un nombre grandissant de consommateurs de champagne. Une manière de se rallier plus souvent à la fête sans y laisser sa chemise. Rassurez-vous, nous ne sommes pas en face d'un de ces champagnes trafiqués, écoulés à la sauvette dans les grandes surfaces de distribution française à des prix qui minent l'appellation champenoise au grand complet, non. Le choix de la SAQ est judicieux, et le champagne est bon, voire pas mal du tout, même s'il ne loge pas à l'enseigne des meilleurs. En fait, ce champagne à dominante de « noirs » – pinot noir (70 %) et pinot meunier (15 %), noir aussi –, qui ne laisse que 15 % de l'espace au chardonnay, est de belle confection, à la fois ample et savoureux, franchement fruité, dosé à la limite du brut et compagnon idéal d'une table où l'agneau ou le rôti de veau est à l'honneur.

Cépages : pinot noir, pinot meunier, chardonnay

Amour • CT • Musclé

Ayala Brut Majeur Rosé, Champagne Ayala & Co.

54,25 $

France / Champagne
CODE SAQ : 11674529

Un nouvel ajout au répertoire général pour un rosé qui table avant tout sur la finesse du chardonnay (plus de 50 %), peu dosé. Délicat sur toute la ligne, derrière une robe à faire frémir de jalousie Karl Lagerfeld pour sa nouvelle collection Dior. Le vin file avec aisance et style sur une bouche qui demeure agile, légère, en tous points spirituelle. Ce qui étonne encore, c'est que, même s'il n'est ni blanc ni rouge, une personnalité de « rosé » s'en dégage. Bref, un champagne réjouissant qui, sans être complexe ni profond, joue la carte du beau champagne, celui qui se sert sans raison aucune, pour les apéros improvisés ou les moments intimes doucement mis en scène...

Cépages : chardonnay, pinot noir, pinot meunier

Amour • CT • Rond

Bruno Paillard Première Cuvée, Champagne Bruno Paillard

57,50 $

France / Champagne
CODE SAQ : 411595

Belle invitation que celle d'aller à un déjeuner de presse au domicile même de Bruno Paillard, à Reims. Au cours de ce repas de six services, six cuvées de la maison ont non seulement brillé, mais ont montré, par un effet de synergie bien huilé, une dimension nouvelle aux vins de monsieur Paillard ainsi qu'aux plats de son chef et ami… Joël Robuchon. N'y voyez ici aucune pédanterie, seulement le désir de dire que le champagne en général et celui de Bruno Paillard en particulier – comme la subtile Première Cuvée Brut Rosé (69,50 $ – 638494) ou encore, le merveilleux Nec Plus Ultra 1996 (197,00 $ – 745745) – sont avant tout des vins offrant une essence, une sève, une profondeur de texture qui enrichissent la table où ils sont servis. Cette Première Cuvée, constituant 60 % de la production maison et assemblée avec plus de 30 crus, conserve au fil des ans une qualité qui fait honneur à la Champagne. Dosage parfait (8 g) sur un ensemble qui met en lumière le fruité du pinot noir (45 %) comme du pinot meunier (22 %) sur une trame fine de chardonnay. Quelle classe !

Cépages : pinot noir, chardonnay, pinot meunier

Amour ● CT ● Musclé

- -

Deutz Brut Classic, Champagne Deutz

60,75 $

France / Champagne
CODE SAQ : 10654770

Vous avez mis dans votre lecteur de disques un album classique où les bois dominent, vous avez empoigné délicatement le col de la bouteille et avez adroitement laissé échapper le souffle des vents musicaux contenus sous verre : ce moment Deutz est à vous ! Exquise expression, ici, du champagne où la grâce domine avant tout, ambiance de clins d'œil et de rêves fous pour un vin vif et délicat, aérien, suggestif et précis. Une mousseline sapide, presque saline, quasiment impudique tant elle offre transparence et vérité sur le plan du bouquet comme sur celui des saveurs. Bien qu'elle soit entrée dans le groupe Rouzaud (Roederer) en 1993, la maison Deutz, habilement orchestrée par son chef de cave Michel Davesne, n'y a pas pour autant dilué une once de sa personnalité. Ses approvisionnements sont composés à 80 % de premiers et de grands crus (environ 35), sur des bases de jeunes vins de réserve (3 ans maximum) qui assurent ici toute la spontanéité et la vivacité fine de ce champagne « mousseline ». Une bulle qui plaira aux hommes, surtout si ce sont les femmes qui le boivent !

Cépages : pinot noir, pinot meunier, chardonnay

Amour ●**MT** ●**Élancé**

- -

Pol Roger Brut, Pol Roger

62,75 $

France / Champagne
CODE SAQ : 051953

Cette maison familiale qui a vu passer cinq générations offre une gamme de champagnes irréprochables, surtout pour celles et ceux qui placent la finesse – ah ! voilà le mot lâché : la finesse ! – au premier rang. Elle donne une impression de bien-être, de grâce impalpable, une impression de lâcher les amarres qui retiennent au sol, bref, de saisir cette harmonie entre les fruits et leur provenance, la vivacité, le dosage et l'utilisation appropriée de vins de réserve. C'est la marque de commerce de la « famille » Pol Roger. L'assemblage est ici franchement savoureux, avec ce nez jouant sur les notes de pâtisserie, de pomme et de grillé, puis, en bouche, cette sève fine typique de la brillance fruitée que la maison ne cesse de donner à ses vins, une espèce d'assurance sans prétention, sans m'as-tu-vu. L'ensemble demeure consistant mais toujours libre de ses attaches, fluide mais aussi d'une texture merveilleusement liée. En fait, ce champagne donne le sentiment de retomber en amour. Mais ça, c'est à vous de voir !

Cépages : pinot noir, chardonnay, pinot meunier

Amour ●**CT** ●**Élancé**

Roederer Brut Premier, Champagne Louis Roederer

66,50 $

France / Champagne
CODE SAQ : 268771

Vous connaissez « de nom » le fameux Cristal Brut, sans même y avoir trempé les lèvres – le superbe 2004 se négocie actuellement à 283,25 $ (268755) –, mais saviez-vous qu'il est issu exclusivement du domaine Cristal, de 50 hectares, bien assis sur un socle très calcaire où chardonnay et pinot noir peinent à s'enraciner ? Le résultat ressemble littéralement à du jus de roche mis en bulles, d'une extraordinaire luminosité fruitée. Ce Brut Premier complète le Cristal Brut, sans être négligé pour autant. L'empreinte Roederer est là, mélange subtil de corps et de finesse, de sève et d'éclat, avec ce liant crémeux typique qui enrichit sans cesse un « cœur de bouche » dense sans être trop concentré. Ici, huit millésimes enrichissent la cuvée avec un apport de 10 % de vin de réserve vieux (8 ans) ayant séjourné en foudre. Savouré sur place avec un filet de saint-pierre et son fenouil, il montrait de belles dispositions à nager avec lui ! Toujours très fiable.

Cépages : pinot noir, chardonnay, pinot meunier

Détente • MT • Musclé

Terre de Vertus Premier cru, Larmandier-Bernier

71,50 $

France / Champagne
CODE SAQ : 11528011

Situons d'abord la commune de Vertus. Tout au sud de la Côte des Blancs, elle regarde l'est en lorgnant le sud du coin de l'œil et permet aux chardonnays de déployer une belle maturité. Ce champagne d'auteur s'ajoute aux Egly-Ouriet (77,00 $ – 11538025), Tolérance Franck Pascal (62,00 $ – 11552839), Cuis premier cru Pierre Gimonnet (57,50 $ – 11553209) et autres Henriot (69,00 $ – 10796946) que le monopole accepte de commercialiser de façon éclairée. J'aime ici le style, s'appuyant sur un fruité de pomme mûre et d'épices, creusant en profondeur un sillon de bulles bien nourries, savoureuses et franchement porteuses. Ajoutez ce profil oxydatif tout aussi mesuré qui renforce le caractère, s'appuyant sur une gamme d'amers séduisants qui prolongent longuement la finale, et vous avez là, avec des ris de veau ou une belle volaille à la crème de champignons sauvages, un champagne qui étonnera même le connaisseur qui a déjà tout bu, tout vu.

Cépage : chardonnay

Amour •MT •**Élancé**

R Ruinart Brut, Champagne Ruinart

77,50 $

France / Champagne
CODE SAQ : 10326004

La plus ancienne maison de Champagne (1729), sise au cœur de Reims (4, rue des Crayères), a un je ne sais quoi de délicieusement vieillot, sans être suranné. On a l'impression de rencontrer dom Thierry Ruinart lui-même, brillant théologien et historien qui vivait alors à Paris sous Louis XIV. Les crayères? Elles sont le ventre sous la maison, impressionnantes et mystérieuses, dortoir de cuvées où dominent des chardonnays de premier plan. Sous la baguette du chef de cave Frédéric Panaiotis, la maison a préservé cet héritage presque secret, hors des modes, comme si le temps était synchrone avec la lente transformation des levures du champagne sur lattes. Ruinart, c'est une bouteille lumineuse, où l'intensité fine et l'élégance dominent. Si ce «R» contient un peu moins de 50 % de chardonnay, la gamme des Dom Ruinart Brut 1998 (251,75 $ – 533851), Dom Ruinart Brut 2002 (249,00 $ – 11744697) et Dom Ruinart Brut Rosé 1996 (495,00 $ – 11397349) lui offre une tribune unique, habile mélange de détail, de profondeur, de force et de délicatesse. Apéro ou coquilles Saint-Jacques à peine poêlées.

Cépages : pinot noir, chardonnay, pinot meunier

Détente •CT •**Élancé**

Krug Grande Cuvée Brut, Champagne Krug SA

275,75 $

France / Champagne
CODE SAQ : 727453

Découvrir Krug, c'est comme pénétrer dans la cathédrale de Reims : on sent la voûte des saveurs gagner le ciel sans jamais quitter pourtant le socle froid des pierres qui leur donnent non seulement une assise inébranlable, mais une architecture baroque incontestable. Krug, c'est infiniment grand côté ambitions et infiniment précis dans la confection. Le cousu main prend ici tout son sens. Cette cuvée mise en musique (Mahler) par le chef de cave Éric Lebel se met en bulles (6 ans sur lattes et 6 mois au repos) à partir d'une sélection de 12 millésimes et de 121 vins savamment assemblés pour culminer dans le style Krug, mélange d'élégance, de race, d'équilibre, d'autorité et de profondeur abyssale. La brève fermentation en fût trace la ligne des flaveurs, à la fois riches et rondes, mises sous tension par une saine vivacité qui maintient sans cesse la dynamique, sculpte les détails et amplifie la mémoire vive de 30 % à 35 % des vins de réserve qui composent la cuvée. L'aventure est marquante. On se souvient de Krug, surtout lorsqu'un filet de cabillaud aux légumes sautés à la citronnelle l'accompagne...

Cépages : chardonnay, pinot noir

Détente • MT • Musclé

D'AUTRES BONS CHOIX

Drappier Carte d'Or Brut, SA Drappier, France
(41,25 $ – 734699)

Nicolas Feuillatte Brut Réserve Particulière, Le Centre vinicole de la Champagne, France (45,75 $ – 578187)

Forget-Brimont Brut Rosé Premier Cru, Champagne Forget-Brimont, France (47,50 $ – 10845883)

Paul Goerg Brut 2005, Champagne Paul Goerg, France
(53,25 $ – 439190)

Dis vin secret Françoise Bedel Brut, SARL Françoise Bedel et fils, France (54,75 $ – 11551887)

Taittinger Brut Réserve, Champagne Taittinger, France
(58,25 $ – 10968752)

Équilibre Cuvée Prestige Franck Pascal 2002, Champagne Franck Pascal, France (65,50 $ – 11552871)

Bollinger Spécial Cuvée Brut, Champagne Bollinger, France
(66,50 $ – 384529)

Veuve Clicquot Ponsardin Brut rosé, Veuve Clicquot Ponsardin, France (82,25 $ – 10968218)

Veuve Clicquot Ponsardin Vintage Brut 2004, Veuve Clicquot Ponsardin, France (83,75 $ – 508614)

Champagne Fleury 1996, Fleury Père et Fils, France (98,50 $ – 11544062)

Perrier-Jouët Belle Époque 2004, Champagne Perrier-Jouët, France (199,00 $ – 520197)

Dom Pérignon Brut 2002 et 2003, Moët & Chandon, France (230,75 $ – 280461)

Krug Clos d'Ambonnay, Blanc de noirs 1996, Krug SA, France (2 924,00 $ – 11100293)

Les disponibilités sont, hélas, aléatoires.

Top 10

LES ROSÉS

C'est tout de même drôle, la vie : tout le monde porte de belles lunettes roses quand vient le moment de s'extasier devant la couleur d'un rosé, mais fait grise mine quand vient le temps de le servir à table. Pas assez sérieux, trop frivole. Plus insaisissable aussi qu'un vin blanc, car l'impression dégagée est celle d'être à mi-chemin entre les deux autres couleurs, une espèce de *no wine's land,* pas encore assez suave et jamais assez tannique.

Où en sont nos rosés aujourd'hui ? Une grande majorité sont encore destinés à être uniformisés, tant dans la teinte que dans la saveur, sous la houlette de levures aromatiques qui leur donnent un goût de bonbon à outrance en nivelant cépages, millésimes, terroirs et modes de vinification, alors que d'autres, plus « pointus », travaillés comme de « vrais » vins, trouvent preneur chez les connaisseurs, qui en redemandent, été comme hiver.

On comprendra qu'un bon, voire un grand rosé, à la fois fin, détaillé, qui offre tenue, profondeur et longueur, ne tombe pas du ciel. Les mêmes paramètres nécessaires à la réalisation d'un grand blanc comme d'un grand rouge, à savoir l'adéquation parfaite entre cépage, terroir et millésime, doivent être au rendez-vous.

Commercialement parlant, le vigneron sera-t-il intéressé à « sacrifier » sa matière première destinée aux marchés qui demandent des rouges et des blancs en leur livrant du rosé ? Du moins, il ne mettra pas tous ses raisins dans le même panier. Pour ma part, j'ai autant de plaisir à boire un rosé qu'un blanc ou qu'un rouge. Mais les rosés se font discrets. La question : jusqu'à combien seriez-vous prêt à payer pour un rosé ? « Moi, je ne paierai jamais cher pour un rosé, car ce n'est pas du vin ! » ai-je entendu encore cette année au détour d'une allée à la SAQ. Un tavel, un bandol ou un côtes-de-provence payé 25 $ ou 30 $ la bouteille vous fait peur ? Placez-le seulement dans son contexte, avec ce qu'il lui faut pour lui soutirer son essence et sa sève, et vous serez comblé. Sans compter qu'il demeure, plus que le blanc ou le rouge, d'une polyvalence rare.

Bon an, mal an, ça roule au Québec pour le rosé. Une hausse de 7 % en valeur pour des ventes qui totalisaient déjà au premier trimestre 2012 quelque 80 millions de dollars, pour un total de 540 000 caisses, la grande majorité vendues dans le créneau des produits courants (480 000 caisses). Ce sont ces derniers qui intéressent ce guide d'achat, même si les meilleurs du genre se vendent rapidement du côté de l'importation privée (des agences me signalaient que tout était déjà liquidé en mai dernier !).

Cela ne m'empêche pas de vous indiquer les belles acquisitions du monopole cette année, des produits que vous pourriez peut-être, je dis bien peut-être, découvrir sur une tablette, par un heureux hasard... s'il en reste. Comme le Domaine de la Mordorée La Dame Rousse 2011 (24,80 $ – 11629664), le Sassi Rosa Rossi di Medelana 2011, de Toscane (26,05 $ – 11629672), le Mas de la Rouvière 2010, de Bandol (23,10 $ – 11657403), le Château Puech-Haut, Prestige 2011, des Coteaux-du-Languedoc (19,35 $ – 11629891), le Terre Rouge, vin gris d'Amador 2011, de la Californie (22,20 $ – 11629710), le Château Riotor 2011, des Côtes-de-Provence (18,00 $ – 11686351), ou encore le Détente 2011 du Domaine Les Brome, de Léon Courville (14,95 $ – 11686626), un excellent rosé de chez nous qui offre beaucoup de caractère et de buvabilité, et qui se vend rapidement. ●

Mateus, Sogrape Vinhos SA

9,95 $

Portugal / Douro
CODE SAQ : 00000166

D'entrée de jeu, sur la page d'accueil du site de Sogrape, on voit les jolies jambes d'une femme, à fleur d'eau sur un quai, et ce flasque de Mateus tout à côté, offrant la même tonalité rose carmin que les jambes en question. Cela veut-il dire que depuis sa conception, en 1942, le célèbre rosé de Sogrape n'est destiné qu'au sexe féminin ? Moi, j'aime, et pourtant je ne suis pas une femme. Je l'aime pour sa franchise, sa simplicité, son expression juteuse où le fruité est sans cesse mis de l'avant par une touche de sucres résiduels, mais aussi par un trait de gaz carbonique qui le vivifie et le prolonge. Un rosé à servir très frais, accompagné d'un carré de porcelet, d'une pizza aux anchois ou d'un simple homard bouilli, le midi comme le soir, à la mer comme à la piscine.

Cépages : syrah, aragonez

Copain ● CT ● Élancé

Shiraz Fuzion Alta 2011, Fuzion Wines

11,15 $

Argentine / Mendoza
CODE SAQ : 10938781

Il y aura toujours quelques fines bouches pour lever le nez sur cette cuvée de la famille Zuccardi, mais convenons tout de même qu'il y a de quoi s'amuser sans se triturer les méninges ou sans hypothéquer sa maison à Saint-Lambert. Toutes les qualités inhérentes au rosé s'appliquent ici à la lettre, à savoir une jolie robe, un fruité net et attrayant, de la vinosité, du volume, du caractère et une bonne tenue d'ensemble. Pas complexe, d'accord, mais pas non plus bêtement commercial. Rosé de piscine ? Soit, mais c'est quand même mieux que de boire la tasse dans cette même piscine ! Pas mal avec le jambon fumé en sandwich.

Cépage : syrah

Copain ● CT ● Rond

Majolica 2011, Podere Castorani SRL

13,30 $

Italie / Abruzzes – montepulciano-d'abruzzo
CODE SAQ : 11015769

Ce délicieux rosé évite les affres du rosé commercial et montre avec succès le caractère variétal du cépage montepulciano. Il y a ici de la couleur, un bon caractère, une franchise fruitée tout aussi juteuse qu'elle est bien porteuse sur le plan des saveurs. L'ensemble est équilibré, plutôt léger de style, mais savoureux jusqu'en finale. Une preuve que ce cépage, bien rustique, vinifié en rouge, offre un profil plus raffiné dans sa version rosée. Il intéressera les pâtes aux tomates fraîches et au basilic, ou encore les bruschettas en guise de bouchées apéritives. Les autres membres de la maison sont tous recommandables.

Cépage : montepulciano

Copain ● CT ● Solide

Marqués de Cáceres 2011, Bodegas Marqués de Cáceres

14,75 $

Espagne / La Rioja – rioja
CODE SAQ : 10263242

Retour fidèle dans ce guide de ce rioja classique pour la simple et bonne raison qu'il est sans doute meilleur que l'an passé! Il y a déjà cette robe quasi grenadine à faire tourner la tête de n'importe quel colibri en mal d'eau sucrée, puis ces arômes bien marqués de tempranillo, expressifs mais aussi profonds et de belle maturité, et cette bouche soutenue, suave et persistante, consistante aussi. Bref, vous le savourez à l'aveugle et avez l'impression de vous sustenter d'un rouge léger. Il conviendra bien à une paella, un sauté de légumes ou une salade niçoise.

Cépages : tempranillo, grenache

Quotidien ● CT ● Rond

Nages 2011, R. Gassier

15,20 $

France / Sud-Est – costières-de-nîmes
CODE SAQ : 427625

Une fois de plus, le travail de précision effectué à la vigne donne des résultats probants en bouteilles. Cette cuvée est plus lumineuse que jamais ! Le fruité y est découpé au scalpel, son expression est portée avec enthousiasme par une tonicité exemplaire, et sa trame presque granuleuse donne l'impression de mâcher quelque chose. Un rosé bien sec, d'excellent calibre, structuré, juteux, qui a de la personnalité. Il se taille une place à table sans problème, que ce soit avec des pâtes sauce tomate et des coques à l'ail, avec une ratatouille ou des ailes de poulet barbecue.

Cépages : syrah, grenache

Quotidien ● CT ● Rond

Château de Lancyre 2011, Pic Saint-Loup, Durand et Valentin

15,40 $

France / Languedoc-Roussillon – coteaux-du-languedoc
CODE SAQ : 10263841

Cette année, la cuvée se surpasse. D'abord, rien à dire sur le plan de la netteté : le fruité est parfaitement circonscrit. Ensuite, il y a ce caractère franc qui évoque tour à tour le terroir et les cépages, ces derniers s'exprimant avec une facilité aussi naturelle que déconcertante. Enfin, il y a une belle présence fruitée et épicée, quasi veloutée, amplement savoureuse. C'est un rosé qui est tout de même sérieux, en raison de sa matière et de sa vinosité, mais également habile grâce à cette façon qu'il a de couler librement, que ce soit sur du poulet tandouri ou un falafel.

Cépages : grenache, syrah, mourvèdre

Quotidien ● CT ● Musclé

Le Rosé Gabrielle 2011, Vignoble de la Rivière du Chêne

15,75 $

Canada / Québec – Laurentides, Saint-Eustache
CODE SAQ : 10817090

Un gagnant que ce rosé au fruité bien vivant et débordant de saveurs ! La robe est riche et soutenue, le registre aromatique est ouvert comme une talle de fraises des champs chauffées par le soleil de juin, alors que la bouche, vivace, lisse, d'une salinité qui en décuple la sapidité, file avec légèreté sur une finale diablement désaltérante. Un rosé friand et joyeux, qui taille sa place autant à l'apéro qu'avec un soufflé au fromage Victor et Berthold. Reste à voir si les cépages frontenac et sainte-croix, pour leur part, arriveraient à ce niveau d'élégance. Ici, de chaunac et seyval noir semblent en tout cas fonctionner à merveille.

Cépages : de chaunac, seyval noir

Amour • **CT** • **Rond**

- -

Vieux Château d'Astros 2011, SCEA Château d'Astros

16,15 $

France / Sud-Est – côtes-de-provence
CODE SAQ : 10790843

Je n'ai pu départager cette année qui, de ce Château d'Astros ou du Roseline qui suit, a été le meilleur dans cette catégorie. Reste que les rosés de cette appellation figurent encore parmi les plus intéressants sur le marché actuel des rosés, car ils offrent une grâce, une finesse, un style qui les distinguent à tous coups. Celui-ci est bien sec, mais avec une vinosité qui l'enrobe et l'enrichit, des nuances d'épices et de fruits secs, un moelleux bien frais qui le prolonge longuement. L'impression de regarder la grande bleue en se sustentant d'une soupe de poisson, d'une paella aux fruits de mer ou d'une simple côte de veau grillée au romarin.

Cépages : grenache, syrah

Détente • **CT** • **Rond**

153

Roseline Prestige 2011, Roseline Diffusion SARL

16,45 $

France / Sud-Est – côtes-de-provence
CODE SAQ : 534768

Mis de côté dans la dernière édition de ce guide, revoilà un Roseline resplendissant dans ce millésime. Je retiens surtout sa finesse, typique des cuvées provençales bien faites, jamais trop opulentes ni trop voyantes, porteuses de cette texture satinée si fine qu'elle donne l'impression de demeurer en état d'apesanteur au palais. C'est net, bien sec, aérien, harmonieux, de jolie longueur. Et moi qui pensais encore que la Provence avait vendu son âme avec des vins insipides et sans saveur. La preuve ici que la délicatesse demeure payante, n'en déplaise aux fervents de rosés… foncés ! Il fera un apéro parfait. Sinon, entrées et plats légers feront l'affaire.

Cépages : cinsault, syrah, grenache

Amour ● CT ● Rond

Pétale de Rose 2011, Régine Sumeire

18,45 $

France / Sud-Est – côtes-de-provence
CODE SAQ : 425496

Certains reprocheront à madame Sumeire cette couleur de pétale de rose mise en aquarelle pour impressionner la presse spécialisée pour qui cette teinte est, faut-il le souligner, actuellement très, très tendance. Ils ont tort ! La dame s'est toujours pliée à cet exercice voulant que son assemblage de cinsault, de grenache et de syrah exprime au mieux à la fois l'élégance, la vinosité, mais aussi le volume, en fonction des variantes de sa matière première au vignoble et aussi des pressurages effectués au chai. Étonnamment, cette palette chromatique aussi légère que séduisante devient, au nez comme en bouche, un vecteur particulièrement évocateur, tant sur le plan de la nuance que sur celui de la consistance. Un des rares rosés sur le marché québécois à posséder autant de finesse et de race. Ne jamais le servir trop frais, que ce soit avec des fettuccines au saumon fumé, une salade de crevettes ou une côte d'agneau... rosé.

Cépages : grenache, cinsault, syrah

Amour ● CT ● Rond

D'AUTRES BONS CHOIX

Domaine de Gournier 2011, SC Domaine de Gournier, France (11,90 $ – 464602)

Lamura 2010, sicilia, Casa Girelli SPA, Italie (12,55 $ – 10510151)

Mouton Cadet 2011, Baron Philippe de Rothschild SA, France (13,95 $ – 10263592)

Col de l'Orb 2011, saint-chinian, Cave de Roquebrun, France (14,05 $ – 642504)

Château La Lieue 2011, coteaux-varois, France (14,30 $ – 11687021)

Carpineto 2011, Casa vinicola Carpineto, Italie (14,55 $ – 10263189)

Les Quatre Tours Signature 2011, côteaux-d'aix-en-provence, Les Quatre Tours, France (14,60 $ – 11687047)

Cabernet-sauvignon Mulderbosch, Western Cape, Mulderbosch Vineyards Ltd, Afrique du Sud (15,05 $ – 11688883)

Domaine Houchart 2011, côtes-de-provence, Vignobles Famille Quiot, France (15,15 $ – 11686503)

Rosé de St-Jacques 2011, Domaine St-Jacques, Québec, Canada (15,50 $ – 11427544)

Château Bellevue La Forêt 2011, côtes-du-frontonnais, SCEA Château Bellevue La Forêt, France (15,75 $ – 219840)

Château Penin 2011, bordeaux, Vignobles Carteyron, France (16,40 $ – 11686095)

Domaine du Vieil Aven 2011, tavel, Les Vignerons de Tavel, France (20,10 $ – 640193)

MOUSSEUX

Hoya de Cadenas, cava brut rosé, Vicente Gandia Pla SA, Espagne (17,20 $ – 11676621)

À ÉVITER CETTE ANNÉE

Pomélo rosé, Les Vignerons Ardéchois, France (12,50 $ le litre – 11687178)

Voga Rosa 2011, delle-venezie, Enoitalia, Italie (14,55 $ – 11104788)

Ménage à trois, Folie à deux Winery, Californie, États-Unis (18,95 $ – 10938861)

White Zinfandel, Ernest & Julio Gallo, Californie, États-Unis (20,45 $ le 1,5 litre – 308460)

Syrah Vernissage 2011, vin de pays d'oc, Nordic Sea Winery, France (48,75 $ les 3 litres – 11690756)

Les disponibilités sont, hélas, aléatoires.

LES 100 MEILLEURS VINS À MOINS DE 25 $

**TOUS LES VINS SÉLECTIONNÉS
ONT OBTENU UNE NOTE
DE *** OU PLUS.**

LES BLANCS

Les restaurants sont de plus en plus à la recherche de vins blancs de qualité et se plaisent à les offrir au verre à leurs clients. La qualité est-elle au rendez-vous ? Est-ce une mode passagère ? N'empêche que, lorsque je préparais cette édition, de beaux vins blancs se massaient au portillon de la dégustation. Non seulement sont-ils techniquement irréprochables, mais ils ont en plus de la personnalité à revendre !

Les chenins de la Loire, les chardonnays de la Bourgogne ou les sauvignons de Bordeaux sont formidables dans le millésime 2010, sans oublier les marsannes et les roussannes qui, en 2011, se surpassent dans le Rhône. L'utilisation de cuves en inox et autres cuves en béton, neutres sur le plan des transferts aromatiques, joue en leur faveur. Personnellement, je ne cache jamais mon plaisir pour les vibrants albarinos de la Galicie espagnole, les sapides melons de Bourgogne en muscadet ou les divins rieslings d'Alsace ou d'Allemagne. De grands « mouilleurs » de bouche qui se glissent bien avant, pendant et après le repas.

La cuvée 2013 de ce guide présente bien sûr des classiques, mais repère une fois de plus de nouveaux venus, des vins qui célèbrent à leur manière la gloire d'un millésime et l'accomplissement, digne de mention, de vignerons qui se sont penchés avec passion sur le berceau du vin. Tous les vins sélectionnés ont obtenu un minimum de trois étoiles (***) dans leur catégorie au moment de la dégustation. C'est également le cas des autres bons vins à surveiller présentés en fin de chapitre. Leurs disponibilités sont toutefois aléatoires. Bonnes découvertes ! ●

CHARDONNAY DU BOUT DU MONDE

Michael Brajkovich
Kumeu River Wines

J'aurais pu rencontrer Michael Brajkovich à Pomerol, en 1983, alors qu'il officiait dans les établissements de Jean-Pierre Moueix, plus particulièrement au château Magdelaine. Mais voilà, je ne serais sur le continent que quatre ans plus tard, tout près de Pétrus, au château Lafleur-Gazin. J'arrivais du Québec, et lui, de la Nouvelle-Zélande. Notre point commun : l'amour du beau et du bon vin, bien sûr, mais aussi une volonté de saisir ce qui fait justement, à la source, la grandeur du vin. L'œnologue est ensuite retourné chez lui, au vignoble familial de Kumeu River, emportant dans ses bagages de nouvelles connaissances sur le merlot, mais surtout, le titre prestigieux de Master of Wine (MW), qu'il a remporté au tournant de l'année 1989.

Ce n'est toutefois pas grâce au merlot que la filière Brajkovich s'est récemment glissée jusqu'à moi, mais grâce à une cuvée de chardonnay vinifiée par

Michael : l'Estate Chardonnay 2008 (34,00 $ – 10281184), d'une envergure insoupçonnée. Ce vin est d'autant plus étonnant qu'il provient d'un pays plutôt réputé pour la confection de sauvignons blancs de haut niveau. J'étais littéralement transporté. J'apprendrai, en le rencontrant pour la première fois au Québec cet été, que les terroirs bourguignons n'ont plus de secrets pour lui ; il les connaît comme le fond de sa poche. C'est donc dans cet esprit que Michael Brajkovich trace ses vins et qu'il inspire toutes ses cuvées. Que ce soit cet Estate Chardonnay, assemblage de six vignobles maison, ainsi que les «crus» Coddington (40,00 $ – 11661971), Hunting Hill (39,75 $ – 11416159) et Maté's Vineyard (50,00 $ – 11212631), tous sont impressionnants en raison de cette austérité minérale typique des grands terroirs de chablis et de puligny-montrachet. J'étais en terrain conquis !

« Les gens viennent chez nous et n'achètent pas du chardonnay, mais des terroirs précis. »

L'histoire de la famille Brajkovich commence en Nouvelle-Zélande, alors que le grand-père y met les pieds en 1902, en provenance de sa Croatie natale. Son fils, Maté (père de Michael), développera le vignoble en plantant du chardonnay (1965), et Michael agrandira encore la superficie en y enracinant pinot noir, merlot, gewurztraminer, mais surtout pinot gris, qui semble y trouver un terroir de prédilection. Aujourd'hui, la famille – Melba, Marijana, Milan, Paul, sans oublier le chef de cave, Nigel Tibbits, qui officie au domaine depuis plus de trois décennies – dispose d'un vignoble de 30 hectares et achète des raisins issus de 30 autres hectares.

« Les gens viennent chez nous et n'achètent pas du chardonnay, mais des terroirs précis », dira l'œnologue, qui semble remarquer un changement de mentalité dans l'approche du vin. Un peu comme le chablis dont le cépage a littéralement été sublimé par l'intensité minérale des calcaires locaux. Cette subtilité se goûte dans les cuvées du domaine. Plutôt gracieux, avec une tension fine pour ce qui est du Coddington, et beaucoup plus minéral et énergique pour le Hunting Hill dont le climat frais sculpte les vins avec précision. Par ailleurs, le vin devient curieusement plus large, plus profond, plus voluptueux, mais aussi plus gras en ce qui concerne le Maté's Vineyard, dont les vieilles vignes (plantées en 1990 à partir de clones peu productifs) « avalent » littéralement le bois neuf dans lequel le vin est fermenté. À n'en pas douter, l'idée manifeste d'un terroir qui se veut « d'esprit bourguignon » est bien présente. Bref, de grosses pointures, oui, mais dans ce style très persuasif, économe, éminemment minéral qui fait la gloire des grands bourgognes blancs.

Michael Brajkovich a tellement confiance dans ses vins qu'il s'est permis, durant notre rencontre, et cela, sans une once de malice, de glisser à l'aveugle un Meursault premier cru Les Charmes 2007, de la maison Deux Montille, histoire de réunir les continents et de partager culturellement les différences. Beau moment de partage qui démontrait avant tout, par la dégustation, l'humilité de l'homme et le désir de porter les ambitions de la maison familiale au plus haut niveau. C'est chose faite.

BLANC

12,15 $

Pyrène Cuvée Marine 2011, SARL Accents & Terroirs

France / Sud-Ouest – vin de pays des côtes-de-gascogne

CODE SAQ : 11253564

Le brillant sommelier français Olivier Poussier, de passage au Québec cette année, réussissait le pari de porter à un niveau encore insoupçonné l'intérêt pour ce blanc sec du Sud-Ouest. Un mariage si parfait, si éloquent avec le *club sandwich* de truite, céleri, pomme Granny Smith, radis noir et champignons qu'il m'a semblé vivre, ne serait-ce qu'un instant, un beau moment de gastronomie. Pourtant, rien de très complexe dans ce vin. Vrai que c'est une petite bombe aromatique, avec sa touche d'ananas frais et de mangue, mais ce vin s'emballait littéralement en bouche, alliant une extraordinaire vitalité à un corps d'une exquise légèreté. L'accord était parfait. C'est celui que je vous souhaite, d'ailleurs ! Les amateurs de rouges pourront toujours aller du côté du Marcillac Pyrène 2009 et 2010 (15,50 $ – 11154558), de la même maison, avec une matelote de poisson et son jus, ou encore poursuivre avec le savoureux Coteaux du Quercy 2010 (16,35 $ – 11154523), accompagné d'un flanc de porc bien gras. Mariage assuré ou argent remis !

Cépages

sauvignon blanc, gros manseng, colombard

Vous avez aimé ce vin ? Vous pourriez aimer aussi : **Marquis de Jouennes 2011, Roger de Jouennes, France** (14,70 $ – 030155)

Quotidien ● **CT** ● **Élancé**

BLANC

Domaine de la Ragotière 2011, Les Frères Couillaud

12,80 $

France / Loire – vin de pays du jardin-de-la-france

CODE SAQ : 10690501

C'est fou ce que le terroir, c'est-à-dire cette zone spécifique qui embrasse à la fois la toponymie et le climat local, imprime une empreinte forte sur un cépage. C'est exactement ce qui me passait par la tête quand j'ai dégusté ce chardonnay, qui a évoqué chez moi de façon particulièrement dramatique un autre vin élaboré par cette belle maison. Son nom ? Le muscadet-sèvre-et-maine sur lie Château de la Ragotière 2011 (17,90 $ – 11095615). Est-ce l'homme et sa vinification qui en sont responsables ? Toujours est-il que ce chardonnay prend ici les couleurs et l'ambiance minérale du melon de Bourgogne, avec seulement un peu plus de rondeur et un fruité plus vite perceptible. Un blanc sec qui offre beaucoup de tonus, une pointe de salinité à faire baver un troupeau de vaches devant une balle de foin, sur une finale où pointe l'amertume. L'ensemble est léger, simple, habilement vinifié et vendu à bon prix. L'apéro par excellence et le copain assuré des bâtonnets de poisson frits sauce à l'aneth.

Cépage

chardonnay

Vous avez aimé ce vin ? Vous pourriez aimer aussi : **Chardonnay Marquis de Goulaine 2011, Marcel Martin, France** (12,95 $ – 446179)

Copain ● CT ● Élancé

BLANC

12,95 $

Rapitalà 2011, Tenute Rapitalà SPA

Italie / Sicile – sicilia

CODE SAQ : 613208

Si l'envie de voyager à petit prix vous intéresse, nul doute que ce blanc sec est une destination de première ! Agitez doucement votre verre et humez : l'exotisme s'y faufile avec ce petit quelque chose d'envoûtant en plus, mélange de fruits tropicaux, de bâton de vanille de Madagascar, de banane chaude laissée sous le soleil... Et puis, à ce prix, je m'étonne non seulement de l'originalité des saveurs, mais de la cohésion mutuelle des cépages catarratto et chardonnay, le premier stimulant le second pour mieux l'envelopper tout en procurant vinosité à l'ensemble. Un blanc techniquement irréprochable, mais pas pour autant dénué d'âme et d'esprit, d'un bon volume, développant sur l'amertume plutôt que sur l'acidité pour tenir le palais en haleine, le tout doté d'une longueur en bouche encore une fois étonnante. Volaille, crevettes sautées au cari, crustacés... la liste est longue !

Cépages

chardonnay, catarratto

Vous avez aimé ce vin ? Vous pourriez aimer aussi :
Pinot grigio Le Rosse 2011, delle-venezie, Tommasi Viticoltori, Italie (16,85 $ – 10230555)

Quotidien ● CT ● Rond

BLANC

Chaminé 2011, Cortes de Cima

13,65 $

Portugal / Alentejo

CODE SAQ : 11156238

C'est une belle histoire que celle de Carrie et Hans Jorgensen. Arrivés par goélette sur les côtes portugaises en 1988, l'Américaine et le Danois sont allés à quelque 100 kilomètres dans les terres pour réaliser le rêve de leur vie. Aujourd'hui, sur deux sites distincts, l'un côtier (dont 30 hectares pour la production de ce blanc de caractère) et l'autre continental, où est produit entre autres l'équivalent en rouge (Chaminé 2011 à 14,20 $ – 10403410), l'entreprise familiale s'active à concevoir des vins modernes à partir de cépages locaux, mais aussi avec des « visiteurs » comme le petit verdot, le cabernet-sauvignon et la syrah. De la même maison, en voici qui ont de la sève, du style et une droiture exemplaire. Si vous les dénichez, optez pour les Cortes de Cima 2009 et 2010 (20,55 $ – 10944380), la Syrah 2010 (23,80 $ – 10960697) ou l'Incognito 2009 (46,50 $ – 745174). Quant à ce Chaminé, il est net, droit, vibrant, original, sapide et à l'aise avec les petites fritures de la mer.

Cépages

antão vaz, viognier, verdelho

Vous avez aimé ce vin ? Vous pourriez aimer aussi :
Quinta da Ponte Pedrinha 2010, dão, Maria de Lourdes Mendes, Portugal (13,90 $ – 10760492)

Copain ● CT ● Élancé

BLANC

14,60 $

Les Vignes Retrouvées 2011, Producteurs Plaimont

France / Sud-Ouest – saint-mont

CODE SAQ : 10667319

La beauté de la France réside non seulement dans la diversité et la qualité de ses vins, mais aussi dans la profonde originalité de ses cépages. Les producteurs Plaimont en tirent parti comme si c'était une richesse nationale. Et ils ont raison ! Au-delà du concept des cépages perdus – qu'on a heureusement retrouvés pour le bénéfice de l'humanité entière –, ce blanc sec, diablement excitant tant sur le plan aromatique que gustatif, est aussi d'une polyvalence rare, pouvant accommoder les huîtres comme le jambon à l'ananas, les nems comme le cari indien. Robe soutenue et bouche tendue, vibrante, avec cette impression de légèreté et de croquant, ce coulant et cette sapidité qui motivent le palais longuement. Belle bouteille pour la soif ou pour épater la galerie qui aura du mal... à s'y retrouver.

Cépages

gros manseng, arrufiac, petit courbu

Vous avez aimé ce vin ? Vous pourriez aimer aussi :
Gros manseng/sauvignon 2011, vin de pays des côtes-de-gascogne, Vignobles Brumont, France (12,95 $ – 548883)

Copain ● CT ● Élancé

BLANC

Serego Aliguieri 2011, Masi Agricola SPA

Italie / Vénétie – veneto

CODE SAQ : 409862

14,95 $

Soyons francs et regardons ce blanc dans le blanc des yeux : oui, c'est bon. Ce blanc sec tire son épingle du jeu avec une redoutable efficacité dans tous les millésimes. On sent, derrière, l'expertise d'une maison qui impose le respect, et une viticulture locale qui va au-delà du style, évitant encore de plonger dans les eaux troubles de ce goût dit « international ». Tout est synchrone : sauvignon et garganega mûris parfaitement, puis vinifiés pour en tirer les précurseurs d'arômes, sans un gramme de boisé à l'horizon. Un blanc visant la légèreté, avec ce qu'il faut de rondeur et de saveurs fruitées pour accompagner les antipasti à l'apéro ou les salades, les linguines *alle vongole* sauce blanche ou le fenouil braisé avec lequel il fraternisera en raison de l'exquise amertume relevée en finale.

Cépages

sauvignon, garganega

Vous avez aimé ce vin ? Vous pourriez aimer aussi :
Campogrande 2011, orvieto-classico, Marchesi Antinori SRL, Italie (14,15 $ – 018838)

Copain ● **CT** ● **Élancé**

BLANC

15,30 $

Pinot blanc Trimbach 2009, F.E. Trimbach SA

France / Alsace

CODE SAQ : 089292

Du côté de Ribeauvillé, il y a un domaine que je tiens en haute estime depuis un bon moment. C'est une maison reconnue pour la majesté de son Clos Ste Hune, un riesling qui transcende la notion de variétal pour embrasser celle du minéral. Ce pinot blanc cède doucement sa personnalité sous la contrainte fine du minéral insufflé par le terroir. Au final, tout ce beau monde sort gagnant. On note le parcours fruité irréprochable, loin de l'opulence de bon nombre de pinots blancs commerciaux. Pour tout dire, ce cépage s'ennoblit sous la houlette de Trimbach, comme s'il était traité d'égal à égal avec le riesling qui fait déjà la réputation de la maison. C'est sec, tonique, cristallin sur le plan de la brillance et de l'éclat fruité, substantiel, quoique léger avec ses 12,5 % d'alc./vol., de belle longueur, mais surtout d'une harmonie parfaite. S'il était en plus grande quantité sur les tablettes, il ferait partie de mes 10 points d'excitation 2013 ! Pas mal avec l'escalope de poulet poêlée.

Cépage

pinot blanc

Vous avez aimé ce vin ? Vous pourriez aimer aussi :
Pinot blanc Five Vineyards 2011, Mission Hill, Canada (17,25 $ – 300301)

Copain ● CT ● Rond

BLANC

San Vincenzo 2011, Anselmi SRL

Italie / Vénétie – veneto

15,55 $

CODE SAQ : 585422

C'est la neuvième édition de ce guide, et la magie opère toujours avec ce vin. Pourquoi ? Parce que l'auteur n'est pas blasé, encore surpris qu'il est de la beauté simple de ce blanc sec qui livre ce qu'il a, juste ce qu'il a. Et c'est bon, inspiré même. On sait ici qu'il n'est pas question d'en faire trop, de pratiquer une surenchère sur le plan de la maturité avec des puissances en alcool excessives, des fruités plus que confits et des boisés à vous mettre des cure-dents entre les dents. Il y a le fruit, net et ample derrière la robe jaune pêche aux reflets verts, puis la bouche, généreuse et parfumée, à la texture ronde et mise en relief par un grain qui évoque la pulpe d'un melon de Cavaillon. Peu acide, sans toutefois manquer de fraîcheur, ce blanc de caractère trouve évidemment un allié naturel avec le melon-jambon ou les crevettes sautées avec une touche de citron et de gingembre frais. Roberto Anselmi serait d'accord avec moi.

Cépages

garganega, trebbiano, chardonnay

Vous avez aimé ce vin ? Vous pourriez aimer aussi :
Capitel Croce 2011, veneto, Anselmi SRL, Italie (22,30 $ – 928200)

Amour ● **CT** ● **Élancé**

BLANC

15,60 $

Château des Matards 2011, GAEC Terrigeol & Fils

France / Bordeaux — premières-côtes-de-blaye

CODE SAQ: 477257

Pour la soif, et quand la qualité est au rendez-vous, il n'y a pas mieux qu'un verre de bordeaux blanc sec accompagné de quelques huîtres fraîches bien disposées à vivre elles aussi le mariage parfait. Ce classique nous remet ça cette année sans fléchir les genoux, avec une faconde digne des enfonceurs de portes ouvertes. C'est qu'il jase, ce vin, beaucoup trop pour certaines personnes peu habituées à tant d'expression aromatique et gustative. Pourtant, le profil est net, enlevant, avec une maturité fruitée au rendez-vous, sans traces végétales qui nous auraient fait craindre le pire. Bon volume en bouche, offrant un fruité dense et palpable et des saveurs rondes qui, malgré les 14 % d'alc./vol., ne présentent aucun signe de lourdeur ni d'assèchement. La finale traîne en longueur pour notre plus grand bonheur. Outre les huîtres, vous pourriez tâter du chèvre frais sur croûtons et salade.

Cépages

sauvignon, muscadelle

Vous avez aimé ce vin ? Vous pourriez aimer aussi : **Château Calabre 2011, montravel, SCEA Puy Servain, France** (13,00 $ – 10258638)

Copain ● CT ● Élancé

BLANC

Alamos 2011, Bodegas Esmeralda SA

15,75 $

Argentine / Mendoza

CODE SAQ : 467969

Il y a ici une sensation de fraîcheur liée à l'altitude et se répercutant sur le fruité, ce qui positionne rapidement le vin. Même son de cloche avec les autres cuvées de la maison, le Torrontes 2011 (15,95 $ – 10693365) et le Viognier 2011 (15,95 $ – 10692418), que j'ai aussi beaucoup appréciées dans ce millésime. Si je ne suis pas un grand amateur de chardonnay, hormis bien sûr ces références bourguignonnes de Chablis et de la région beaunoise, je dois admettre que celui-ci ne part pas dans toutes les directions avec une version qui serait trop flatteuse, mièvre ou encore doucereuse. La ligne est claire et le fruité sait se tenir sur pointes tout en acceptant d'être enrobé d'une délicate touche beurrée de noisette et de bois. L'ensemble est vivant, un rien salin, parfaitement équilibré. Voilà, à bon prix, une belle bouteille à servir avec une salade de poulet à la cajun, des calmars grillés aux agrumes ou un poulet au cari. Bon appétit !

Cépages

chardonnay

Vous avez aimé ce vin ? Vous pourriez aimer aussi :
Fun Réserve 2011, Les Vins Georges Duboeuf, France (15,65 $ – 11675994)

Amour ● CT ● Rond

BLANC

15,75 $

Château Bertinerie 2011, SCEA Bantegnies et Fils

France / Bordeaux – premières-côtes-de-blaye

CODE SAQ : 707190

Je me souviens de mon examen oral pour l'obtention du DUAD (diplôme universitaire d'aptitude à la dégustation des vins) à la Faculté d'œnologie de Bordeaux. Il était question de macération pelliculaire et de fermentation en fût des vins blancs, sujets que je devais développer devant mon professeur, véritable sommité en la matière. La chose était nouvelle pour moi. On parlait de « précurseurs d'arômes » dans les baies de sauvignon blanc, de la libération des « thiols » lorsque couplés avec un acide aminé. Du chinois. Mais j'ai compris qu'il était possible de produire un effet turbo en démultipliant l'intensité aromatique et le caractère variétal mûr du cépage. Ce Bertinerie épouse cette voie avec succès depuis plusieurs années. Il n'est pas de ces sauvignons tapageurs, exhibitionnistes, caricaturaux, non. Esprit fin du fruit, touche florale et poivrée sur fond de fraîcheur et de rondeur, se terminant sur une pointe de vivacité évoquant l'agrume. Volaille au citron, *fish and chips* ou salade de crevettes vinaigrette à l'orange lui iront comme un gant.

Cépage

sauvignon

Vous avez aimé ce vin ? Vous pourriez aimer aussi :
Château Sainte-Marie 2011, entre-deux-mers, EURL du Château Sainte-Marie, France
(16,75 $ – 10269151)

Copain ● CT ● Élancé

BLANC

Hermanos Lurton 2011, Bodega J. et F. Lurton

15,90 $

Espagne / Vieille-Castille – rueda

CODE SAQ : 727198

Est-il utile de préciser qu'un vin blanc qui se respecte doit avoir de la fraîcheur, de l'équilibre, du caractère et, en plus, être doté d'un indice de buvabilité aussi élevé que le nécessite la pointe de chaleur au beau milieu du désert de Gobi ? Rafraîchissant, il l'est, ce verdejo. Le cépage évoque le croisement entre un traminer du nord, un vinho verde de l'ouest portugais et un sauvignon de la Loire. Un cépage naturellement aromatique que Lurton et son équipe savent mettre en boîte pour préserver sa combativité fruitée exemplaire. Bien sûr, ne cherchez ni le détail ni la profondeur. *What you see is what you get,* dirait ici mon collègue chroniqueur Bill, du journal *The Gazette*. Effectivement, l'ampleur fruitée y est, propulsée comme sur un trampoline grâce à un mélange subtil d'acidité et d'amertume, le tout étiré comme un élastique, mais sans se rompre. Ce blanc est homogène, de belle tenue, long en bouche. Acras de morue, bâtonnets de fromage, huîtres fraîches ou escalope de veau panée au citron se régaleront ici.

Cépage

verdejo

Vous avez aimé ce vin ? Vous pourriez aimer aussi : **Vina Sol Torres 2011, catalunya, Soc. Vinicola Miguel Torres SA, Espagne** (12,05 $ – 028035)

Copain ● **CT** ● **Élancé**

BLANC

16,05 $

Viognier Domaine Cazal Viel 2011, Henri Miquel

France / Sud – vin de pays d'oc

CODE SAQ : 895946

On hésite trop souvent à déboucher une bouteille de viognier. Pourtant, sa palette aromatique extravagante fascine à tous coups, un peu comme l'apparition dans un champ de blé, à la brunante un soir de juin, d'un trilliard de lucioles branchées sur un courant de 750 volts. Mais il peut aussi être subtil. Il peut même s'élever au-dessus des nombreuses cuvées « salade de fruits en boîte » où l'acidulé côtoie la sucrosité dans un esprit qui édulcore toute trace de finesse. Ce blanc du sud relève avec brio le pari de s'élever sans pour autant vous plomber les papilles, avec cette sapidité qui demeure encore la meilleure des lubrifications. Arômes très frais de pêche, de poire et de litchi, sur une bouche tendre mais sans sucre, arrondie juste ce qu'il faut par la vinosité de l'alcool pour propulser le *lobster roll,* les crevettes cajuns ou le simple rouleau de printemps parfumé à la menthe et à la coriandre fraîche.

Cépage

viognier

Vous avez aimé ce vin ? Vous pourriez aimer aussi : **Viognier Yalumba, The Y Series 2011, Yalumba Wines, Australie** (16,95 $ – 11133811)

Amour ● CT ● Rond

BLANC

Château de Ripaille 2011, Famille Necker Engel

16,15 $

France / Savoie

CODE SAQ : 896720

Vous avez prévu une fondue au fromage, du boudin blanc, des quenelles de brochet ou une tarte fine à l'oignon ? Permettez que j'apporte quelques bouteilles de ce chasselas dont le discours très amical saura réussir le plus heureux des mariages. Même si ce cépage, que certains trouvent roturier, se savoure à toutes les sauces, sans la moindre difficulté. Pour le contexte, nous sommes en bordure du lac Léman, sur 22 hectares de vignes, propriété familiale depuis 1892 de la famille Necker Engel, dont l'œnologue Paule Necker assure les destinées depuis 1996. J'aime la tendresse de ce blanc toujours rond, jamais trop acide, léger de corps, avec cette ouverture sur la pomme fraîche et le miel fin qui enrobe et donne beaucoup de charme à l'ensemble. Un beau vin pour les pique-niques, mais surtout un vin qui plaira à tous.

Cépage

chasselas

Vous avez aimé ce vin ? Vous pourriez aimer aussi :
Les Jardins de Meyrac 2011, SA du Château Capendu, France (14,70 $ – 637850)

Amour ● CT ● Rond

BLANC

16,45 $

Atlantis 2011, Domaine I.M. Argyros

Grèce

CODE SAQ : 11097477

Fermez les yeux, respirez l'air du large, remontez le temps pour vous perdre à une époque où les dieux avaient préséance dans l'imaginaire des gens, une époque où les vins fortement épicés, largement oxydés et mouillés à l'eau de mer faisaient partie du quotidien des notables et des dieux qu'ils vénéraient. Aujourd'hui, acculée à la faillite, la Grèce n'a jamais élaboré d'aussi bons vins, encore trop peu connus, mais qui régalent l'amateur qui va plus loin que l'exotisme pour sentir ces terroirs de soleil où, paradoxalement, nervosité et vitalité sont au rendez-vous. C'est le cas de cette cuvée, remarquable à tous points de vue. Beaucoup de nez, avec ce petit quelque chose de salin, de citron bien mûr, puis cette bouche, radieuse et lumineuse, sapide et tonique, éclatante sous le poids du fruité. L'ensemble est une merveille d'équilibre et se glisse partout, à l'apéro comme sur les cuisines riches et épicées, qui s'en trouvent alors allégées.

Cépages

assyrtiko, athiri, aidani

Vous avez aimé ce vin ? Vous pourriez aimer aussi : **Moschofilero Classic 2010, mantinia, Domaine Tselepos, Grèce** (17,95 $ – 11097485)

Quotidien ● CT ● Élancé

BLANC

Muga 2011, Bodegas Muga SA

Espagne / Rioja

CODE SAQ: 860189

16,50 $

À ce prix, vous en aurez beaucoup pour votre argent. Nous sommes vraiment loin de ces riojas blancs largement oxydés produits dans les années 1970 et 1980, qui faisaient ombrage au réel potentiel de cette région septentrionale. Avec l'arrivée des Muga, Palacio, Bujanda et autres Ijalba, le tournant a été radical et un pas dans la modernité a été franchi, sans pour autant verser dans des technologies vides de sens. On sent ici l'école bordelaise en blanc, avec ses macérations préfermentaires à froid, ses débourbages en fût de gros volumes, ses bâtonnages légers et l'utilisation des meilleures barriques françaises. Comme pour sa version en rouge, le cépage viura – qui peut être aussi neutre et monocorde – s'anime et vibre avec clarté et passablement de finesse, s'arrondissant juste ce qu'il faut pour donner un peu de poids fruité à l'ensemble. Un blanc sec équilibré et digeste à écluser avec les rondelles de calmar frites ou autres tapas.

Cépages

viura, malvasia

Vous avez aimé ce vin ? Vous pourriez aimer aussi :
Conde de Valdemar 2010, Bodegas Valdemar, Espagne (19,05 $ – 860171)

Copain ● CT ● Élancé

BLANC

16,90 $

Chardonnay Boschendal 2011, Boschendal Wines

Afrique du Sud / Western Cape

CODE SAQ : 935833

J'ai souvenir de cette visite matinale au domaine, une vaste propriété fondée en 1685 au cœur de la vallée de Franschhoek. Un décor à couper le souffle, où des dentelles de nuages accrochés au pic des montagnes avoisinantes évoluent sans cesse dans un ciel terriblement bleu et où le dramatique du paysage se fond à la luminosité ambiante, unique en Afrique du Sud. De retour au Québec, ce chardonnay m'a paru moins boisé par rapport à ce que j'avais goûté là-bas. Mais, de nouveau, l'étonnante luminosité du fruit a scintillé dans la bouteille. Le contexte avait bien sûr fait son œuvre dans une approche particulièrement évocatrice. Aromatique et percutant avec son côté fleurs d'agrumes, le vin, bien sec, vivant, mais aussi arrondi en raison d'une touche beurrée, livre un message clair, sans équivoque. Une belle bouteille à savourer avec une volaille aux citrons confits.

Cépages

chardonnay

Vous avez aimé ce vin ? Vous pourriez aimer aussi : **Chardonnay Fleur du Cap 2011, Bergkelder Ltd, Afrique du Sud** (14,95 $ – 340406)

Amour ● **CT** ● **Rond**

BLANC

La Segreta 2011, Planeta SAS

16,95 $

Italie / Sicile – sicilia

CODE SAQ : 741264

La réputation de ce blanc et du rouge maison n'est plus à faire. Et j'aime toujours constater que bon nombre de restaurants québécois situés en région inscrivent sur leur carte des vins ces valeurs sûres offertes toute l'année. Encore inconnue il y a une décennie, cette nouvelle génération de vins siciliens n'a pas manqué de se faire remarquer au niveau international en livrant des vins, certes modernes, mais non dépourvus de cette « âme » insulaire qui fait foisonner des cépages autochtones qui valent le détour. J'aime le style du vin, à la fois délicat et parfumé, suave et arrondi comme un bon soave, d'une exquise pureté. Fruit de l'assemblage de raisins issus de plusieurs vignobles, ce blanc sec non boisé, ni trop nuancé ni trop profond, sait capter et soutenir l'attention, tel un coucher de soleil au large de Palerme. Un vin polyvalent qui sait nager avec la morue, le flétan ou même la lotte apprêtée à la tomate, aux câpres et aux olives.

Cépages

grecanico, chardonnay, viognier, fiano

Vous avez aimé ce vin ? Vous pourriez aimer aussi :
Grillo/sauvignon Montalto 2011, sicilia, Barone Montalto SPA, Italie (13,15 $ – 10676371)

Amour ● CT ● Rond

BLANC

16,95 $

La Vis Intaglio 2011, Casa Girelli SPA

Italie / Trentin-Haut-Adige – vigneti-delle-dolomiti

CODE SAQ : 11766562

Nous sommes dans l'extrême-nord de l'Italie, très, très loin des Pouilles et de Basilicate, mais aussi à des années-lumière des blancs plantureux et des rouges écrasés par le soleil. Ici, au nord, ça vibre ! Pas surprenant que les meilleurs blancs et les rouges les plus élégants proviennent de cette couronne qui va du Piémont à Venise en passant par la Lombardie et le Trentin. Nouveau produit courant provenant d'une coopérative locale, ce blanc sec et passablement tonique est un ajout heureux sur les tablettes. Non pas qu'il révolutionne le genre, mais il a le mérite de proposer autre chose que ces sempiternels pinots grigios que s'arrache la clientèle nord-américaine. Derrière la vis, il y a de la fraîcheur, de l'expression à revendre, sur le mode de la simplicité et de la légèreté, sans un gramme de boisé. On a même une impression de salinité qui, ajoutée au registre malique de la pomme verte, étire la finale, nette et droite. Salade de crevettes, de crabe ou de poulet.

Cépages

chardonnay, müller-thurgau

Vous avez aimé ce vin ? Vous pourriez aimer aussi : **Sylvaner Bouquet printanier 2011, alsace, Ruhlmann, France** (14,25 $ – 11184853)

Copain ● **CT** ● **Élancé**

Côté Domaine du Tariquet 2011, SCV Château du Tariquet

17,05 $

France / Sud-Ouest – vin de pays des côtes-de-gascogne

CODE SAQ: 561316

Je ne peux vous priver du descriptif concocté par Alain Aviotte pour ce vin: « C'est un vin beau parleur. Polyglotte. Nourri par un souffle culturel qui déboussole la rose des vents. Il susurre sa romance avec suavité, phrase son velouté à la façon d'un "crooner", arbore son perlant comme une pointe d'ironie. Il est attaché à son image, contemporain, cosmopolite épris par des alliances insolites, conscient de donner du plaisir. » Rien à ajouter, sinon que tout ça sent la jeunesse insufflée par la famille Grassa dans sa gamme diversifiée de vins modernes, mais qui ont AUSSI une âme. Une centaine d'années d'activité sur le terrain et toujours cette volonté d'innover, avec des vins qui chatouillent et épousent mille mets tout en suggérant mille pistes encore à fouiller. Assemblage pertinent ici, excitant sur le plan de l'éclat comme sur celui de la vivacité, filant en bouche avec légèreté, brillance et une jolie longueur. Sushis, mais aussi crabe ou homard, tarte à l'oignon ou poitrine de dinde aux agrumes.

Cépages

chardonnay, sauvignon blanc

Vous avez aimé ce vin? Vous pourriez aimer aussi:
Domaine La Hitaire «Les Tours» 2011, vin de pays des côtes-de-gascogne, P. Grassa Fille & Fils, France (9,75 $ – 567891)

Quotidien ● **CT** ● **Élancé**

BLANC

17,20 $

Anthìlia 2011, Donnafugata

Italie / Sicile – sicilia

CODE SAQ : 10542137

À la question « quel est votre vin blanc préféré ? », bon nombre de femmes n'hésitent jamais à me mentionner ce blanc sec de la maison Donnafugata. Est-ce le graphisme de l'étiquette, la délicatesse du produit, l'inspiration qu'il suggère ? Toujours est-il que ce vin plaît. Si certaines personnes n'hésitent pas à parler ici de vin féminin, d'autres préfèrent penser que les vins n'ont pas de sexe. Enfin, sexe ou pas, il est diablement bon, d'abord parce qu'il est fin et distingué, avec des arômes de gingembre frais et d'iode, odeur qui nous rappelle que nous sommes sur une île. Il est léger, aussi, ce qui étonne vu que l'île est écrasée sous un soleil de plomb huit mois par année. Ajoutez des saveurs fruitées fluides et alertes, filantes et vivifiantes culminant sur une superbe amertume et vous avez là le meilleur de ce qui se fait en Sicile actuellement. Pas mal avec les rouleaux de printemps, les dimsums et une truite très légèrement fumée.

Cépages

ansonica, catarratto

Vous avez aimé ce vin ? Vous pourriez aimer aussi :
Alastro 2011, sicilia, Planeta SAS, Italie
(20,70 $ – 11034361)

Amour ● CT ● Élancé

BLANC

Lugana 2010, Zenato Azienda SRL

17,35 $

Italie / Lombardie – lugana

CODE SAQ : 10705055

Tout au sud du lac de Garde, à l'est de la ville de Brescia, profitant de son microclimat pour préserver et enrichir le caractère aromatique des cépages, ce beau trebbiano livre ici une version particulièrement éloquente en provenance du vignoble maison San Benedetto. Nous sommes loin des trebbianos du Latium plus au sud, souvent dilués, délavés et sans âme ! Une formidable prise de position pour des fruités clairs et transparents, à laquelle s'applique cette maison familiale aussi reconnue pour la qualité de ses rouges vénitiens. La trame aromatique est claire, vibrante, florale, captivante, alors que la bouche est élancée, fine, suave et saisissante, affichant une concentration fruitée qui permet de belles envolées tout en maintenant une fraîcheur admirable. Vous pensez que je m'emporte ? Je traduis simplement l'expression d'un travail bien fait, inspiré, même, qui élève ce cépage roturier au-delà des préjugés qu'on lui porte généralement. Un régal à l'apéro, avec une sole ou des crustacés.

Cépage

trebbiano

Vous avez aimé ce vin ? Vous pourriez aimer aussi :
Jorio 2011, marche, Umani Ronchi SPA, Italie
(16,35 $ – 11573218)

Quotidien ● **CT** ● **Élancé**

BLANC

17,55 $

Côtes du Rhône 2011, E. Guigal

France / Rhône – côtes-du-rhône

CODE SAQ : 290296

L'assemblage est un atout particulièrement précieux. Car, en fonction des millésimes, l'homme s'assure de sélectionner les meilleures baies de différentes provenances afin de pérenniser, au fil de l'assemblage, le style ou, mieux, le goût maison. C'est tout l'art développé chez les Guigal, père et fils. La proportion, par exemple, de viognier semble en hausse cette année dans cette cuvée dont l'expression aromatique va tout autant du côté floral (muguet) que du fruit (pêche jaune), avec, derrière, le profil racé de la roussanne qui allonge la finale. Fait aussi à souligner, la tenue et la régularité qualitative exceptionnelles de ce vin dont la production avoisine tout de même les 400 000 bouteilles, une performance que ne peuvent égaler que des hommes du vin aguerris. Plusieurs possibilités de mariage avec la table s'imposent ici, dont une matelote de lotte aux herbes, les ris de veau à la crème, la salade d'endives pomme, noix et jus de citron, le tofu aux légumes ou un sandwich de porc effiloché.

Cépages

viognier, roussanne, clairette

Vous avez aimé ce vin ? Vous pourriez aimer aussi :
Viognier Domaine des Salices 2011, J. et F. Lurton, France (14,80 $ – 10265061)

Quotidien ● CT ● Élancé

Stoneleigh 2011, Corbans Wines Ltd

17,75 $

Nouvelle-Zélande / Marlborough

CODE SAQ : 10276342

Ce sauvignon, glissé à titre de pirate au cours d'une dégustation à l'aveugle de sauvignons en appellation menetou-salon, ne sait pas s'incliner devant la compétition et n'avait pas à avoir honte d'être là. Au contraire ! Est-ce que mon étalon de mesure est toujours du côté de Saumur, de Sancerre, de Pouilly-Fumé ou encore de Menetou-Salon ? Peut-être bien. La fragilité aromatique, le détail et la finesse sont ici au rendez-vous. N'est-ce pas ce qu'on est en droit de s'attendre de ce cépage ? Ajoutez une fluidité naturelle, un milieu de bouche sans cesse réanimé par ce que je relie souvent à l'aspect minéral du terroir, et vous avez là un candidat qui joue dans la cour des grands, en évitant de glisser sur la pente savonneuse du boisé qui, à mon avis, n'a pas sa place (ou si peu) avec ce cépage. Avec un croûton de chèvre chaud en entrée ou simplement à l'apéro. Mais des linguines à la crème, des asperges grillées, une touche de parmesan et un zeste d'orange lui donneront des ailes.

Cépage

sauvignon

Vous avez aimé ce vin ? Vous pourriez aimer aussi :
Menetou-salon 2011, Henry Pellé, France
(20,50 $ – 852434)

Amour ● **CT** ● **Élancé**

BLANC

17,90 $

Inama vin soave 2011, Azienda Agricola Inama

Italie / Vénétie

CODE SAQ : 908004

Une quarantaine d'années d'existence, un vignoble bucolique couvrant 17 hectares de sols volcaniques et plus de 250 000 bouteilles en production de ce blanc sec seulement... la situation pourrait être plus désastreuse ! Au fil des ans, chaque fois que je déguste ce vin, je suis toujours ému par sa façon de se présenter à moi, avec un mélange de simplicité volontaire, de réalisme fruité, de sensualité à peine voilée et de cet attrait si particulier composant son profil aromatique et gustatif. Ici, on est le moins interventionniste possible, concentrant le meilleur du fruit sur une vigne visiblement traitée aux petits oignons. La robe jaune soutenue invite déjà à rêver, puis c'est la pointe fine de gaz qui avive le palais et lance la conversation fruitée, avec éclat, brillance et un rayonnement que révèle la juste densité du fruit. Vin de soif, vin d'amour, mais aussi vin de table, avec une escalope de veau au citron, par exemple...

Cépage

garganega

Vous avez aimé ce vin ? Vous pourriez aimer aussi : **Chardonnay/viognier Zuccardi 2011, Série A, Familia Zuccardi, Argentine** (14,95 $ – 516443)

Amour ● **CT** ● **Élancé**

BLANC

Riesling 2011, Hugel & Fils

18,05 $

France / Alsace

CODE SAQ: 042101

Du même domaine, vous savourez déjà le gentil Gentil 2011 (17,45 $ – 367284) à l'apéro ou le coquin Gewurztraminer 2011 (20,25 $ – 329235) avec un munster au cumin, s'il vous plaît. Mais vous ne déviez pas pour autant de vos classiques. Car oui, on y revient, aux classiques. Même s'il n'ont pas le volume des meilleurs millésimes, ils traduisent, en plus d'un style précis, l'expression bien nette du cépage. C'est le cas de ce riesling délicatement parfumé, pas trop complexe dans la nuance, mais d'une précision d'horloger, avec ce fruité qui tombe à point, « huilé » comme il se doit par une acidité fine et tonique qui confère éclat et ce je ne sais quoi de minéral friand qui excite sur la finale. Un blanc sec, léger de corps, particulièrement redoutable à l'apéritif avec des miniquiches aux oignons caramélisés ou de beaux morceaux de jambon fumant.

Cépage

riesling

Vous avez aimé ce vin ? Vous pourriez aimer aussi :
Riesling Yellow Label Wolf Blass 2009 et 2010, Wolf Blass Wines Int'l, Australie
(16,95 $ – 11034097)

Copain ● CT ● Musclé

19,20 $

Castello di Pomino 2010, Marchesi di Frescobaldi

Italie / Toscane – pomino

CODE SAQ : 065086

Vous me parlez d'un blanc sec qui titre 12,5 % d'alc./vol., dont le fruité est parfaitement mûr, sans aucune trace de sucres résiduels ni de boisé à vous faire haïr toute forme d'ébénisterie, et vous avez illico mon adhésion ! C'est le cas de ce classique dont l'élégance naturelle, le ton subtil et le charme discret en font un véritable ami, celui qu'on côtoie à l'apéro ou qu'on présente à une assiette de prosciutto à la mozzarella et au melon de Cavaillon. Ça donne faim, non ? De plus, il y a ce doigté, mais surtout ces vignobles maison perchés en altitude qui favorisent l'expression et l'aisance naturelles de cépages riches en caractère et en personnalité. Les plus ambitieux d'entre vous pourront déboucher une bouteille du Benefizio Riserva 2010 (34,75 $ – 420216) de la même maison, avec une blanquette de veau, par exemple. Mais il faudra m'inviter à table, car j'adore la blanquette !

Cépages

chardonnay, pinot blanc

Vous avez aimé ce vin ? Vous pourriez aimer aussi : **Albizzia 2011, toscana, Marchesi di Frescobaldi, Italie** (14,95 $ – 541235)

Amour ● CT ● Rond

BLANC

Birichino 2011, Birichino Amici

19,35 $

États-Unis / Californie – Monterey County

CODE SAQ : 11073512

À ma connaissance, il n'existe qu'une cuvée de malvasia bianca vinifiée en sec à la SAQ et, franchement, elle n'est pas mal du tout. Bien sûr, il faut aimer. Il faut s'abandonner et rêver d'une promenade matinale sous la tonnelle où le jasmin, les roses blanches, les pivoines et les citronniers sont en fleurs. Il faut aimer l'esprit fin qui s'en dégage au palais et qui dévoile une tension aromatique vive, pointue, d'une transparence inouïe. Mais ce qui surprend, c'est l'harmonie de l'ensemble, comme si des ballerines défilaient gracieusement devant vous sur des airs de Tchaïkovski. Intéressant comme mise en scène. Surtout, on a su éviter la surenchère d'alcool qui aurait chauffé et alourdi le vin de façon disgracieuse. Seul bémol : si elle démarre en trombe, la finale coupe rapidement, mais elle le fait en laissant le palais frais et dispos. La dernière bouteille dégustée avec des sushis s'est éclusée en un temps record. À vous de danser maintenant !

Cépage

malvasia

Vous avez aimé ce vin ? Vous pourriez aimer aussi :
Chardonnay Clos du Bois North Coast 2010, Clos du Bois Winery, États-Unis
(18,95 $ – 11768568)

Amour ● **CT** ● **Rond**

BLANC

20,40 $

Clos de la Chaise Dieu 2010, Château Philippe-le-Hardi

France / Bourgogne – bourgogne-hautes-côtes-de-beaune

CODE SAQ : 869784

Je dois vous avouer que les vins de cette maison ne m'excitent pas toujours. Conventionnels, ils manquent de personnalité. Mais comme les préjugés ne sont valables que si on les laisse au vestiaire, et la dégustation de ce blanc sec s'est révélée une belle surprise dans ce millésime, qui se rapproche, en raison de sa subtile tension interne, d'un bon chablis. Il a toutefois ce petit quelque chose de beaunois qui le rend immédiatement moins austère, plus accrocheur. La robe dorée pâle invite déjà à des arômes nets et délicats de pomme, de poire et de pêche nuancés par une fine touche de vanille, alors que la bouche, droite et bien nette, s'active avec finesse, ténacité et clarté, de manière à rendre encore une fois le meilleur du fruit. Avec équilibre et longueur. Une bouteille qui se révélera pleinement à l'apéro comme avec une entrée de feuilleté aux champignons sauce à la crème ou encore un poisson fin.

Cépage

chardonnay

Vous avez aimé ce vin ? Vous pourriez aimer aussi :
Blason de Bourgogne 2010, mâcon-villages, Les Vignerons des Grandes Vignes, France (15,75 $ – 10667423)

Copain ● **CT** ● **Rond**

Bourgogne Couvent des Jacobins 2010, Louis Jadot

21,70 $

France / Bourgogne

CODE SAQ : 10264915

Avec le Saint-Véran Combe aux Jacques 2011 (19,20 $ – 597591) et le Beaujolais blanc Clos de Loyse 2010 (19,50 $ – 11094399), cette maison de négoce livre des blancs fiables dont le style, particulièrement épuré et rigoureux, ne déçoit jamais les amateurs de « vrais » bourgognes. Celui-ci ne fait pas exception avec cette tenue qui fait penser à un chablis plutôt qu'à un vin du Mâconnais tant la finition est nette, précise, presque minérale. Peut-être aussi plus « serré » que le 2009, au profil plus épanoui, ce blanc sec ne livre pas encore son plein potentiel, préférant demeurer en retrait, histoire de mieux rebondir dans les 6 ou 12 prochains mois. Encore une fois, maturité du fruité, tonus, équilibre et franchise, sans notion boisée apparente. Un bon blanc à siroter à l'apéro ou avec un fromage comme L'Ami du Chambertin ou, pourquoi pas, un langres en fin de repas.

Cépage

chardonnay

Vous avez aimé ce vin ? Vous pourriez aimer aussi :
Chardonnay Jurassique 2010, bourgogne, Jean-Marc Brocard, France (20,20 $ – 11459087)

Quotidien ● CT ● Rond

BLANC

23,50 $

Chablis La Vigne de la Reine, Château de Maligny 2011, Jean Durup & Fils SA

France / Bourgogne – chablis

CODE SAQ : 560763

Le bouche-à-oreille a eu un effet redoutable au début de l'été 2012 : le millésime 2010 de cette cuvée toujours bien soignée disparaissait des tablettes avec une rare vélocité. S'il en reste encore au moment où vous lisez ces lignes, achetez-en quelques bouteilles et comparez-le avec ce 2011 tout juste arrivé. Les deux vins sont admirables, pour différentes raisons, même si le 2010 fait preuve d'une harmonie parfaite. Quant au 2011, il m'a paru un rien plus léger, mais tout aussi équilibré, avec son fruité éclatant de pomme fraîche, doublé d'une trace citronnée qui le met en selle sur une trame minérale particulière liée au lieu-dit « Vigne de la Reine ». C'est d'ailleurs ici que le chardonnay parvient, bon an, mal an, à une maturité complète, porté en cela par l'équipe du Château de Maligny qui en fait son fer de lance. Un grand classique, aussi brillant que friand, sans la moindre trace de boisé. Sole, turbot, lotte au safran ou crustacés sympatiques, tout lui va à merveille.

Cépage

chardonnay

Vous avez aimé ce vin ? Vous pourriez aimer aussi : **Chablis Les Champs Royaux 2011, William Fèvre, France** (20,85 $ – 276436)

Amour ● MT ● Rond

LES ROUGES

Comment aimez-vous votre rouge? Plein, rond, fruité, un rien sexy peut-être... Sans doute avez-vous déjà bu un vin de Michel Rolland, et pas seulement son Château Le Bon Pasteur, du côté de Pomerol. Il y a un «goût» Rolland. Le style, accessible, charmeur et gourmand, s'est d'ailleurs généralisé aux quatre coins du monde.

Voici ce qu'on dit de lui sur Wikipédia: «Très présent dans le monde du vin de Bordeaux, et plus particulièrement à Pomerol, Michel Rolland est également très médiatique. Il possède plusieurs domaines dans le Bordelais, mais aussi des liens commerciaux avec des producteurs de vin à travers le monde. Il est le chantre de la micro-oxygénation du vin lors de la vinification, technique qu'il applique aux domaines dont il a la charge. Il apparaît dans le film *Mondovino* du réalisateur américain Jonathan Nossiter, où il est présenté et dénoncé comme un des grands régisseurs de la standardisation des vins, autant économique que culturelle, avec une évolution vers un standard de goût international. Le film met en évidence ses liens avec Robert Mondavi et le journaliste Robert Parker.»

Michel Rolland est bien plus que ça. Ses pairs lui reconnaissent un «nez» pour les assemblages. Il publiait cette année *Le gourou du vin* (éd. Glénat), un ouvrage qui explique un parcours qui l'étonne lui-même encore aujourd'hui. Né en 1947 dans le Libournais, il a plus tard suivi les cours du célèbre professeur Émile Peynaud, qui, avec Jean Ribérau-Gayon, allait faire place nette en matière d'œnologie à Bordeaux à la fin des années 1950 et au début des années 1960. En donnant un nouveau visage aux vins, Michel Rolland ne soupçonnait pas encore l'impact de ses propres pratiques œnologiques. Dans son bouquin, l'homme règle bien sûr quelques comptes avec ses pourfendeurs, qui lui reprochent de « rollandiser » les vins, tout comme Émile Peynaud à son époque les avait « peynaudisés » en jouant plus sur la forme et le look que sur le contenu. Je vous invite à lire le livre de Michel Rolland afin de découvrir plus intimement ce grand monsieur, pour qui j'éprouve respect et admiration.

Tous ces rouges dégustés pour l'édition de ce guide 2013 sont-ils inspirés de la « manière » Rolland? L'influence de l'homme est à tout le moins palpable, qu'on le veuille ou non. Les crus espagnols ou languedociens pourtant réputés pour avoir des dents ne se boivent-ils pas aujourd'hui sans afficher la moindre dose d'agressivité en jeunesse? Il y a un effet Rolland, à coup sûr. Ce style nivelle-t-il les personnalités, singularités et caractères inhérents aux parcelles, lieux-dits, terroirs et autres appellations de ces vins? Avec l'expérience, force est de constater que, au final, le caractère d'un bon vin, où qu'il soit, triomphe. Que le terroir reprend ses droits sur le mode de vinification. C'est ce que je vous propose encore cette année : des vins inspirés, qui ont de la gueule et qui vous le font savoir ! ●

HISTOIRE DE FAMILLE

Philippe Guigal
E. Guigal

Voilà plus de 30 ans que vous voyez dans les succursales de la SAQ les mêmes étiquettes sur les bouteilles de côtes-du-rhône de la maison E. Guigal. En fait, les étiquettes changent, mais si imperceptiblement qu'on a l'impression qu'elles demeurent les mêmes. C'est que chez les Guigal, voyez-vous, on a le changement frileux.

Cela ne veut pas dire que les Guigal soient figés, loin de là. Depuis 1946, avec le grand-père, Étienne, auquel succédera Marcel, puis aujourd'hui son fils Philippe, papa de jumeaux depuis deux ans, le changement s'effectue en douceur. Lorsque je l'ai rencontré au cours de la dernière édition de Montréal Passion Vin, j'ai senti chez le jeune œnologue l'assurance tranquille de celui qui poursuit l'aventure familiale sans dévier d'une molécule, mais aussi le désir d'y mettre subtilement sa touche, mélange de sobriété, de rigueur et de continuité.

Philippe Guigal a eu l'enfance heureuse. Rapidement, il délaissera l'écran du téléviseur pour suivre son grand-père Étienne, qui prendra l'habitude de l'emmener en cave, mais surtout d'aller voir « sa » vigne, parmi les 62 hectares qui constituent aujourd'hui le patrimoine vinicole. La vigne en question ? Une merveilleuse parcelle appelée La Landonne, en appellation côte-rôtie, dont les pentes de près de 45 degrés lui donnent du ressort dans le mollet. Puis, en cave, « pépé » fera voyager son petit-fils, pipette à la main, de fût en fût, histoire de le familiariser avec les subtilités inhérentes aux nombreux crus maison et peut-être, aussi, de l'amener à saisir ce fameux « goût Guigal », cette signature singulière appliquée tant sur l'élevage que sur l'assemblage. À 13 ans, Philippe savait déjà qu'il voulait faire du vin.

> « *Plus on déguste, plus on s'aperçoit qu'on ne sait pas. Le vin est avant tout un investissement émotionnel.* »

La suite s'impose d'elle-même. S'il gagne ses galons d'œnologue en 1997, c'est au contact de son père, Marcel, qu'il saisit le sens du travail bien fait, minutieusement, en s'appliquant sur chacun des maillons de la production, qu'il s'agisse de l'achat de raisins chez les vignerons (qui livrent les meilleurs lots aux Guigal en sachant pertinemment que ces derniers valoriseront leur production), en passant par le travail à la vigne, jusqu'à « l'épreuve » de la dégustation où, ensemble, ils passent en revue pas loin d'une centaine d'échantillons tous les jours. Ici, très tôt le matin, on bosse. Il n'est d'ailleurs pas rare que Marcel, au bureau dès 6 h 15, lancera à fiston pour le taquiner : « Philippe, tu es en retard ! »

Qu'est-ce qui fait que les côte-rôtie, hermitage, crozes-hermitage, tavel, châteauneuf-du-pape,

201

condrieu et autres saint-joseph, gigondas et cô-tes-du-rhône possèdent cette patine particulière, cette sève si sensuelle, cette propreté dans le fruit toujours si subtilement sublimée par des boisés appropriés ? Une matière première impeccable et la maîtrise de l'art subtil de l'assemblage, bien sûr, mais surtout l'intuition fine que chacun des vins trouve sa « respiration » sous le couvert des douelles. Les fûts, fabriqués depuis 2003 au château d'Ampuis, propriété des Guigal – on y fabrique 18 pièces par semaine en moyenne, soit 800 annuellement, pour un parc actuel dans les caves Guigal de 5 000 pièces –, deviennent eux-mêmes une signature.

Le père et le fils désirent pérenniser ce goût distinctif en lui assurant une constance de lot en lot, de bouteille en bouteille, une continuité qui jamais ne fait ombrage aux personnalités des terroirs, mais en magnifie au contraire l'expression ultime. « Plus on déguste, plus on s'aperçoit qu'on ne sait pas. Le vin est avant tout un investissement émotionnel », lancera modestement Philippe en me quittant. Débouchez une bouteille de côtes-du-rhône, par exemple. Il ne viendrait pas à l'idée de Marcel et de Philippe de vous priver de l'investissement émotionnel qui s'y trouve, surtout que la signature E. Guigal est imprimée sur l'étiquette. C'est d'autant plus vrai que chez les Guigal, comme je vous le disais, on a le changement frileux...

ROUGE

Herdade Das Albernoas 2010, Sociedade Agricola Encosta Guadiana

9,05 $

Portugal / Alentejo

CODE SAQ : 10803051

Le vin le moins cher du *Guide Aubry 2013* ! C'est le type de candidat toujours recherché : pas cher et bon. Les fines bouches argumenteront qu'il s'agit tout juste d'une piquette sans classe. Je répondrai qu'elles sont des deux de pique qui ne savent pas s'amuser. Allez, c'est bon ! On nous sert un dépaysement de première, avec ces cépages obscurs du centre du Portugal, qui en mènent large sur le plan des saveurs, avec une insistance épicée, une texture bien serrée, une fraîcheur, mais surtout une remarquable amertume qui évoque la torsade de réglisse noire de notre enfance. Du moins la mienne ! L'ensemble est homogène, a du corps sans en avoir l'air, de la vinosité et une longue finale qui, à ce prix, étonne. Le tout sans boisé apparent. Le millésime 2011 est exactement dans la même veine. Servez-le autour de 15 °C avec un tajine ou un couscous, des brochettes de bœuf mariné ou un fromage manchego.

Cépages

aragonez, trincadeira, castelão

Vous avez aimé ce vin ? Vous pourriez aimer aussi :
Chaminé 2011, Casa Agricola Cortes de Cima, Portugal (14,55 $ – 10403410)

Quotidien ● CT ● Musclé

ROUGE

10,80 $

Domaine de Moulines 2009, Saumade & Fils

France / Languedoc-Roussillon – vin de pays de l'hérault

CODE SAQ : 620617

Bon, ce n'est pas du Petrus, et ça ne prétend pas ressembler à du Petrus. Mais c'est quand même du merlot, du bon merlot. Chez les Saumade, le merlot est zen. Rien de compliqué, plutôt une démarche vers l'essentiel. Faut dire que le prix est aussi très zen. On a décidé ici de préserver, mais aussi d'amplifier ce que ce cépage pouvait traduire dans le terroir où il est enraciné, de lui donner les coudées franches, par exemple sur le plan de la densité, et de le laisser être ce qu'il est et non ce qu'il devrait être. Résultat : nous sommes devant un sacré bon verre de vin. Pas de complexité, mais il est diablement attachant. La robe est juvénile et soutenue, les arômes sont simples, d'une exquise franchise, et les saveurs fondent au palais comme du beurre dans un poêlon chaud, avec des tannins frais et un glissant savoureux qui perdure un petit moment. Bref, LE rouge à servir (autour de 15 °C) avec votre pâté chinois du lundi. Ketchup inclus.

Cépage

merlot

Vous avez aimé ce vin ? Vous pourriez aimer aussi : **Château des Tourelles Cuvée Classique 2011, costières-de-nîmes, GFA de Forton, France** (13,30 $ – 387035)

Copain ● CT ● Rond

ROUGE

Rapsani 2009, Evangelos Tsantali SA

11,25 $

Grèce / Thessalia – rapsani

CODE SAQ : 590836

Saluons d'abord l'excellent travail de certaines agences, comme Cava Spiliadis, associée au restaurant Milos à Montréal, ou Œnopole, car elles nous font découvrir des vins grecs qui, sans elles, seraient restés inconnus. En effet, n'en doutons plus, ce sont des vins qui valent largement le détour. Dans ce cas-ci, l'agence Vincor s'affaire du côté d'un gros joueur, capable d'assurer de bons volumes tout en fournissant une qualité plus que correcte. Surtout à ce prix. La version Réserve 2008 (17,85 $ – 741579) est sans doute plus étoffée, mais la 2009 a le mérite de livrer simplement un fruité souple, à peine nuancé de notes épicées qui la détaillent plus encore. Le corps est moyen, la fraîcheur assurée, l'ensemble homogène, et la finale est nette, même si on la souhaiterait plus consistante. Un rouge passe-partout, digeste avec la salade de poulet comme le sandwich au thon mayonnaise.

Cépages

xinomavro, krassato, stavroto

Vous avez aimé ce vin ? Vous pourriez aimer aussi :
Domaine Gerovassiliou 2007 ou 2008, vin de pays d'epanomi, Domaine Gerovassiliou, Grèce (23,95 $ – 10248931)

Quotidien ● CT ● Musclé

12,20 $

L'Orangerie de Pennautier 2011, Vignobles de Lorgeril SARL

France / Languedoc –
vin de pays de carcassonne

CODE SAQ : 605261

Bien sûr, je pourrais vous proposer les autres cuvées du domaine, soit Cabardès 2010 (13,70 $ – 560755) ou Château de Pennautier Terroirs d'altitude 2009 (17,00 $ – 914416), mais j'aime bien aussi cette cuvée toute simple, accrocheuse, immédiatement sympathique. Je me dis aussi que cette appellation, à cheval géographiquement et spirituellement entre la région atlantique, plus à l'ouest, et la région méditerranéenne, au sud, est une bénédiction des dieux. Le meilleur des deux mondes. La subtilité et la fraîcheur des cabernets, le soyeux et le parfum des syrahs et grenaches du Sud, avec, en prime, cette espèce de distinction toute paysanne. Je vous disais qu'elle était sympathique, cette cuvée ? Eh bien, j'en ferais mon quotidien avec le pâté de campagne ou le jambon-beurre, ou encore, pourquoi pas, l'onglet grillé aux échalotes caramélisées. Jolie couleur, arômes fruités francs, sans boisé, et bouche suffisamment consistante, bien fraîche, avec du relief, de l'expression, et une finale nette. Le servir autour de 15 °C pour faire plaisir à la famille Lorgeril.

Cépages

syrah, merlot, cabernet-sauvignon

Vous avez aimé ce vin ? Vous pourriez aimer aussi :
Ponant 2008 et 2009, Domaine de Magellan, France (13,80 $ – 914218)

Copain ● **CT** ● **Rond**

ROUGE

Sirius 2009, Peter A. Sichel

12,55 $

France / Bordeaux

CODE SAQ : 223537

Les clairons pourront résonner, les dîneurs pourront festoyer, les néophytes pourront s'initier, et vous, ami lecteur, pourrez en profiter : le 2009 est arrivé et coule déjà des jours heureux tant les fruités brillent avec éclat, bonheur et une bonne part de truculence. Michel Rolland est naturellement heureux avec un tel millésime ! Même en appellation régionale, les vins savent prendre de la hauteur. À preuve, ce délicieux assemblage où le merlot frotte sa rondeur à l'ensemble plus structuré d'un cabernet-sauvignon qui, encore une fois, est parvenu à une maturité idéale. Belle robe soutenue, jeune, arômes simples et tendrement fruités, à peine soulignés par un boisé qui ajoute une dimension épicée. Bouche friande mais soutenue, sans trace de dilution, tannins mûrs, frais, bien emballés. De constitution moyenne, il vibrera avec une bavette à l'échalote et même un simple sandwich. Servir autour de 15 °C. La bonne nouvelle : le superbe millésime 2010 est, d'après ce que j'ai pu en goûter, encore plus complet. À surveiller.

Cépages

merlot, cabernet-sauvignon

Vous avez aimé ce vin ? Vous pourriez aimer aussi : **Château Pelan Bellevue 2006, bordeaux-côtes-de-francs, GFA Régis et Sébastien Moro, France** (16,25 $ – 10771407)

Quotidien ● CT ● Rond

ROUGE

12,75 $

Altano 2009, Symington Family Estates Vinhos LDA

Portugal / Douro

CODE SAQ : 579862

Depuis le superbe millésime 2007, cet Altano semble avoir pris du galon. Il est en quelque sorte la synthèse de ce qu'il y a de meilleur dans le Douro, à un prix qui permet de se faire des amis portugais pour la vie. Une synthèse, donc, des cépages locaux, récoltés à même les vignobles du domaine Symington, dont le style, moderne, permet à ces mêmes cépages de bien s'exprimer grâce à une vinification qui n'est jamais trop appuyée ni oppressive, ouvrant du coup une perspective sur ce formidable terroir du Douro. J'aime ce rouge sec, de constitution moyenne, bien frais, avec ses tannins fondus, presque soyeux, formant un volume sphérique qui ne manque ni de charme ni de longueur. C'est simple, oui, mais diablement accrocheur aussi. Poussez la découverte avec le Reserva 2008 (26,95 $ – 10370814) de la même maison, avec un steak au poivre goûteux.

Cépages

touriga franca, tinta roriz

Vous avez aimé ce vin ? Vous pourriez aimer aussi :
Quinta das Caldas 2010, Domingos Alves de Sousa, Portugal (13,40 $ – 10865227)

Copain ● **CT** ● **Musclé**

ROUGE

Casale Vechhio 2011, Farnese Vini SRL

13,00 $

Italie / Abruzzes – montepulciano-d'abruzzo

CODE SAQ : 10921276

Ne vous attendez pas ici à la dentelle d'un chambolle-musigny ou au soyeux d'une syrah de Côte-Rôtie. Ce n'est pas le genre de la maison. Cependant, vous pourriez être tenté de mordre à pleines dents dans cette belle masse de fruit qui semble souffrir d'embonpoint, mais qui s'affiche sans complexe. Pas nécessairement nuancé, voilà tout de même un solide rouge bien coloré qui donne l'impression de savourer le jus à la sortie du pressoir, un jus frais, passablement tannique, bien intégré à une structure agile, souple, flexible, sans la moindre aspérité. Une performance sur le plan technique, qui aurait été inconcevable il y a quelques années à peine. En gros, un vin homogène qui connaît ses limites et qui a tout mis en œuvre pour aller au bout de ses capacités fruitées tout en demeurant digeste. Un rouge à servir rafraîchi accompagné d'une lasagne, de tortellinis au fromage ou encore d'un foie de veau sauté aux oignons, câpres et tomates.

Cépage

montepulciano

Vous avez aimé ce vin ? Vous pourriez aimer aussi :
Masciarelli 2010, montepulciano-d'abruzzo, Azienda Agricola Masciarelli, Italie
(15,20 $ – 10863774)

Quotidien ● CT ● Solide

ROUGE

13,30 $

Il Brecciarolo 2009, Velenosi SRL

Italie / Les Marches – rosso piceno

CODE SAQ : 10542647

Vous ne pensiez pas que je passerais sous silence ce juteux d'entre les juteux, qui fait les beaux jours de plats simples et rustiques comme le ragoût de porc sauce tomate et olives ? Sans doute le destinez-vous à vos soirées moroses du lundi, vous remémorant les rouges dégustés pendant vos vacances d'été en Italie, des rouges au goût de soleil et de folies douces, des rouges qui illustrent mieux que sur une carte routière les chemins du plaisir. Le vin n'est pas compliqué, mais il a un grain de peau séduisant sous la dent, une ambition fruitée vive et des tannins serrés qui livrent doucement de l'amertume en finale. Faut dire que les compères montepulciano et sangiovese sont ici comme deux larrons en foire. Le premier donne l'impression de parler la bouche pleine tant il est généreux, alors que le second, agile et dégourdi, lui donne le souffle nécessaire pour lui permettre de mieux articuler. Ce qu'il réussit ! À ce prix, on ne peut que se faire des amis.

Cépages

montepulciano, sangiovese

Vous avez aimé ce vin ? Vous pourriez aimer aussi :
Burchino 2009, chianti superiore, Castellani SPA, Italie (16,60 $ – 741272)

Quotidien ● CT ● Solide

ROUGE

Shiraz Reserve 2011, Graffigna Centenario

13,95 $

Argentine / San Juan

CODE SAQ: 11675505

Si le Malbec de la maison (13,95 $ – 11557453) n'est pas piqué des hannetons, convenons que cette syrah, bien qu'« universelle » dans le ton, pour ne pas dire dans le style, est particulièrement convaincante. Bien maligne la personne qui pourra en donner rapidement l'origine au cours d'une dégustation à l'aveugle, même si l'option « Nouveau Monde » s'impose d'office. Cela dit, l'inscription de cette cuvée dans ce guide est sans doute une exception, en raison de son caractère plus « universel », mais voilà, le vin est savoureux, équilibré aussi, malgré son degré élevé d'alcool. Robe profonde et juvénile, nuances franches où le fruité est roi, bouche corsée d'un bon volume tapissée de tannins abondants qui savent se faire aimer. La finale nette et droite témoigne de la qualité des approvisionnements en baies et d'une vinification maîtrisée. Superbe avec les saucisses de porc ou les tacos. Servir autour de 15 °C.

Cépage

syrah

Vous avez aimé ce vin ? Vous pourriez aimer aussi :
Malbec Flechas de Los Andes 2009, Baron Philippe de Rothschild SA, Argentine (21,70 $ – 10689876)

Quotidien ● CT ● Rond

13,95 $

Clos La Coutale 2010, V. Bernède & Fils

France / Sud-Ouest – cahors

CODE SAQ : 857177

Absent des guides précédents, ce rouge de Philippe Bernède étonne cette année, même s'il a été à deux doigts d'être supplanté par le Pigmentum 2010, de Georges Vigouroux (14,40 $ – 10754412). Nous sommes presque devant un cahors «de soif» tant les tannins mûrs et ronds glissent sans anicroche au palais. Visiblement, Bernède s'est surpassé. Au fil des millésimes, ce vigneron consciencieux a développé son style, amadouant la «bête» sans pour autant lui faire tout à fait rentrer les griffes. Car du cahors, c'est du cahors, et ça ne doit pas goûter du beaujolais! Ce vin a même ce petit quelque chose que d'autres malbecs, argentins ceux-là, n'ont pas: une profondeur qui ajoute du relief, ce que ne peuvent encore prétendre la plupart des malbecs de l'hémisphère Sud. En gros, ce rouge est coloré comme il se doit, bien net, corsé, plein, doté d'une épaisseur qu'une franche acidité allège et ventile. Il s'est pleinement révélé avec un tajine de porc aux pruneaux et abricots séchés. Miam.

Cépages

malbec, merlot

Vous avez aimé ce vin? Vous pourriez aimer aussi: **Château Lamartine Cuvée Particulière 2009, cahors, Gayraud et Fils, France** (20,85 $ – 862904)

Quotidien ● **CT** ● **Musclé**

ROUGE

Lo Sang del Païs 2011, Domaine du Cros

14,10 $

France / Sud-Ouest – marcillac

CODE SAQ : 743377

Si ce vin n'existait pas, il faudrait l'inventer ! Pas tout à fait un gamay ni tout à fait un malbec, et pourtant il en suggère le profil, au nez comme en bouche. Par son caractère aromatique, très fruits frais, accrocheur, puis sa sève riche mais jamais lourde, elle aussi axée sur le fruit, où s'ajoutent des notes poivrées. Nous sommes bien sûr dans le sud-ouest, pays de victuailles et de contrastes où truffes et cochonnailles se marient à merveille avec la structure des vins. Curieusement, ce vin à la robe violine dans sa jeunesse offre beaucoup de mâche sans que les tannins ne lassent ; quoique substantiels, ceux-ci restent frais. Si ce cépage a fait la réputation des vins de Madiran, de Gaillac et de l'Aveyron, c'est du côté de Marcillac, au domaine du Cros, qu'il excelle, millésime après millésime. Le servir autour de 14 °C est une bonne excuse pour sortir le saucisson sec.

Cépage

fer servadou

Vous avez aimé ce vin ? Vous pourriez aimer aussi :
Cuvée Lairis 2011, marcillac, Jean-Luc Matha, France (16,15 $ – 10217406)

Copain ● CT ● Élancé

ROUGE

14,25 $

Monasterio de Las Vinas Reserva 2006, Grandes Vinhos Y Vinedos SA

Espagne / Aragon – carinena

CODE SAQ : 854422

Les champions du meilleur rapport qualité-plaisir-authenticité-prix continuent sur une lancée avec laquelle peu de concurrents, hormis peut-être quelques-uns du Languedoc, peuvent rivaliser. Avec la version Crianza 2008 (11,20 $ – 539528) et Reserva 2004 (18,45 $ – 10359156), cette maison livre exactement ce que le consommateur souhaite retrouver dans une bouteille de vin, à savoir du fruit, de la complexité, du caractère et un prix doux. Cet assemblage judicieux prouve qu'en misant sur ses forces, soit les meilleurs cépages plantés aux bons endroits, on atteint une cohérence enviable. La robe est soutenue, encore d'une belle jeunesse, alors que les arômes francs de cerise et d'épices assurent la suite avec une part de séduction non négligeable. Suivent des saveurs fraîches et bien serrées, encore une fois axées sur le fruit, le tout se terminant sur une note végétale de tabac frais qui, couplée avec une paella, gagnera en sucrosité. Un régal, vraiment.

Cépages

grenache, tempranillo, carignan

Vous avez aimé ce vin ? Vous pourriez aimer aussi :
Baron de Ley Reserva 2007, rioja, Baron de Ley, Espagne (20,20 $ – 868729)

Copain ● **CT** ● **Solide**

ROUGE

La Ciboise 2011, M. Chapoutier

14,35 $

France /
Vallée du Rhône – lubéron

CODE SAQ: 11374382

Michel Chapoutier est un apôtre qui transmet un message simple : il est « fou de la vie ». De cette vie organique qui transite inévitablement vers le spirituel et qu'il se fait un devoir d'insuffler. Ou, mieux, il facilite les connexions entre les réseaux, entre le sous-sol et le verre. Rencontré en début d'année alors qu'il passait rapidement au Québec, l'homme n'avait rien à prouver, car ses vins parlent d'eux-mêmes. Que ce soit le côtes-du-rhône Belleruche 2009 (17,75 $ – 476846), au fruité croquant, le superbe crozes-hermitage Les Meysonniers 2009 (26,55 $ – 10259876), qui révèle discrètement une syrah bien corsetée par le minéral, ou encore le châteauneuf-du-pape La Bernardine 2008 (49,75 $ – 10259868), détaillé et profond. Pour La Ciboise, en Lubéron, on entend la vie sourdre du verre, avec bonheur, fraîcheur, consistance, comme si on était sur place. Pas mal avec une aubergine farcie de chair à saucisses, assaisonnée de thym et de romarin.

Cépages

grenache, syrah

Vous avez aimé ce vin ? Vous pourriez aimer aussi :
Château Mont-Redon 2010, lirac, SA Château Mont-Redon, France (20,95 $ – 11293970)

Copain ● CT ● Rond

ROUGE

14,35 $

Syrah Finca Antigua 2010, Finca Valpiedra SA

Espagne / Castilla-La Mancha

CODE SAQ : 10498121

Il y a 20 ans, j'ai effectué une visite à la Finca Valpiedra, propriété de la maison familiale Martinez Bujanda, dans la Rioja. J'avais été séduit par la cohésion de ses activités, à la vigne comme au chai. La philosophie de la maison et, surtout, la qualité des vins m'avaient alors convaincu que l'entreprise avait vraiment les deux pieds dans le XXIe siècle. Depuis, je déguste ces vins avec un plaisir qui ne se dément pas, qu'il s'agisse, en appellation rioja, du tout simple mais succulent Vina Bujanda Crianza 2009 (15,00 $ – 11557509), du soyeux Conde de Valdemar Reserva 2005 (21,25 $ – 882761), du racé Finca Valpiedra Reserva 2004 (38,25 $ – 11427245) ou encore du petit frère de cette syrah, le Garnacha 2010 (13,90 $ – 11254225). Le mot d'ordre pour celui-ci : du fruit, bien net. Et vendu à bon prix. Servie à peine rafraîchie avec un sauté de porc aux olives, cette riche et puissante syrah a fait monter les enchères un peu plus.

Cépage

syrah

Vous avez aimé ce vin ? Vous pourriez aimer aussi :
La Garnotte 2011, corbières, SARL Jean-Noël Bousquet, France (13,40 $ – 11374411)

Quotidien ● CT ● Rond

ROUGE

Laguna de la Nava Gran Reserva 2006, Bodegas Navarro Lopez SL

14,40 $

Espagne / Castilla-La Mancha – valdepenas

CODE SAQ : 902965

J'ai longuement hésité à vous proposer cette cuvée plutôt qu'une autre produite par la même maison, soit le tempranillo Laguna de la Nava Reserva 2006 (12,95 $ – 902973), dont le fruité exemplaire et un plus faible degré d'alcool en faisaient aussi un bon candidat pour ce guide. Lorsque j'ai dégusté les deux en parallèle, ainsi que d'autres vins inscrits dans la même catégorie, ce Gran Reserva m'a semblé, surtout à ce prix, d'une pertinence rare. Comment font les Espagnols pour en arriver là ? Une combinaison de facteurs, sans doute, dont un coût de production moindre, et un élevage qui patine des vins pouvant supporter la manœuvre tout en conférant au final une complexité fort louable. Bien sûr, cette cuvée est à maturité, mais pas desséchée pour autant avec ce profil de fleurs fanées, d'épices, de bois et de réglisse, sur une bouche de corps moyen. L'ensemble est très frais. Offrez-lui une volaille comme un poulet rôti ou, mieux, une pintade ou du canard pour les dimanches.

Cépages

grenache, tempranillo

Vous avez aimé ce vin ? Vous pourriez aimer aussi :
Juan Gil Vieilles vignes 2011, jumilla, Bodegas Hijos Juan Gil SL, Espagne (14,30 $ – 10858086)

Copain ● CT ● Musclé

ROUGE

14,85 $

Château Montauriol 2011, Catherine et Nicolas Gelis

France / Sud-Ouest – fronton

CODE SAQ : 914127

Qu'est-ce qui fait la beauté des vins français ? Souvent une simplicité d'expression et l'équilibre, un côté paysan qui s'assume tout en affichant une gueule honnête, en qui on peut avoir confiance. C'est toujours ce que propose ce vin où le cépage négrette prend ses aises avec beaucoup de candeur, de bonhommie et d'originalité. Pas compliqué pour deux sous, il a tout de même besoin du cabernet-sauvignon pour lui donner un peu plus de prestance et de sérieux, et de syrah pour lancer la musique et assurer la fête. Il révèle une intensité aromatique où le floral se dispute avec l'épicé et le fumé. Sa bouche, radieuse et coulante, joue le fruité à fond la caisse. L'ensemble, plutôt léger et de belle vivacité, s'accrochera à vos charcuteries et à vos fromages à pâte semi-ferme à croûte lavée de type Oka, pour rigoler plus encore. À ne pas rater : la Cuvée Mons Aureolus 2011 (19,90 $ – 851295), à la texture fruitée plus grasse.

Cépages

négrette, cabernet-sauvignon, syrah

Vous avez aimé ce vin ? Vous pourriez aimer aussi : **Château Bellevue La Forêt 2007 et 2008, côte-du-frontonnais, SCEA Château Bellevue la Forêt, France** (13,60 $ – 198085)

Quotidien ● CT ● Élancé

ROUGE

Domaine de Petit Roubié 2010, EARL Les Domaines de Petit Roubié

14,85 $

France / Pays d'Oc – vin de pays de l'hérault

CODE SAQ : 11703502

Dégustée aux côtés d'une batterie de syrahs de cette catégorie, cette cuvée, issue de l'agriculture biologique et vinifiée par la famille Azan, est sortie du lot avec une bonne tête d'avance. Pourtant, rien ne la destinait à rivaliser avec ses consœurs, souvent plus musclées, plus boisées, plus enrobées, qui, grâce à des fermentations semi-carboniques, séduisent immédiatement, à défaut de proposer une réelle profondeur en bouche. Ce que j'ai tout de suite aimé dans ce vin, c'est son nez tout simple, tout frais, « naturellement » orienté vers le fruité de la syrah, ce qui le rapproche d'un bon crozes-hermitage, produit plus au nord, sans en avoir toutefois la complexité. Du croquant, de la vivacité, une espèce de « vérité » fruitée, une expression brute et lumineuse à la fois, fière mais pas orgueilleuse, simple et attachante. Un vin du lundi soir, qui a le mérite d'être rigolo ! Ce rouge paysan aimera sincèrement votre ragoût de boulettes et votre tourtière.

Cépage

syrah

Vous avez aimé ce vin ? Vous pourriez aimer aussi :
Syrah Le Jaja de Jau 2011, vin de pays d'oc, Vignobles Jean et Bernard Dauré, France
(12,60 $ – 11073361)

Copain ● CT ● Rond

ROUGE

15,00 $

Domaine Labranche Laffont 2009, EARL Christine Dupuy

France / Sud-Ouest – madiran

CODE SAQ : 919100

Regardez-moi ce beau travail ! Plus que du travail, c'est de la joie de vivre en bouteilles, offerte généreusement par une Christine Dupuy visiblement contente de nous en faire boire de toutes les couleurs. Bien sûr, ce rouge a gagné en ampleur et en muscula-ture, mais n'a pas pour autant laissé tomber cette impressionnante fraîcheur qui lui colle à la peau comme un moustique en mal de chair tendre par un soir d'été. Le plus beau, c'est que le prix n'a pratiquement pas chan-gé depuis cinq ans, contrairement aux haus-ses d'Hydro-Québec tous les six mois... Voilà un madiran comme je l'aime, bien foncé, très personnalisé avec un fruité profond aussi épanoui qu'éclatant, une ligne claire qui en constitue le cœur et qui vibre longue-ment, avec harmonie jusqu'en finale. Je vous défie de trouver mieux dans cette ca-tégorie ! Pensez ici à un ragoût ou à un chili relevé. Histoire de « liquider » les tannins du rouge sur les fromages, le Pacherenc du Vic Bilh Blanc 2010 de la maison est superbe (18,75 $ – 11556215).

Cépages

tannat, cabernet-sauvignon, cabernet franc

Vous avez aimé ce vin ? Vous pourriez aimer aussi :
**Domaine de Poujo 2008, madiran,
Georges Vigouroux, France** (18,40 $ – 962621)

Copain ● MT ● Solide

ROUGE

Vega Ibor 2007, Bodegas Real SL

15,00 $

Espagne / Castilla-La Mancha

CODE SAQ: 11676647

Le cépage tempranillo est à l'Espagne ce que le gruyère est à la Suisse ou le cidre de glace au Québec : incontournable. Il fait partie du décor, comme une référence culturelle. Appelé ull de Llebre en Catalogne, cencibel dans La Mancha, tinto fino en Ribera del Duero, tinto de la Rioja, tinta del país ou encore tinta de toro, quand il ne s'appelle pas aragonez ou tinta roriz au Portugal, ce grand cépage donne l'illusion d'être à cheval entre un pinot noir pour sa texture et un cabernet-sauvignon pour sa fraîcheur et sa structure élégante. Bon nombre de maisons lui font confiance et s'efforcent de mettre le fruité au premier plan. Ici, la masse fruitée est soutenue et de belle densité, mais elle est surtout animée d'une extraordinaire vitalité qui a pour effet d'affirmer le relief tout en prolongeant la finale. Un rouge d'une belle finesse, dont les sucs sauront monter à l'assaut d'une viande braisée et lui donneront un profil plus fruité encore.

Cépage

tempranillo

Vous avez aimé ce vin ? Vous pourriez aimer aussi :
Muga Reserva 2008, rioja, Bodegas Muga SA, Espagne (22,45 $ – 855007)

Copain ● CT ● Musclé

ROUGE

15,10 $

Honoro Vera Garnacha 2011, Bodegas Atteca SL

Espagne / Aragon – catalayud

CODE SAQ: 11462382

Ils font forts, ces Espagnols! Au sud de la Rioja, à l'est de la Ribera del Duero, au nord de La Mancha, et touchant l'appellation Carinena, les hauteurs de Catalayud se prêtent admirablement bien au grenache, qui trouve ici une expression particulièrement engageante. Oui, ils font forts, ces Espagnols, car ils savent offrir, au-delà de l'habillage habile et bien léché de la bouteille, un vin qui a toujours de la gueule et qui régale à peu de frais. Ce vin est moins cher que les italiens de la même catégorie: un atout majeur dans un univers où la compétition est rude et les parts de marché difficiles à tailler. L'Espagne a aussi une force qui s'appelle grenache, ici vinifié en monocépage. Cette maison en tire une sève fruitée, immédiatement conquérante, aussi facile d'accès que juteuse et gourmande. Robe moyenne et arômes soutenus, jouant sur la prune, le poivre et la réglisse, sur des saveurs veloutées, fraîches, mais jamais trop puissantes malgré le degré d'alcool élevé. Porc ou poulet aux olives et chorizo.

Cépage

grenache

Vous avez aimé ce vin? Vous pourriez aimer aussi:
Atteca Vieilles vignes 2010, Bodegas Atteca SL, Espagne (20,75 $ – 10856873)

Quotidien ● **MT** ● **Rond**

Mas Collet 2009, Capçanes

Espagne / Catalogne – montsant

15,25 $

CODE SAQ: 642538

Plantons le décor. Nous sommes à la pointe nord-est de l'Espagne, avec ce goût prononcé du tout proche Roussillon français. Nous sommes aussi en altitude avec, comme effet immédiat, une découpe sur le plan aromatique qui justifie déjà la précision, la fraîcheur et une exquise palatabilité malgré la puissance de l'ensemble. Ce vin est moderne, c'est vrai, mais il a de la personnalité. Traité aux petits oignons au chai comme sur l'élevage en barrique, qui se veut présent mais discret, il offre une bonne dose de tannins, mais ceux-ci savent rapidement se faire oublier en raison d'une vinification particulièrement bien menée. L'appellation montsant me rappelle, par la composition des cépages autorisés, cette autre appellation, française celle-là, du nom de cabardès en Languedoc-Roussillon, où le climat de l'Atlantique embrasse le climat méditerranéen, où les cépages cabernets confèrent de la vivacité au vin et où les syrahs les parfument. Le contraste fraîcheur-chaleur fonctionne, ici. La finesse de ce vin cadre parfaitement avec un steak au poivre.

Cépages

grenache, tempranillo, carignan

Vous avez aimé ce vin ? Vous pourriez aimer aussi :
Nemea 2009, Driopi Classic, Domaine Tselepos, Grèce (19,15 $ – 10701311)

Copain ● **CT** ● **Solide**

ROUGE

15,30 $

Perle de Roseline 2011, Roseline Diffusion SARL

France / Rhône – côtes-de-provence

CODE SAQ : 11251761

Ce vin qui a troqué le « château » (nettement plus cher dans cette fourchette de prix) contre une cuvée « de négoce » est l'exemple même d'un positionnement de marché convoité et réussi. Une position de repli qui est de moins en moins rare sur le marché québécois (voir l'Édito, à la page 10). Pour l'instant, ce 2011 me semble plus riche que le 2010, avec un grain de texture qui ouvre sur plus de densité encore. Il fait ici la fête au mal-aimé carignan, cépage moins habitué aux conversations de salon qu'aux propos de bistrot, plus animés. Le vin, bien sec, a le mérite d'être léger sur le plan de l'alcool, sans perdre au change sur le plan de la constitution. Épices, fleurs rouges et cuir relèvent à eux seuls les notes profondes de garrigue de la région. Un beau vin de caractère, animal, fier de ses origines, frais et original, se terminant sur des tannins bien serrés où pointe l'amertume. Pensez à le servir avec une daube de veau aux herbes de Provence.

Cépages

carignan, syrah

Vous avez aimé ce vin ? Vous pourriez aimer aussi : **Sablet Château du Trignon 2007, côtes-du-rhône-villages, Vignobles du Trignon, France** (18,60 $ – 11600909)

Copain ● CT ● Solide

Château Saint-Antoine 2009, Vignobles Aubert

15,40 $

France / Bordeaux – bordeaux supérieur

CODE SAQ : 10915263

Cette année, j'ai été conquis par ce bordeaux. Il m'a rapidement ramené Quai de Paludate, à Bordeaux, dans ce bistrot où j'avais mes aises et où je découvrais, cerné par des caisses de bois s'empilant jusqu'au plafond, le meilleur du vin de Bordeaux. J'aime ce vin parce qu'il annonce ses couleurs et tient ses promesses, préférant l'harmonie et la justesse de ton aux équilibres grossiers et à l'enflure verbale. Le fait qu'il soit vinifié par une femme, la jeune œnologue de la famille, Vanessa Aubert, y est-il pour quelque chose ? Saluons la rigueur, la portée fine des expressions du merlot et du magnifique cabernet franc, qui le seconde pour mieux lui indiquer la direction à suivre, et des tannins fruités d'une superbe maturité. Un rouge savoureux, de constitution moyenne, compagnon tout indiqué du repas du dimanche midi où le rosbif s'attable. Le 2010 qui arrivera en janvier 2013 est tout aussi recommandable.

Cépages

merlot, cabernet franc

Vous avez aimé ce vin ? Vous pourriez aimer aussi :
Mouton Cadet Réserve 2010, saint-émilion, Baron Philippe de Rothschild SA, France
(19,95 $ – 11314822)

Quotidien ● CT ● Rond

ROUGE

15,50 $

Zolo 2011, Fincas Patagonicas SA

Argentine / Mendoza

CODE SAQ : 11373232

Le personnage sur l'étiquette est énigmatique ; plus près de René Magritte que de Zorro. Derrière l'étiquette, une surprise de taille, surtout que nous sommes au pays du malbec, ne l'oublions pas. Du malbec, ce cabernet-sauvignon en retient la couleur profonde et le parfum, mais quelque chose de plus sérieux s'annonce. Un trait de caractère se dessine, fier et altier comme sait l'être ce cépage qui fait la gloire des plus grands bordeaux, avec cette assurance dans la tonalité fruitée, avec ce grain tout aussi frais que serré, avec cette impression de corps et de fermeté. Pour tout vous dire, cet ajout au répertoire des produits courants donne le goût d'y revenir, encore et encore. Est-ce le fait qu'il soit issu de l'agriculture agrobiologique ou simplement parce que la confection, sobre, livre le meilleur du fruit ? Une certitude demeure : nous voilà en face d'un vin digne de régaler le sauté de bœuf et carottes, rien de moins.

Cépage

cabernet-sauvignon

Vous avez aimé ce vin ? Vous pourriez aimer aussi :
**Cabernet-sauvignon Gran Lurton 2008,
J. et F. Lurton, Argentine** (22,95 $ – 11375596)

Quotidien ● **CT** ● **Musclé**

ROUGE

Briccotondo 2010, Fontanafredda

15,75 $

Italie / Piémont

CODE SAQ: 11315024

Pour tout vous dire – parce que vous vous doutez bien que je ne vous cache rien, ce qui est parfaitement logique, sinon pourquoi achèteriez-vous ce guide ? –, bref, pour tout vous dire, j'ai dégusté ce rouge plusieurs fois tout au long de la dernière année afin de comprendre pourquoi il avait eu sa place dans le *Guide Aubry 2012*. Je me suis rendu compte chaque fois qu'il était bon. Tout bon, même. Et pas seulement avec les lasagnes fines d'un chef montréalais (dont je tairai le nom pour éviter les émeutes éventuelles). Je ne me lasse pas du fruité friand et pourtant consistant qui l'anime et le fait vibrer, sur une trame fraîche et franchement appétissante. Il y a juste assez de matière tannique, juste assez de mâche et juste assez d'ambitions pour séduire, même les plus réfractaires au cépage barbera. L'excellente version nebbiolo du Barolo 2007 (32,00 $ – 020214), de la même maison, est aussi à considérer.

Cépage

barbera

Vous avez aimé ce vin ? Vous pourriez aimer aussi : **Barbera-d'alba, Follìa 2010, Podere Castorani SRL, Italie** (14,80 $ – 10966811)

Copain ● CT ● Solide

ROUGE

16,05 $

Capitel dei Nicalo 2010, Agricola F. Ili Tedeschi SRL

Italie / Vénétie – valpolicella-classico superiore

CODE SAQ : 11028156

Le 2009 était épatant, mais pas autant que ce 2010 orchestré comme sur une partition musicale de haut niveau ! Un rouge intense et savoureux qui ne part pas dans toutes les directions, qui sait graver le sillon, approfondir la compréhension et pénétrer là où on ne pensait jamais mettre les pieds (dans ce casci, la langue). À la base, il y a les fruits, issus des meilleurs vignobles de la région, mais il y a aussi la technique dite « appassimento » (dont la maison Masi est une pionnière), qui, à la façon de la pourriture noble sur les baies de sauvignon et de sémillon à Bordeaux, confère une dimension, un relief supplémentaires. Il devient rapidement intrigant, donnant l'impression de combiner sucrosité et amertume, comme si l'une relançait l'autre dans un discours qui consiste, paradoxalement, à concentrer le tout et à l'alléger grâce à une remarquable fraîcheur. La finale est longue et homogène. Pas mal avec la paupiette de veau roulée avec prosciutto et parmesan.

Cépages

corvina, rondinella, molinara

Vous avez aimé ce vin ? Vous pourriez aimer aussi : **La Cuvée dell'Abate 2010, montepulcianod'abruzzo, Azienda Agricola Ciccio Zaccagnini, Italie** (16,95 $ – 908954)

Copain ● CT ● Musclé

ROUGE

Domaine de la Charmoise 2011, SARL Henry Marionnet

16,10 $

France / Vallée de la Loire – touraine

CODE SAQ : 329532

On a eu cette année la visite du fiston Jean-Sébastien Marionnet, avec sous le bras la « gamme » Marionnet, pharmacopée essentielle qui assure au « patient » consommateur l'élixir de jouvence dont il a de plus en plus de mal à se passer. De mon côté, j'ai visité le domaine en Sologne. Henry, la larme à l'œil, m'a montré ses cépages oubliés et ses vieilles vignes de romorantin, comme autant de pièces à conviction défiant l'histoire. Quant à ce gamay, pas de doute qu'avec ses 12 petits degrés d'alcool par volume, il est un bijou fruité plein d'éloquence, qui, depuis un bon moment déjà, régale les connaisseurs comme les jouisseurs qui veulent boire simple mais bon, diablement bon. Il présente peut-être une palette aromatique un peu plus étroite que le 2010, mais ce 2011 ouvre le bal avec netteté et légèreté, sincérité et ténacité, sans jouer la dilution. C'est tout l'art de Marionnet : harmoniser des saveurs qui tiendront sans fléchir. Un régal avec une pizza aux légumes grillés.

Cépage

gamay

Vous avez aimé ce vin ? Vous pourriez aimer aussi :
Morgon 2010, Arnaud Aucoeur, France
(21,80 $ – 11639221)

Copain ● **CT** ● **Élancé**

ROUGE

16,10 $

La Vespa 2010, Michele Chiarlo SRL

Italie / Piémont – monferrato

CODE SAQ : 11184976

Après un léger fléchissement, cet assemblage revient en grande forme, dans ce millésime. Il retrouve l'éclat qu'aime bien donner la maison à ses vins, que ce soit ses barbera-d'asti Le Orme (14,90 $ – 356105) ou encore La Court (42,75 $ – 10270872), des vins modernes qui traduisent la ligne pure et sans fard de barberas qui sont tout sauf rustiques et grossières. D'ailleurs, si vous n'affectionnez pas nécessairement ce cépage, vous trouverez ici une occasion de vous familiariser plus intimement avec ce gaillard qui, autrement, affiche souvent des acidités élevées que de légers tannins viennent aviver. Heureusement, le merlot nourrit l'ensemble en lui conférant un peu plus d'étoffe et de coulant, alors que le cabernet-sauvignon cadre le tout avec des tannins frais et, avouons-le, particulièrement savoureux. Ce sera le vin idéal pour le restaurant « apportez votre vin », comme chez Pizzeria Napoletana, rue Dante, à Montréal, où les *pennine* à la viande, le spaghetti *pescatore* ou les pizzas *formia* et *arrabbiata* lui donneront des ailes.

Cépages

barbera, cabernet-sauvignon, merlot

Vous avez aimé ce vin ? Vous pourriez aimer aussi :
Sangiovese/merlot, Love 2011, rubicone, Umberto Cesari, Italie (14,20 $ – 11766917)

Copain ● **CT** ● **Musclé**

ROUGE

Cannonau di Sardegna Riserva 2008, Sella & Mosca

16,30 $

Italie / Sardaigne – cannonau-di-sardegna

CODE SAQ : 425488

Robert Parker, vous connaissez ? Vous savez, ce critique américain en matière de vin ? Eh bien, l'homme en question a dit que ce cannonau est, et je cite : « The World's Best Wine Under $25. » Wow ! Pour ma part, je l'inscris encore dans ma liste des 100 meilleurs vins à moins de 25 $. C'est un positionnement un peu plus modeste, mais pas dénué d'intérêt non plus. Ce grenache a sa place ici parce qu'il est singulier. Cette singularité me touche et m'interpelle, j'y sens une invitation à errer sur les sols d'argile sablonneuse de ce vignoble situé au nord-ouest de la Sardaigne, endroit aride et sauvage, foulé depuis des siècles par bon nombre d'envahisseurs et de barbares qui ont eu au moins le réflexe d'y cultiver la vigne. Ce rouge a du nez, mélange de pruneau et de tabac frais, alors que la bouche offre volume et consistance, fraîcheur, en plus d'une saine et longue amertume. Une pintade ou un sauté d'aiguillettes de bœuf aux poivrons doux fera l'affaire.

Cépages

grenache (cannonau)

Vous avez aimé ce vin ? Vous pourriez aimer aussi :
Hecht & Bannier 2009, côtes-du-roussillon-villages, Gregory Hecht & François Bannier, France (23,95 $ – 11660055)

Quotidien ● CT ● Rond

ROUGE

16,30 $

Mas Las Cabes 2010, Domaine Jean Gardiés

France / Languedoc-Roussillon
– côtes-du-roussillon

CODE SAQ : 11096159

Dans la dernière édition de ce guide, la chanteuse Catherine Major éclusait ce Mas Las Cabes dans « les grandes occasions ». C'est qu'elle a du goût, la dame ! Vendu à prix d'ami et porté par le souffle de son auteur, Jean Gardiés, ce beau vin s'envole rapidement, car les amateurs veillent au grain. Avec raison. De son Roussillon natal, Gardiés fait corps avec ses vignes, les amenant à mieux se réaliser dans cette multitude de parcelles taillées pour elles. Cette cuvée, issue d'une propriété de 15 hectares achetée dans les années 1990, offre aux cépages enracinés sur des schistes décomposés une expression aussi parfumée que vigoureuse. Un sous-sol qui livre des rendements de misère et tisse une toile de fond aussi fraîche que serrée sur le plan des tannins. Toute la gamme est formidable, dont ce roussillon blanc Les Glacières 2011. S'il était accepté par la SAQ, il se vendrait presque 20 $. À surveiller : des 2011 très prometteurs ! Sauté de porc aux olives, ici.

Cépages

grenache, syrah, carignan

Vous avez aimé ce vin ? Vous pourriez aimer aussi :
Marie-Gabrielle 2009, côtes-du-roussillon, A. & B. Cazes, France (18,75 $ – 851600)

Détente ● CT ● Rond

Les Vignes de Bila-Haut 2011, M. Chapoutier

16,35 $

France / Languedoc-Roussillon – côtes-du-roussillon-villages

CODE SAQ : 11314970

Une ferveur presque dramatique liée à l'environnement sauvage de ce coin de pays vous attrape dès la première gorgée, comme une bande de copains qui vous empoigneraient par le cou après un match de foot, avant d'aller prendre une bière. Quelque chose dans ce vin tient à la fois du drame et de la camaraderie, qui commande l'écoute et la générosité mutuelles. Rencontrer Michel Chapoutier est dans cet esprit. L'homme est vivant, aussi transparent dans son discours que le sont ses cépages, qui savent s'exprimer sans intermédiaires, de la vigne jusqu'à votre verre vissé entre vos mains. La robe juvénile est profonde, les arômes sont nets, bien découpés, plus vrais que vrais, alors que le fruité en bouche interpelle franchement, pour ne pas dire carrément, mais sans ces aspérités qui génèrent de l'astringence et sont issues des vendanges en déficit de maturité. L'ensemble est d'une cohérence parfaite malgré le caractère puissant qui s'en dégage. Épaule d'agneau braisée ou, simplement, burger de bœuf ou de bison. J'ai déjà faim !

Cépages

syrah, grenache, carignan

Vous avez aimé ce vin ? Vous pourriez aimer aussi :
Château de l'Isolette 2007 et 2008, côtes-du-lubéron, EARL Luc Pinatel, France (12,80 $ – 966937)

Copain ● **CT** ● **Solide**

16,40 $

Langhe Rosso 2010, Beni di Batasiolo SPA

Italie / Piémont – langhe

CODE SAQ : 611251

Je vous aurais proposé le Barolo 2008 (28,15 $ – 10856777) de la maison, mais il excède de 3,15 $ le seuil établi dans ce guide qui rassemble des vins sous la barre des 25 $. Vous ne perdrez toutefos rien au change avec cet assemblage judicieux dont un des éléments inscrit tout de même son ADN dans la trame sophistiquée de ce langhe. Batasiolo s'affine au fil des millésimes et fait dire à quiconque se penche sur les vins piémontais que cette maison s'enracine à merveille dans le terroir local en offrant, outre un très intéressant rapport qualité-prix, une maîtrise des différents cépages utilisés. La robe s'ouvre sur des arômes floraux et anisés de belle intensité. On y sent la maturité et une touche d'élevage en fût, que vient confirmer, en bouche, de jolis tannins, serrés juste ce qu'il faut. La finale n'est pas dépourvue de longueur ni de précision. Un beau vin à servir avec un veau Paillard ou un risotto aux légumes grillés et parmesan.

Cépages

nebbiolo, barbera, dolcetto

Vous avez aimé ce vin ? Vous pourriez aimer aussi :
Taurino Reserva 2008, salice salentino, Azienda Agricola Taurino Cosimo, Italie
(15,00 $ – 411892)

Quotidien ● **CT** ● **Musclé**

ROUGE

Duas Quintas 2010, Adriano Ramos Pinto Vinhos SA

16,60 $

Portugal / Douro

CODE SAQ : 10237458

Est-ce en raison de quelques journées à ne boire que du champagne que j'étais dans des dispositions favorables pour déguster ce rouge portugais, ou était-il purement et simplement à la hauteur de l'idée que je me faisais du vin ? J'aime le champagne, oui, mais j'aime aussi un bon rouge, surtout lorsqu'il est servi avec une longe de veau aux herbes, comme cela a été le cas, le printemps dernier, au cours d'un voyage de presse en Champagne. Entrée dans le giron de la maison champenoise Roederer, des frères Jean-Claude et Frédéric Rouzaud, cette maison du Douro, qui s'approvisionne entre autres à la Quinta de Ervamoira, continue, après un délicieux 2009, d'impressionner. Une classe évidente, la maîtrise du fruit, au nez comme en bouche, des tannins fermes, mais sans plus, étoffés et bien fruités, traduisant sans peine l'écho du terroir avec sa touche minérale fine, puis un liant homogène très frais qui prolonge la finale. Un vin qui a du style, une personnalité bien distincte, et délicieux à ce prix.

Cépages

touriga nacional, touriga franca, tinta barroca

Vous avez aimé ce vin ? Vous pourriez aimer aussi :
Caldas 2010, Domingos Alves de Sousa, Portugal
(13,40 $ – 10865227)

Copain ● **CT** ● **Musclé**

ROUGE

16,70 $

Grand Terroir 2007, Gérard Bertrand

France / Languedoc-Roussillon – tautavel

CODE SAQ : 11676145

On ne présente plus Gérard Bertrand. Vous descendez de l'avion à l'aéroport Charles de Gaulle, à Paris, et voilà une photo de l'ambassadeur des vins Sud de France qui s'affiche, avec cette conviction dans les yeux qu'il se trame quelque chose de très bien près de la Méditerranée, plus au sud. Ambassadeur, oui, mais aussi entrepreneur et maître d'œuvre, à l'image de Jean-Claude Mas, des belles ressources de ce coin de pays qui ne livre désormais plus de gros rouges qui tachent. Ceux-là, on les évite… s'il en reste ! Nous n'avons pas affaire ici à un rouge de mauviette ; il est plutôt solide même, avec cette vinosité, cette puissance qui enrobent une masse de fruit imposante tout en la portant avec fraîcheur, longuement, efficacement. Un ajout très intéressant au répertoire des produits courants, mais surtout un vin fiable qui relèvera les tables gourmandes où le gibier, le ragoût ou les burgers sont à l'honneur.

Cépages

grenache, syrah, carignan

Vous avez aimé ce vin ? Vous pourriez aimer aussi :
Les Garrigues 2010, coteaux-du-languedoc, Domaine Clavel, France (18,05 $ – 874941)

Quotidien ● **MT** ● **Rond**

Expresiones Reserve 2011, Finca Flichman SA

16,95 $

Argentine / Mendoza

CODE SAQ : 11462286

On ne peut pas dire que ce rouge soit verbo-moteur. Plutôt réservé, le monsieur. Comme s'il accusait encore l'impact d'une vendange frénétique, menée sous les meilleurs auspices. Il a du sérieux, oui, mais il offre aussi une certaine distinction dans les arômes, distinction qui le place déjà bien au-dessus de ces chiliens et argentins aux fruités gonflés par des vinifications semi-carboniques qui en applatissent le relief, même si elles en accentuent la dimension gourmande. La robe est foncée, presque impénétrable, les arômes francs de cassis et de mûre s'imposent sans s'accrocher à la caricature, alors que les saveurs, denses, plutôt compactes, s'élèvent en fraîcheur, avec ce grain si particulier des vins de la maison. Bref, un rouge corsé qui réconforte et sait, de façon instinctive, relancer des plats de viandes braisées, mais aussi des saucisses et du pâté de campagne au poivre.

Cépages

malbec, cabernet-sauvignon

Vous avez aimé ce vin ? Vous pourriez aimer aussi :
Cabernet-sauvignon/carmenère Cono Sur 2011, Vina Cono Sur SA, Chili (15,45 $ – 10694376)

Quotidien ● CT ● Solide

ROUGE

16,95 $

Manor House 2009, Nederburg Wines

Afrique du Sud / Western Cape

CODE SAQ : 11676313

Le pouvoir trompeur de l'étiquette… C'est ce que je me disais en sélectionnant ce vin nouvellement offert au répertoire des produits courants, et ce, avant même d'en connaître le prix. Au moment où il a été dégusté à l'aveugle aux côtés de plusieurs cabernets, j'ai été agréablement surpris de constater non seulement que le vin valait moins de 17 $ (!), mais qu'il tenait tête à d'autres candidats de 25 $ et plus. Si l'habillage impressionne, le contenu, dont on ne vantera jamais assez l'importance, impressionne plus encore ! Nous sommes bien sûr en présence d'un cabernet de l'hémisphère Sud, avec sa touche de fumée végétale riche et son expression poivrée unique. Le décor est rapidement planté. Net et intense sur le plan des flaveurs, ce rouge corsé, d'une fraîcheur surprenante, offre une structure tannique fine et serrée, d'une étonnante longueur pour le prix demandé. Je vois déjà la bavette sauce au poivre vert lui servir d'acolyte à table. Une surprise de taille. Espérons que le prix demeurera sage !

Cépage

cabernet-sauvignon

Vous avez aimé ce vin ? Vous pourriez aimer aussi :
Cabernet-sauvignon Porcupine Ridge 2011, Vinimark Trading Ltd, Afrique du Sud
(17,55 $ – 573717)

Copain ● CT ● Musclé

ROUGE

Passo Doble 2010, Masi Tupungato, Vigneti La Arboleda SA

16,95 $

Argentine / Mendoza

CODE SAQ: 10395309

Appaxximento. Un mot parfait pour le Scrabble. C'est aussi une expertise développée par la maison italienne Masi, de la Vénétie, qui consiste à pratiquer la dessiccation (sur lattes) des baies de corvina veronese, de rondinella et autres molinara afin d'en concentrer les essences. Dans ce cas-ci, le principe est le même, associant la délicieuse et parfumée corvina au coloré et étoffé malbec. L'idée n'est pas bête du tout, car le mariage est heureux. Et puis il y a le style de la maison, attentionné, exécuté avec mesure et discernement, évitant les manipulations et les concentrations excessives. Nous avons donc affaire ici à un rouge de haut vol, modéré sur le plan aromatique, avec un registre de fleurs et de raisins frais, une bouche tendre et bien enveloppée, des tannins fins, presque veloutés, et une fraîcheur exquise. C'est après l'avoir servi à peine rafraîchi avec une escalope de veau déglacée au marsala que je me suis dit que la vie était quand même bien faite. Essayez pour voir !

Cépages

malbec, corvina

Vous avez aimé ce vin ? Vous pourriez aimer aussi :
Nero Giorgio & Gianni 2010, salento, Enoitalia SPA, Italie (12,35 $ – 11462008)

Copain ● CT ● Solide

ROUGE

16,95 $

Pinot noir Montes Selection Limitée 2010, Montes SA

Chili / Valle de Casablanca

CODE SAQ: 10944187

C'est en 1988 que cette maison prend réellement son envol, avec quatre partenaires dont Aurelio Montes, qui laissera son nom à la compagnie. Des 7 000 caisses produites alors, elles totalisaient à la fin du dernier millénaire plus de 600 000 caisses vendues dans quelque 75 pays, représentant 94 % de la production. Un ambassadeur du vin chilien ? On peut dire ça comme ça. La cuvée de pinot noir est née plus tard, après la première cuvée de cabernet-sauvignon, en 1997, qui avait d'ailleurs assuré une solide réputation à la maison, suivis ensuite par un chardonnay, une syrah et un merlot. En provenance de la fraîche vallée de Casablanca, ce pinot noir est arrivé bon premier dans sa catégorie au cours d'une dégustation comparative. Sans vouloir égaler l'étalon de mesure bourguignon, le cépage était bien fidèle, subtilement nuancé par le boisé avec, au palais, ce grain, cette texture particulière d'un pinot né sous de bons auspices. J'en ai fait mon affaire avec des cailles sauce aux griottes. Miam !

Cépage

pinot noir

Vous avez aimé ce vin ? Vous pourriez aimer aussi :
Pinot noir Réserve 2011, Trapiche, Argentine
(15,05 $ – 10669533)

Copain ● **CT** ● **Élancé**

Casa de la Ermita Crianza 2008, Bodegas y Vinedos Casa de La Ermita

17,10 $

Espagne / Murcia – jumilla

CODE SAQ : 638486

C'était prévu : ce beau rouge de caractère, qui cumule les apparitions dans cette section des 100 meilleurs vins, était meilleur le lendemain, près de 24 heures après avoir laissé la bouteille à moitié entamée. Pas surprenant. On peut considérer la véritable tenue d'un vin lorsqu'il est soumis à l'oxydation modérée, une oxydation qui, dans cè cas-ci, a été sacrément bénéfique. Il faut dire aussi que les cépages monastrell et petit verdot sont des durs à cuire. Solution ? Ou vous laissez la bouteille debout, sans bouchon, durant 48 heures, ou vous passez la bête en carafe durant 3 bonnes heures. J'aime ce vin pour ce qu'il est : bien sec, musclé, doté d'une fraîcheur qui ne contrarie nullement la trame tannique tricotée serré, avec un fruité abondant qui s'impose au palais, sans rudesse mais tout de même avec fermeté, de même qu'avec sa touche boisée qui l'encadre à merveille. À vin rustique, plat rustique, comme une saucisse de porc grillée ou des rognons à la moutarde.

Cépages

monastrell, petit verdot, cabernet-sauvignon

Vous avez aimé ce vin ? Vous pourriez aimer aussi : **Tempranillo Ibéricos Crianza 2009, rioja, Miguel Torres SA, Espagne** (18,30 $ – 11180342)

Détente ● **MT** ● **Solide**

ROUGE

17,20 $

Château Rouquette sur Mer 2011, Cuvée Amarante, La Clape, Jacques Boscary
Ch. Rouquette sur Mer

France / Languedoc-Roussillon – coteaux-du-languedoc

CODE SAQ : 713263

Ce 2011 « ré-ensalivera » – si vous me permettez cette expression buccale que seul mon dentiste connaissait jusqu'ici – le palais tout entier de l'amateur qui, comme moi, affectionne les vins de Jacques Boscary. Dégusté au Québec par un matin radieux, à l'ombre des 32 °C de ce 3 août 2012, le vin semblait à l'aise de raconter ce climat contrasté qui a eu cours en 2011 du côté de La Clape. Car, contrairement au 2010, peut-être plus homogène et gracieux, ce 2011 montre, du moins pour le moment, la fougue de la jeunesse, et brasse donc la cage. Heureusement, le fruité (fort abondant) brille encore par sa clarté ; les tannins bien serrés et bien frais, eux, dessinent une trame qui laisse tout de même place à une « ventilation » permettant au vin de respirer sans être contrarié ; la finale, vineuse mais surtout très minérale, raconte avec fidélité ce beau terroir dont Boscary est si fier. Ira bien avec le magret de canard.

Cépages

mourvèdre, syrah

Vous avez aimé ce vin ? Vous pourriez aimer aussi :
Château L'Hospitalet 2010, La Clape, G. Bertrand, France (19,35 $ – 10920732)

Amour ● **MT** ● **Solide**

Cabernet-sauvignon Gran Reserva 2011, Luis Felipe Edwards

17,45 $

Chili / Colchagua

CODE SAQ : 10272510

Cette maison sait nous faire plaisir. Avec ce *king cab,* elle vous déroule le tapis rouge. N'y cherchez pas la subtilité et la race des meilleurs pauillacs, l'objectif est ailleurs. N'y cherchez pas non plus ces monstres boisés aux relents d'eucalyptus à vous ventiler les narines et vous geler le cerveau. Ce vin offre tout le contraire. Oui, la robe est profonde, car nous sommes ici avec des pigmentations dignes des peaux épaisses liées au cépage, et, oui encore, les maturités sont atteintes avec un fruité beaucoup plus près du cassis-cerise que du poivron rouge ou vert. Nous avons là le candidat idéal des brochettes de bœuf et de l'onglet mariné, qui sauront tirer, de la sève immense de ce vin, tous les sucs nécessaires. Le personnage est généreux, cordial, peut-être un peu trop attachant, mais c'est dans sa nature. Il réconforte en raison de sa puissance, de sa structure et de sa voix profonde, au grain presque velouté. Pour se faire plaisir par soirées pluvieuses ou enneigées.

Cépage

cabernet-sauvignon

Vous avez aimé ce vin ? Vous pourriez aimer aussi :
Cabernet-sauvignon Errazuriz 2011, Vina Errazuriz SA, Chili (14,95 $ – 262717)

Copain ● CT ● Musclé

ROUGE

17,45 $

La Madura Tradition 2008 et 2009, Nadia et Cyril Bourgne

France / Languedoc-Roussillon – saint-chinian

CODE SAQ: 10682615

Le millésime 2009, tout juste mis en bouteilles en septembre 2012, sera commercialisé – on se croise les doigts bien fort – pour la période des Fêtes. Il est tout simplement magnifique! Voilà du travail d'artistes, en l'occurrence Nadia et Cyril, venus de leur Bordeaux natal pour découvrir de belles parcelles de syrah, de mourvèdre, de carignan, de grenache et de sauvignon blanc, réparties en périphérie du domaine, dans l'arrière-pays languedocien. Un peu plus de 14 hectares, dont un qui produit des vins blancs naturellement souriants, pleins de vie, paysans sans être rustiques, attachants et digestes. Il n'y a qu'à goûter ce rouge 2008, riche et coloré, habité par son terroir de schistes, résonnant en profondeur, magistralement lié par des tannins denses et de belle maturité, pour se convaincre que ces doués de la vigne maîtrisent bien leur sujet, pour lequel ils s'investissent avec une passion manifeste. Mettez quelques bouteilles de côté en attendant le 2009. Dans les deux cas, un magret de canard, une daube ou une charcuterie fera parfaitement l'affaire.

Cépages

syrah, grenache, carignan

Vous avez aimé ce vin? Vous pourriez aimer aussi:
Château Dona Baissas 2009, côtes-du-roussillon-villages, SC Cellier de La Dona, France
(17,50 $ – 966135)

Détente ● **CT** ● **Solide**

Syrah Porcupine Ridge 2010, Boekenhoutskloof

17,55 $

Afrique du Sud – Coastal Region

CODE SAQ : 10678510

Visiter l'Afrique du Sud, c'est éprouver une sorte de fébrilité liée à la beauté des lieux, certes, mais aussi à l'existence de ces hommes qui, à l'extrémité d'un continent immense, peinent à donner vie à la vigne. Celle-ci le leur rend toutefois au centuple. Il est important de connaître le contexte pour saisir le vin. Ici, l'approche et le style sont modernes, privilégiant la richesse et la souplesse des tannins sur un ensemble charnu, puissant, mais aussi très frais et particulièrement bien équilibré. La finale se profile avec une longueur appréciable sur des notes salines et fumées qui invitent une autre gorgée, sans lasser le palais. Beaucoup de vin à ce prix. Pas mal avec le filet de porc-épic mariné, mais meilleur avec le filet de porc tout seul... Outre cette syrah, la maison élabore le Wolftrap 2011 (14,60 $ – 10678464), d'une intensité peu commune, et le « plus gros que nature » The Chocolate Block 2010 (40,00 $ – 10703412), qui donne une tribune exceptionnelle aux cépages rhodaniens.

Cépage

syrah

Vous avez aimé ce vin ? Vous pourriez aimer aussi :
Easton House 2008, Easton House, Californie, États-Unis (17,80 $ – 10744695)

Quotidien ● CT ● Rond

ROUGE

18,05 $

Côtes du Rhône 2009, E. Guigal

France / Rhône – côtes-du-rhône

CODE SAQ : 259721

J'écrivais dans l'édition précédente de ce guide que « la maison a "sauté" le millésime 2008, le jugeant insatisfaisant. Le 2009 sera, dit-on, de bonne qualité. À surveiller ! » Le voilà, tout beau, tout frais, plus musclé que jamais ! Bien sûr, plus joufflu que le 2007, plus solaire aussi, mais la fraîcheur de l'ensemble ne faiblit pas. Je me régale une fois de plus avec ce grand classique qui est habilement piloté par les Guigal père et fils (voir le Portrait, à la page 200) et dont la profondeur du fruit étonne encore. Ce multi-assemblage issu d'une sélection de parcelles, combiné à la maîtrise de l'élevage (la force de la maison), est si consistant, sans être lourd, qu'il donne autant à boire qu'à manger. Ce rouge est très coloré, ample et un rien capiteux, au fruité très généreux, avec des tannins mûrs et ronds qui embrassent le palais. Tout cela permet à un effiloché de porc (*pulled pork*) de s'en sortir avec les honneurs. Je pense que le chef Martin Picard serait d'accord avec moi !

Cépages

syrah, grenache, cinsault

Vous avez aimé ce vin ? Vous pourriez aimer aussi : **Côtes du Rhône Les Cranilles 2011, SARL Les Vins de Vienne, France** (17,70 $ – 722991)

Quotidien ● CT ● Rond

ROUGE

Château Coupe Roses 2011, Les plots, Françoise Le Calvez et Pascal Frissant

18,10 $

France / Languedoc-Roussillon – minervois

CODE SAQ : 914275

Le millésime a été difficile, du moins, plus que les 2009 et 2010. Était-ce une raison pour ne pas l'inclure dans l'édition 2013 de ce guide ? Non. Tout simplement parce qu'il a été comparé à d'autres minervois de sa catégorie et qu'au final il a remporté la mise. Ce vin me touche, en fait. Il a quelque chose d'unique qui me plaît : un respect de l'équilibre et du travail bien exécuté, un vin composé de cépages qui donnent l'impression de se « régaler » de leurs origines. Issu d'un domaine familial qui existe depuis 1614, ce rouge se nourrit sur une trentaine d'hectares de sols argilo-calcaires, situés à 250 et 400 mètres d'altitude. Les contrastes thermiques en font un vin au profil aromatique et gustatif bien découpé, bien frais, aux tannins veloutés, typiques des vins de l'appellation. Le terroir fait vibrer fortement le tout, comme un écho au pied de la montagne Noire. Vin de petit gibier de type lièvre ou, même, pour les audacieux, matelote au vin rouge.

Cépages

syrah, grenache, carignan

Vous avez aimé ce vin ? Vous pourriez aimer aussi :
Domaine du Ministre 2008, saint-chinian, J. et F. Lurton, France (16,95 $ – 913178)

Quotidien ● CT ● Solide

ROUGE

18,45 $

Cabernet/merlot 2009, Five Vineyards, Mission Hill Family Estate

Canada / Colombie-Britannique – vallée de l'Okanagan

CODE SAQ : 10544749

Je soupçonne l'œnologue John Simes de ne pas trop souffrir dans ce pays de cocagne qu'est la vallée de l'Okanagan, version canadienne de la vallée de Napa, en Californie. Faut dire que l'homme œuvre dans une bonne maison, solide, qui a les moyens de ses ambitions, se dotant d'outils et de terroirs variés pour travailler la vendange. La mosaïque de vins issus du domaine en fait foi. L'ensemble de la production est non seulement pertinent, mais il compte parmi les meilleurs vins canadiens sur le marché, avec les Osoyoos Larose, Clos Jordanne, Peninsula Ridge et autres Quails' Gate. Le fruité est ici bien net, fourni, aromatique, à l'aise sur les tannins mûrs, qui confèrent charnu et fraîcheur, tenue et longueur. Il n'a pas nécessairement la profondeur d'un bon médoc, mais il est satisfaisant. C'est sur une table garnie de charcuteries qu'il brillera.

Cépage

cabernet franc

Vous avez aimé ce vin ? Vous pourriez aimer aussi : **Baco Réserve 2009, Domaine Les Brome, Québec, Canada** (24,05 $ – 11632804)

Copain ● **CT** ● **Solide**

ROUGE

Château du Grand Caumont «Impatience» 2009, Famille Rigal

18,45 $

France / Languedoc-Roussillon – corbières

CODE SAQ : 978189

C'est probablement au cœur de l'hiver québécois, entre deux bordées de neige et par -30 °C – sans compter le fameux facteur éolien ! – que ce rouge ensoleillé, chaud et captivant est à son sommet. Dire qu'il est évocateur est un euphémisme. Il est plus que ça, car il embrasse à lui seul toute la garrigue environnante, comme ces pierres chaudes qui drainent ce je ne sais quoi d'eau qui ne tombe jamais. Le nom même de la famille devrait être changé pour Régal tant ces gens-là nous servent le bonheur à la petite cuillère. Derrière la robe franche richement colorée, humez ce parfum envahissant d'herbes et d'épices, goûtez ces saveurs pleines et charnues, chaleureuses sans être chauffantes, nuancées et suggestives. Je ne sais pas ce qu'il en est pour vous, mais j'ai déjà hâte de sentir un -30 °C (en plus du vent !), avec, dans l'assiette, un lapin aux pruneaux bien mitonné. Mmm...

Cépages

syrah, grenache, cinsault

Vous avez aimé ce vin ? Vous pourriez aimer aussi :
JT Château de Nages 2009, costières-de-nîmes, R. Gassier, France (20,85 $ – 567115)

Copain ● CT ● Musclé

ROUGE

18,55 $

Château Saint Roch 2010, Brunel

France / Rhône – lirac

CODE SAQ : 574137

Force est de constater que les crus de la vallée du Rhône Sud ont gagné en élégance au fil des années tout en précisant davantage les subtilités inhérentes aux différents terroirs qui s'y trouvent. Que ce soit Rasteau, Sablet, Vacqueyras, Gigondas ou encore Lirac, dont les meilleurs évoquent des châteauneuf-du-pape en miniature. On a su aussi maîtriser les tannins en conférant des textures plus sphériques sans compromettre la riche structure de l'ensemble. De plus, ces liracs constituent à coup sûr d'excellents rapports-qualité-plaisir-prix. Les amateurs connaissent déjà le fameux Château de la Gardine dont le millésime 2009 est actuellement offert (36,25 $ – 022889); ils y retrouveront la même confection, le même souci du détail que dans le «grand frère». Robe juvénile riche et concentrée, arômes affriolants de fruits noirs, de garrigue et d'épices, le tout couché sur une trame musculeuse, puissante, mais aussi très fraîche, se terminant sur une pointe de réglisse noire. Servi avec une tourtière du Lac-Saint-Jean au petit gibier, ce rouge a lancé la conversation !

Cépages

grenache, syrah, carignan

Vous avez aimé ce vin ? Vous pourriez aimer aussi : **Syrah Terre Rouge 2008, Les Côtes de l'Ouest, Californie, États-Unis** (22,40 $ – 897124)

Quotidien ● **CT** ● **Solide**

ROUGE

Ramione 2007, Baglio di Pianetto SRL

18,65 $

Italie / Sicile

CODE SAQ: 10675693

Il y a tout et n'importe quoi en Sicile. Comme partout ailleurs, vous me direz. L'île n'a pas su résister aux sirènes d'assemblages souvent tirés par les cheveux, si vous me permettez l'expression, reniant des racines qu'elle a pourtant tort d'ignorer. Il y a heureusement une catégorie de gens qui ont su négocier le virage sans dénaturer le discours. Les Tasca d'Almerita, Planeta, Donnafugata, Ceuso et Morgante, pour n'en nommer que quelques-uns, sont de ceux-là. Les vins d'Alberto Bur-ratto aussi. Qu'il s'agisse de la Syrah 2009 (17,90 $ – 10960734), du Shymer 2009 (19,05 $ – 10859804) ou de cette cuvée 2007, les vins préservent leur identité tout en ren-forçant leur caractère, le tout atteignant une confection rare dans cette fourchette de prix. La robe est riche, et les parfums sont pleins, mûrs, mais aussi détaillés et parfaitement découpés. La bouche présente un bon volume avec des tannins soutenus, mais caressants, presque veloutés. La longue finale aimera se lover aux côtés d'un pavé de thon rouge aux olives noires. Miam!

Cépages

nero d'avola, merlot

Vous avez aimé ce vin? Vous pourriez aimer aussi:
Los 800 2009, priorat, Bodegas Los 800, Espagne
(18,20 $ – 10860910)

Quotidien ● CT ● Musclé

ROUGE

18,70 $

Château des Laurets 2011, SCE des Laurets Malengin

France / Bordeaux – puisseguin-saint-émilion

CODE SAQ : 371401

Entré dans le giron du baron Benjamin de Rothschild en 2003, ce beau domaine de 86 hectares, à cheval entre les puisseguin et montagne-saint-émilion, livre depuis une performance qui le place parmi les meilleurs de l'appellation. À moins de 20 $, nous avons une jolie leçon de merlot exposé plein sud sur une série de coteaux aux sous-sols argilo-calcaires. Mais il y a plus. L'équipe est parfaitement outillée pour réaliser, dans cette fourchette de prix, un vin capable de justifier son haut rang dans la hiérarchie. Bref, on a peut-être tiré à ce jour le maximum du potentiel de ce vin. Ajoutez un élevage sous bois neuf (30 %), une micro-oxygénation susceptible d'amadouer plus encore les tannins et vous obtenez ce bordeaux sans complexe, à la fois charmeur mais rigoureux, capable de s'émanciper quelques années en bouteilles. Un véritable régal avec l'entrecôte grillée ou les rillettes de canard.

Cépages

merlot, cabernet franc

Vous avez aimé ce vin ? Vous pourriez aimer aussi :
Château Bujan 2010, côtes-de-bourg, Château Bujan, France (19,45 $ – 862086)

Copain ● MT ● Rond

Ijalba Riserva 2007, Vinaljalba SA

18,80 $

Espagne / La Rioja

CODE SAQ : 478743

Inutile de préciser que, depuis que cette maison a fait son apparition au Québec, la gamme des produits proposés n'a cessé d'impressionner. Une gamme qui s'adresse avant tout à un palais qui aime les vins modernes, des vins où brille le fruité, pur et net, sur une trame tannique mûre, sphérique, sans aspérités. C'est exactement ce que livre cet assemblage tempranillo-graciano. Le « repère » Rioja y est ; vous savez, cette texture lisse et serrée, devenant veloutée au fil des ans et du séjour en fût (voir le magnifique Reserva Seleccion 2001 de la même maison (45,25 $ – 705103), et grâce au caractère unique du grand cépage tempranillo, si polyvalent, mais surtout, d'une élégance naturelle en rioja. Pas nécessairement profond, mais ce rouge arrivé à maturité est une merveille d'équilibre. Pas une ficelle ne dépasse. Il s'adapte à une foule de plats, du veau à la volaille en passant par le porc et la lotte sauce tomate et olives.

Cépages

tempranillo, graciano

Vous avez aimé ce vin ? Vous pourriez aimer aussi :
Graciano 2009, rioja, Vinaljalba SA, Espagne
(18,65 $ – 10360261)

Quotidien ● **CT** ● **Musclé**

ROUGE

Escudo Rojo 2010, Baron Philippe de Rothschild SA

Chili / Maipo

CODE SAQ : 577155

Les vins chiliens n'ont plus la cote, paraît-il. On se serait lassé de ce goût envahissant d'encre, de fruit concentré, de bois et d'eucalyptus, à l'heure où le consommateur opte pour des vins naturels, allégés, digestes. Pourtant, sans en renier les racines, certaines maisons poursuivent dans le style chilien, mais en y insufflant une bouffée stimulante d'air frais, préservant l'essentiel et le meilleur de ce que peut offrir l'hémisphère Sud. C'est le cas avec cet assemblage taillé dans une masse fruitée fière de ses origines, mais surtout habile à nuancer ses propos sous le couvert d'un élevage fort sophistiqué. Malgré ses 14 degrés d'alcool par volume, ce rouge corsé, aux tannins sphériques et abondants, conserve une élégance, mais surtout, une harmonie d'ensemble impeccable. C'est franchement savoureux, plein, charnu, de belle longueur. Bref, à ce prix, du bon vin. Il ne reste plus qu'à griller l'entrecôte ou à servir la tourtière de Chicoutimi.

Cépages

cabernet-sauvignon, carmenère, syrah

Vous avez aimé ce vin ? Vous pourriez aimer aussi :
Clos de Lolol 2009, Hacienda Auraucano, J. et F. Lurton, Chili (23,95 $ – 10689868)

Détente ● CT ● Musclé

ROUGE

Château Signac Cuvée Combe d'Enfer 2008, SCA du Château Signac

France / Rhône – côtes-du-rhône-villages-chusclan

19,05 $

CODE SAQ : 917823

On a l'impression d'arpenter l'arrière-pays au fond de vallées inaccessibles, sauvages et isolées où seule la respiration végétale du vignoble se fait entendre. À «écouter» ce vin, pas de doute que je suis aux premières loges. Les cépages participent ici pour ajouter les éléments gustatifs par petites touches, comme si les flaveurs se renforçaient au fur et à mesure qu'elles se manifestent sans jamais suggérer toutefois la lourdeur et la surmaturation. Le profil est discret, puissant sans être capiteux, la bouche fondue, ample, charnue et moelleuse, roulant sur des tannins mûrs abondants et de belle tenue. La finale est nette et semble vouloir se faire l'écho d'un terroir véritable. C'est le vin par excellence pour les journées froides, humides et tristes, celles qui invitent au ragoût de boulettes, au bœuf braisé sur patates pilées et sa sauce brune, bien entendu.

Cépages

mourvèdre, counoise, grenache

Vous avez aimé ce vin ? Vous pourriez aimer aussi : **Cairanne 2009, côtes-du-rhône-villages, Perrin et Fils SA, France** (19,25 $ – 11400721)

Quotidien ● MT ● Solide

ROUGE

19,50 $

Cormi 2008, Zenato Azienda Vitivinicola SRL

Italie / Vénétie – veneto

CODE SAQ : 11462083

A-t-on ajouté du merlot pour « internatio-naliser » une cuvée qui pourtant se suffirait à elle-même ? Le 100 % corvina Divici, de la maison Carlo Botter (18,95 $ – 11676778), en témoigne. Le cépage avait échappé jusqu'ici à toute forme d'assemblage autre-ment qu'avec ses partenaires naturels que sont les rondinella, molinara, corvinone et oselata ; alors pourquoi le merlot ? Parce qu'il est vrai, ça se sent, ça se goûte. La mai-son Zenato ne lésine pas sur la qualité et la maturité des fruits. La corvina révèle des tannins à la fois souples et bien serrés, des arômes anisés et floraux typiques, alors que le merlot vient ajouter de l'épaisseur, du volume, tout en conservant ce profil pres-que fumé propre au terroir local. Dans l'en-semble, ce rouge coloré a du corps, de l'expression, du charnu, de la vinosité, et une finale élégante, longue et réglissée. Un vin de soir à servir avec les pâtes à la tomate et aux olives noires, ou un morceau de par-migiano reggiano en fin de repas.

Cépages

corvina, merlot

Vous avez aimé ce vin ? Vous pourriez aimer aussi :
Capitel San Rocco Valpolicella Ripasso Superiore 2009 et 2010, veronese, Agricola F. lli Tedeschi SRL, Italie (20,55 $ – 972216)

Amour ● CT ● Rond

ROUGE

Brouilly Sous les Balloquets 2010, Louis Jadot

19,60 $

France / Beaujolais – brouilly

CODE SAQ : 515841

Essayons de faire preuve d'une objectivité qui ferait honneur aux juges et arbitres qui officiaient aux Jeux olympiques de Londres cet été. Essayons, dis-je, car, avec un tel gamay, j'ai toujours l'impression que cette objectivité se dérobe au fur et à mesure que je me penche sur ce verre de brouilly. Vous l'aurez compris : j'aime. Après un 2009 opulent, lisse et soyeux, ce 2010 se glisse comme une lettre à la poste tant il semble poursuivre sur les traces du précédent millésime. Il y a là tout le caractère « brouilly », avec ce registre floral – certains identifient la pivoine rouge –, ce « mouvement » léger des tannins qui lui confère de la tenue sans que le vin soit pour autant corsé, et cette fraîcheur qui aide les flaveurs à s'élever, avec sincérité et une joie de vivre inégalée. Évidemment, comme pour le gamay d'Henry Marionnet, le poulet rôti lui fournit l'occasion d'écluser une seconde bouteille.

Cépage

gamay

Vous avez aimé ce vin ? Vous pourriez aimer aussi :
Beaujolais-villages Combe aux Jacques 2010, Louis Jadot, France (15,90 $ – 365924)

Copain ● MT ● Élancé

ROUGE

19,70 $

Arboleda 2010, Viña Seña SA

Chili / Aconcagua

CODE SAQ : 10967434

Avec la signature Chadwick au bas de l'étiquette, tout laisse présager le meilleur. Le souci d'une belle confection, une interprétation fidèle des cépages issus de la propriété, un savoir-faire puisé aux quatre coins de la planète vin, sans toutefois nier la réalité locale chilienne. Pour tout vous dire, il figure parmi les meilleurs cabernets dégustés cette année provenant de ce pays du bout du monde, pays réputé pour offrir des jus denses, virils et pourvus de toute la fraîcheur voulue. La qualité de ce vin est manifeste ; il est riche sans être lourd, dense sans être épais ni impénétrable, mûr tout en maintenant une clarté fruitée toujours très lisible. Décidément, on a ici une signature. Si on le compare avec ses collègues états-uniens du même prix, ce rouge se place en tête du classement, car il évite toute facilité, tout dénouement trop commercial. Une belle bouteille à servir avec votre brochette de bœuf.

Cépage

cabernet-sauvignon

Vous avez aimé ce vin ? Vous pourriez aimer aussi :
Legado Reserva 2010, De Martino SA, Chili
(16,90 $ – 642868)

Quotidien ● CT ● Musclé

ROUGE

Château Paul Mas 2011, Paul Mas & Fils

19,90 $

France / Languedoc-Roussillon – coteaux-du-languedoc

CODE SAQ : 913186

La rencontre de Jean-Claude Mas, cette année, m'a fait prendre conscience qu'il existait des entrepreneurs non seulement passionnés et habiles à exporter le meilleur des terroirs du sud de la France, mais aussi, inspirés. Cette inspiration migre bien sûr vers d'autres vignerons locaux qui, à leur tour, font rayonner l'appellation, qui en a bien besoin. L'homme est un meneur, un visionnaire également, qui fait ses vins comme il les aime : dotés de tannins riches, pleins et ronds, d'un faible degré d'acidité, ce qui n'altère en rien l'harmonie, et de finales qui plongent dans ces beaux terroirs de Pézenas et de Limoux. Sincèrement, on se régale, et à petit prix. Je vous invite à goûter d'autres vins de la gamme, soit le Cabernet 2011 (13,95 $ – 11676381), le superbe Crès Ricards 2010 (18,20 $ – 11573841), ou encore, les cuvées Vignes de Nicole 2011, en blanc (15,95 $ – 11767768), et en rouge (17,00 $ – 10273416), redoutables avec les chiches kébabs marinés aux herbes de Provence.

Cépages

syrah, grenache

Vous avez aimé ce vin ? Vous pourriez aimer aussi :
Les Faïsses 2011, coteaux-du-languedoc, Jean-Claude Mas, France (18,75 $ – 10507219)

Quotidien ● CT ● Rond

ROUGE

19,95 $

Grenache Bush Wine 2011, Yalumba

Australie / Barossa

CODE SAQ : 902353

Admirable cépage que le grenache. Un roi dans le Roussillon français, d'une emprise tellurique à couper le souffle. En Australie, les vieilles vignes du domaine (de 30 à 70 ans) sont taillées en gobelets et vivent le même enfer que leurs consœurs du Roussillon, mais proposent une approche différente sur le plan structurel. Avec ce qu'il faut de couleur, mais pas plus, le cépage se livre avec beaucoup d'ouverture, comme s'il voulait vite faire connaissance, sans détour. Mais c'est en bouche qu'il éclate, mesurant sa puissance, dosant son effet fruité qu'il combine rapidement avec une note presque salée qui rend l'ensemble d'une sapidité exemplaire. Là, il devient gourmand, sincèrement attachant, fournissant au palais une texture veloutée qui comble, colonise, caresse longuement. On s'en lèche les doigts. À tout juste moins de 20 $, une belle bouteille à servir rafraîchie avec une terrine au porto ou un sandwich au porc effiloché sauce satay. Délicieux.

Cépage

grenache

Vous avez aimé ce vin ? Vous pourriez aimer aussi :
Shiraz 2010, Peter Lehmann, Australie
(20,35 $ – 10829031)

Copain ● MT ● Rond

ROUGE

Gran Coronas 2008, Soc. Vinicola Miguel Torres SA

20,05 $

Espagne / Catalogne – penedès

CODE SAQ : 036483

Je m'attable au restaurant Gibbys de Saint-Sauveur, là où la pièce de bœuf est reine, et moi, particulièrement affamé. À voir la carte des vins, je sens déjà que «ça va être galère», comme le disent si bien nos cousins français, en raison du choix mais surtout des prix à vous couper la moindre petite soif. Puis, ô bonheur, voilà Torres et son Gran Coronas, classique d'entre les classiques, que la maison offre à un prix qui évite de ruer dans les brancards. Le choix de l'entrecôte au poivre est aussi pertinent que l'assemblage cabernet-sauvignon et tempranillo de ce 2008 est approprié. Contexte ? Soulagement ? Appétit hors normes ? Toujours est-il que je redécouvre ce beau vin. Pour son élégance classique, son fruité consistant et soutenu qui garde le ton juste, sans fournir au palais matière à le pénaliser. On a même droit à de la complexité et à une longueur en bouche non dénuée d'intérêt. Sans doute un des vins les plus fiables dans les produits courants.

Cépages

cabernet-sauvignon, tempranillo

Vous avez aimé ce vin ? Vous pourriez aimer aussi :
El Bon Homme 2011, valencia, Nathalie Bonhomme, Espagne (17,95 $ – 11157185)

Détente ● CT ● Musclé

ROUGE

20,40 $

Massaya Sélection 2009, Massaya & Co. SAL

Liban / Vallée de la Bekaa

CODE SAQ : 904102

Vous avez été sensible au Clos St-Alphonse Château Ksara 2007 (14,05 $ – 11315171), fruit de la collaboration entre les vignerons Dominique Hébrard, de Saint-Émilion, Frédéric et Daniel Brunier, de Châteauneuf-du-Pape, et, bien sûr, les Libanais Sami et Ramzi Ghosn. Collaboration d'autant plus fructueuse que des liens bien serrés existent depuis toujours entre l'Europe continentale et l'Orient, que ce soit pour le commerce ou en matière de cépages, qui s'ouvrent ici sur l'exotisme. Les deux pôles de ce rouge ? D'une part, des parfums épicés où anis étoilé et safran dominent et qui invitent logique-ment le tajine. D'autre part, la montée en puissance de l'alcool balise, en arrondissant les angles, des tannins riches et frais, en ap-portant à l'ensemble un coulant inattendu. En bouche, ce vin fascinant forme un accord plus que parfait avec le couscous royal. Je vous invite aussi à dénicher la cuvée Classic 2009 (16,30 $ – 10700764) et l'ambitieuse Massaya Gold Reserve 2009 (41,50 $ – 10856929), un grand vin.

Cépages

grenache noir, cinsault, cabernet-sauvignon

Vous avez aimé ce vin ? Vous pourriez aimer aussi :
Le Prieuré 2010, Château Ksara, Liban
(14,40 $ – 927848)

Copain ● CT ● Musclé

Easton 2010,
Domaine de la Terre Rouge

20,65 $

États-Unis / Californie – Amador County

CODE SAQ : 897132

Plusieurs attraperont cette bouteille au vol à la vue de la pastille « réZin » qui figure sur l'étiquette, et ils n'auront pas tort. L'agence, fort prisée chez les *hipsters* pas encore blasés, « cible » avec perspicacité et fébrilité d'excellents « auteurs » de vins, aux quatre coins de la planète. Ce « zin », désormais un classique dans ce guide, en donne encore pour votre argent. Identifiable rapidement au premier nez pour son fruité large et sans ambages, ce 2010 a la vigueur, le tonus, la férocité et même la théâtralité d'un zinfandel né et vinifié avec soin. Il est aromatique, et laisse une impression de cerise mûre et juteuse qui se serait roulée dans un champ de tabac (c'est une image !) avec, en bouche, des tannins sains et bien bâtis, nourris sous un ciel clément. Vin d'homme, vin viril, vin « couillu » comme le disent nos cousins français (pardon, mesdames), vin de rognons à la moutarde, de linguinis *alla putanesca* ou de chili con carne bien relevé.

Cépage

zinfandel

Vous avez aimé ce vin ? Vous pourriez aimer aussi :
Zinfandel 2010, Ravenswood Vintners Blend, Californie, États-Unis (18,95 $ – 427021)

Détente ● MT ● Musclé

ROUGE

21,00 $

Celeste Crianza 2009, Seleccion de Torres
Soc. Vinicola Miguel Torres SA

Espagne / Castille-León – ribera-del-duero

CODE SAQ : 10461679

Je termine mon repas composé de magret de canard et de sanglier braisé, puis je quitte le restaurant. Peu avant, je dégustais les vins de la maison Torres. Je suis dans la Ribera del Duero. Il fait nuit et, en levant les yeux, je peux contempler cette voûte céleste que j'avais auparavant remarquée sur l'étiquette d'une des bouteilles dégustées. Céleste… Tout est là, en position. Les astres sont alignés comme le fruité dans ce beau vin qui fait honneur au tinto fino local et qui a trouvé, avec les viandes, matière à contenter. Qu'est-ce qui m'a chaviré ? Était-ce la couleur sombre comme la nuit, les arômes lourds et parfumés comme un soir d'été qui penche vers la brunante, ou encore les saveurs pleines, charnues, amples et corsées du fruité qui s'installe au palais sans vouloir le quitter ? Par souci d'objectivité, j'ai dégusté ce vin au Québec. Résultat : même intérêt pour l'astronomie et, surtout, même régal dans mon verre !

Cépage

tempranillo

Vous avez aimé ce vin ? Vous pourriez aimer aussi :
Petalos 2010, bierzo, J. Palacios, Espagne
(21,05 $ – 10551471)

Détente ● **CT** ● **Musclé**

ROUGE

La Gloire de mon Père 2008, Château Tour des Gendres, SCEA de Conti

21,00 $

France / Sud-Ouest – côtes-de-bergerac

CODE SAQ: 10268887

2005, 2006, 2007, 2008, 2009... les millésimes défilent chez les Conti avec cette belle régularité qui avalise le travail de gens sérieux et dont on sent l'amour du travail bien fait. Un rouge que je déguste régulièrement au restaurant parce qu'il m'assure que je vais non seulement passer une bonne soirée, mais que les viandes mijotées et braisées sauront lui soutirer ses sucs essentiels et lui faire jaillir le caractère. Car, du caractère, il en a! On le sent déjà poindre derrière la robe soutenue, caractère affirmé qui vous interpelle et vous demande de prendre position. Ce sera fruité et fumé, boisé et convaincant, voilà son message. Ajoutez un milieu de bouche très frais, substantiellement fruité, musclé et bien encadré, et vous avez là le profil du joueur de rugby qui a déjà une petite soif après le match. Une solution de rechange heureuse aux vins du bordelais avec lesquels ce rouge partage à la fois la fraîcheur « digestive » et les cépages. Incontournable.

Cépages

merlot, cabernet-sauvignon, malbec

Vous avez aimé ce vin? Vous pourriez aimer aussi:
Château Pesquié Quintessence 2010, côtes-du-ventoux, SCEA Château Pesquié, France (23,50 $ – 969303)

Amour ● MT ● Rond

ROUGE

21,15 $

Château Montaiguillon 2009, Famille Amart

France / Bordeaux – montagne-saint-émilion

CODE SAQ: 864249

La 60e vendange de la maison coïncide avec un 2009 qui est une véritable bénédiction. Cette vendange a fait jouir les merlots, briller les cabernet- sauvignon et applaudir les cabernets francs. Chantal Amart est très contente de son poulain dont les fruits, issus des 28 hectares d'un seul tenant, non morcelés, à flanc de coteau, ont fait preuve d'assurance et de prestance. Un vignoble à maturité qui, parallèlement à l'expertise de la dame et de son œnologue-conseil, Michel Rolland, livre un classique visant l'essentiel. Plus gracieux que le 2005, moins austère que le 2008, ce 2009 fera date. Pas trop compliqué sur le plan technique, le vin conserve ce petit quelque chose de l'arrière-pays bordelais qui parle, rassure et donne à penser qu'il fait bon boire du bordeaux. La robe est vibrante et profonde, les arômes fruités sont exquis, la trame moelleuse est fine, et la longueur, de belle facture. À savourer avec une côte de porc ou de bœuf grillée avec champignons des bois. Merci Chantal Amart.

Cépages

merlot, cabernet franc, cabernet-sauvignon

Vous avez aimé ce vin ? Vous pourriez aimer aussi : **Château Sénéjac 2009, haut-médoc, SAS Sénéjac, France** (26,60 $ – 11350145)

Amour ● MT ● Rond

ROUGE

Barbera d'Alba Pio Cesare 2010, Pio Cesare

21,25 $

Italie / Piémont

CODE SAQ : 968990

Pio Boffa fait penser au voyageur de commerce qui parcourt la planète vin, à la rencontre des gens avec qui il entretient de solides liens d'affaires et d'amitié. De passage au Québec encore cette année, où il apprécie notre approche qualitative en matière de vin, l'homme s'y sent chez lui. Sa maison familiale a su au fil des ans affiner son style, proposant par exemple des chardonnays (L'Altro 2011, 22,55 $ – 968982 ; Piodilei 2010, 39,25 $ – 11072026) particulièrement brillants sur la gestion fine des boisés, tout en consolidant une gamme de rouges élégants et digestes. Suffit de déguster cette barbera, mais aussi cette autre barbera de cru, Fides 2009 (36,00 $ – 10802349), issue du domaine de Serralunga d'Alba, pour saisir le traitement de «flaveurs» accordé à ce cépage capricieux qui peut rapidement devenir redoutable si on pousse trop l'extraction. Alternance ici entre barriques et demi-muids, macérations courtes, ajustements ponctuels pour mieux souligner le fruité et juguler toute forme d'amertume. Avec des gnocchis aux champignons ou des pennes *all'amatriciana*.

Cépage

barbera

Vous avez aimé ce vin ? Vous pourriez aimer aussi :
Barbera d'Alba 2011, Fontanafredda, Italie
(15,35 $ – 038174)

Quotidien ● CT ● Solide

ROUGE

22,20 $

Château Treytins 2009, Vignobles Léon Nony SA

France / Bordeaux – lalande-de-pomerol

CODE SAQ : 892406

Je suis très sensible à la facture classique de ce beau bordeaux, bien dans sa peau, qui n'en fait pas trop. J'étais sur place au moment de la vendange, en août 2009. Autour de moi, des merlots gavés de soleil, presque ensommeillés, des merlots qui n'avaient à la limite aucunement besoin d'être foulés pour libérer leur couleur et la sève soutenue du fruité. En dégustant aujourd'hui ce bordeaux, je ressens encore cet état de félicité tranquille qu'il y avait alors dans le vignoble, cette caresse solaire du millésime, ce détachement presque insolent d'une récolte qui, de toute façon, ne pouvait pas déraper, seulement contenter. Le plaisir est ici immédiat. Robe brillante, mais surtout arômes fantastiques où le floral taquine l'élevage grillé du fût, bouche ronde et substantielle, moelleuse et profonde, procédant par petites touches veloutées. Un vin de charme dont il faudra profiter, car il sera d'évolution rapide. La côte de veau grillée avec chanterelles fraîches ne s'est pas fait prier ici. Un délice.

Cépages

merlot, cabernet franc, cabernet-sauvignon

Vous avez aimé ce vin ? Vous pourriez aimer aussi : **Château Garraud 2009, lalande-de-pomerol, Vignobles Léon Nony SA, France** (26,70 $ – 978072)

Amour ● **MT** ● **Rond**

ROUGE

Château Pey La Tour Réserve 2009, Vignobles Dourthe

22,40 $

France / Bordeaux – bordeaux supérieur

CODE SAQ: 442392

Je me sens particulièrement choyé de partager avec vous les bordeaux du millésime 2009. Moins austère que le 2008, mais plus dense que le 2007, ce millésime fera date, même si, au fil des dégustations, je pense qu'il évoluera plus rapidement que le splendide 2005 ou l'harmonieux 2010, qui commence déjà à arriver sur les tablettes. Chez Dourthe, on choisit ses approvisionnements en matière première, mais surtout on procède à un suivi rigoureux des parcelles et vignobles, ce qui permet de livrer avec succès et régularité des cuvées de qualité, comme celle-ci. Si l'impact de la barrique se fait encore sentir sur ce 2009, avouons tout de même qu'il y a de la matière fruitée derrière pour renforcer l'équilibre. La robe est jeune et profonde, les arômes sont mûrs et compacts, avec des notes torréfiées et empyreumatiques, sur fond de fruits noirs. Mais c'est surtout la texture qui intéresse, offrant une impression de sucrosité sur de beaux tannins gommés, presque sphériques. Un régal avec la classique entrecôte à la bordelaise!

Cépages

merlot, cabernet franc, cabernet sauvignon

Vous avez aimé ce vin? Vous pourriez aimer aussi:
Château Grand Chêne 2008, côtes-du-brulhois, Les Vignerons de Brulhois, France
(16,55 $ – 10259770)

Copain ● **CT** ● **Rond**

ROUGE

24,25 $

Pèppoli 2009, Marchesi Antinori SRL

Italie / Toscane – chianti-classico

CODE SAQ : 10270928

Laissons tomber les présentations. Quand la maison compte plusieurs siècles d'histoire, elles deviennent superflues. Antinori est aussi connue en Italie que Rothschild à Bordeaux ou Torres en Espagne. Ces gens ont investi le territoire, marqué le terroir de leur empreinte sans le dénaturer, passant sans heurt de la tradition à la modernité. Vous connaissez la gamme impressionnante de ces vins à la SAQ, dont le classique Villa Antinori 2008 (23,95 $ – 10251348), qui trône en haut de la liste dans ce guide. Puis il y a ce Pèppoli, du vignoble éponyme de 55 hectares, dont le premier millésime, en 1985, donnait déjà une idée de la modernité grâce à un vin harmonieux et élégant, où le fruit et l'élevage approprié se faisaient déjà remarquer. Le sangiovese est net, pur et vivace, éclairé de l'intérieur, musclé sans le faire trop sentir, complice de ses comparses merlot et syrah. Une belle tranche de veau grillée façon Paillard et ses champignons feront ici sensation.

Cépages

sangiovese, merlot, syrah

Vous avez aimé ce vin ? Vous pourriez aimer aussi : **San Felice 2009, chianti-classico, Società Agricola San Felice, Italie** (19,35 $ – 245241)

Détente ● **MT** ● **Musclé**

ROUGE

Valpolicella Ripasso Superiore Classico 2010, Tommasi

24,95 $

Italie / Vénétie

CODE SAQ : 862110

Ce rouge de la Vénétie fera le bonheur des amateurs de syrahs du Rhône septentrional comme de pinots noirs de Bourgogne. Il est un peu à cheval entre les deux. Sur le plan aromatique et sur celui de la texture. Et puis, il y a cette atmosphère particulière qui s'en dégage, mélange de mélancolie, d'amour inassouvi, de *farniente* et de romantisme à deux sous qui fleure bon l'image d'Épinal. Rien pour déranger ni provoquer. L'impression première est celle de cerisiers en fleurs par une chaude fin de journée, impression délicate et doucement parfumée. Au palais, toutefois, le fruité s'emballe, se « serrant » en milieu de bouche, galopant sur une crête de fraîcheur qui porte et ne semble pas vouloir redescendre. Là, le fruité de cerise se précise et s'étoffe, persiste et signe longuement sur une finale nette et droite qui évoque le cacao. Longueur, style, élégance, tout y est. Ne reste plus qu'à faire sauter l'escalope de veau et à la gratiner de parmigiano reggiano.

Cépages

corvina, rondinella, molinara

Vous avez aimé ce vin ? Vous pourriez aimer aussi :
Campofiorin 2010, veneto, Masi, Italie
(20,95 $ – 155051)

Amour ● MT ● Musclé

CES PETITS PLAISIRS
À PLUS DE 25 $

Dans son *Dictionnaire amoureux du vin* (Plon), l'auteur Bernard Pivot parle en ces termes du mot «complexité»: «Complexité est aujourd'hui l'un des mots du vocabulaire de la dégustation les plus souvent employés. Sa fortune est récente. Dans son ouvrage *Le goût du vin* (1980), Émile Peynaud le cite en passant [...] La complexité d'un vin est d'acception... complexe. Ce qui ne signifie pas que ce mot n'est pas utile. Au fond, il y a deux sortes de vins: les jeunes, les gouleyants, les fruités, dont on respire et savoure les arômes, et les moins jeunes, souvent passés au début par le chêne, qui développent au fil du temps des bouquets changeants. Les premiers sont des bons garçons qu'on devine aisément; les seconds ont une personnalité riche, fantasque, secrète, donc complexe...» Est-ce à dire que la notion de complexité plafonne à 24,99 $, mais qu'au-delà de 25 $ elle se révèle nécessairement dans toute sa plénitude?

On me demande souvent: «Combien faut-il débourser pour avoir un vin de qualité?» Je poserais la question autrement: combien est-on prêt à payer pour atteindre une émotion particulière, absente des vins dits «bon marché»? Une certitude demeure: un mauvais vin est toujours trop cher payé! Pour le reste, c'est une question de sensibilité et d'écoute. En blanc, un Domaine La Lieue 2011 à 15,05 $ (10884655) et un Reuilly 2011 de Jean-Michel Sorbe à 19,05 $ (11154224), ou encore, en rouge, un Mas Las Cabès 2010 à 16,30 $ (11096159) et un Sedàra 2009 de Sicile à 17,95 $ (10276457) peuvent, comme le dit si bien mon collègue Jean Dion, procurer un petit frisson dans la région, sans avoir à être hors de prix.

Bref, le meilleur vin est encore et toujours celui qui vous plaît. Tout bêtement. Mais à y regarder de plus près, on s'aperçoit que le bon vin, voire le grand vin, est toujours celui qui procure cette émotion supplémentaire, celle pour laquelle on vacille et titube. Un terroir, un homme (ou une femme), un « momentum » : il y a dans un grand vin comme en politique des conditions gagnantes à respecter. Le reste cède le pas à la chance ou au hasard, aux lois du marché comme aux affres de la spéculation. Et si je vous disais qu'un grand cru classé de Bordeaux coûte moins de 20 $ (et encore) à produire, vous seriez tenté de vous demander pourquoi devoir payer plus de 25 $ pour faire vibrer la fibre du plaisir. Je me suis tout de même relevé les manches en allant dénicher quelques perles cette année pour ce chapitre consacré à ces petits plaisirs à plus de 25 $. À vous de voir. Et d'en jouir ! ●

BLANCS

Chablis premier cru Vaulignot 2010, SARL Louis Moreau, France (25,25 $ – 480285)

Riesling Réserve 2009, alsace, F.E. Trimbach SA, France (25,70 $ – 969709)

Riesling Herrenweg 2010, alsace, Barmès Buecher, France (27,05 $ – 11153117)

Friulano 2011, Livio Felluga, Italie (29,00 $ – 11691935)

Chablis Réserve de Vaudon 2010, Joseph Drouhin, France (29,60 $ – 10524609)

Le Grand Pompée 2010, saint-joseph, Paul Jaboulet Aîné SA, France (30,25 $ – 975011)

Le Clos Jordanne Village Réserve 2009, Le Clos Jordanne, Ontario, Canada (31,00 $ – 11254031)

Chardonnay Kumeu River Estate 2008, Kumeu River Wines, Nouvelle-Zélande (34,00 $ – 10281184)

Bianco Secco 2010, Quintarelli Giuseppe, Italie (35,75 $ – 10663801)

Chablis premier cru Fourchaume 2011, Château de Maligny, France (36,00 $ – 480145)

**Chablis premier cru Montée
de Tonnerre 2011, Château de Maligny,
France** (36,00 $ – 895110)

**Chardonnay Kumeu River Hunting Hill
2008, Kumeu River Wines,
Nouvelle Zélande**
(39,75 $ – 11416159)

**Chardonnay Piodilei 2010, langhe,
Pio Cesare, Italie** (40,00 $ – 11072026)

**Pinot noir Impero 2009, Fattoria Mancini,
Italie** (40,50 $ – 118119661)

**Chablis grand cru Blanchot 2008 et 2009,
La Chablisienne, France**
(61,25 $ – 11439668)

**Le Chevalier de Sterimberg 2009,
hermitage, Paul Jaboulet Aîné SA, France**
(75,00 $ – 11695178)

**Chablis grand cru Château Grenouilles
2008 et 2009, La Chablisienne, France**
(84,00 $ – 11433223)

ROUGES

La Massa 2010, toscana, Giampaolo Motta Gattoria La Massa, Italie
(25,05 $ – 10517759)

Les Calcinaires 2010, vin de pays des côtes catalanes, SCEA Domaine Gauby, France
(25,15 $ – 11463060)

Palistorti di Valgiano 2009, colline-lucchesi, Tenuat di Valgiano, Italie (25,25 $ – 897678)

Il Drappo 2005, Azienda Vinicola Benanti SRL, Italie (25,35 $ – 11577251)

Podere Sapaio Volpolo 2010, bolgheri, Podere Sapaio, Italie (26,40 $ – 11002941)

Terres Chaudes 2010, Domaine des Roches Neuves, saumur-champigny, Thierry Germain, France (26,85 $ – 873943)

Cabernet-sauvignon Gran Araucano 2009, J. et F. Lurton, Chili (26,95 $ – 10466200)

Dolcetto d'Alba 2010, Bruno Giacosa, Italie
(27,80 $ – 11651571)

Pomerol 2008, Jean-Pierre Moueix, France
(27,80 $ – 739623)

Number One Constitution Road 2009, Robertson Winery, Afrique du Sud
(29,35 $ – 10703332)

Le Clos Jordanne Village Reserve 2008, Le Clos Jordanne, Ontario, Canada (30,25 $ – 10745487)

Monsordo 2009, langhe, Ceretto, Italie (30,25 $ – 10856769)

Les Meysonniers 2009, crozes-hermitage. M. Chapoutier, France (30,75 $ – 10269361)

Morellino di Scansano Riserva 2007, Moris, Italie (31,75 $ – 11370445)

Château-Fortia 2009 et 2010, châteauneuf-du-pape, Château Fortia, France (32,50 $ – 11171286)

Mas Borràs 2009, penedès, Socieda Vinicola Miguel Torres SA, Espagne (33,25 $ – 856039)

Château Le Castelot 2006, saint-émilion grand cru, J. Janoueix, France (33,25 $ – 11071955)

Castello di Ama 2008, chianti-classico, Castello di Ama SPA, Italie (33,50 $ – 11315403)

Dominio de Atauta 2008, ribera-del-duero, Bodegas Dominio de Atauta SL, Espagne (33,75 $ – 11466341)

Château Bouscassé Vieilles vignes 2004 et 2006, madiran, Alain Brumont, France (34,50 $ – 904979)

Domaine de la Butte 2009, bourgueil, Jacky Blot, France (34,75 $ – 10903684)

Lucente la Vite 2009, toscana, Luce della Vite SRL, Italie (34,75 $ – 860627)

Batasiolo Riserva 2005, barolo, Batasiolo SPA, Italie (35,25 $ – 11599231)

Château Mont-Redon 2009, châteauneuf-du-pape, SA Château Mont-Redon, France (37,00 $ – 856666)

Les Perrières 2009, bourgueil, C. et P. Breton, France (37,00 $ – 11665180)

Valpolicella Superiore Marion 2008, Azienda Agricola Marion, Italie (38,00 $ – 10710268)

Domaine de Thalabert 2007 et 2009, crozes-hermitage, Paul Jaboulet Aîné SA, France (38,50 $ – 11166487)

Monvigliero 2006, barolo, Mauro Sebaste, Italie (39,00 $ – 11039251)

Les Sinards 2009, châteauneuf-du-pape, Perrin et Fils SA, France (39,00 $ – 11208448)

The Chocolate Block 2010, Boekenhoutskloof, Afrique du Sud (39,75 $ – 10703412)

Nebbiolo d'Alba Valmaggiore 2011, Casa Vinicola Bruno Giacosa, Italie (40,75 $ – 11543932)

Chante-Perdrix 2008, cornas, Delas Frères, France (41,50 $ – 11565998)

Cabernet-sauvignon Marion 2008, Azienda Agricola Marion, Italie (42,00 $ – 10443091)

Teroldego Marion 2008, Azienda Agricola Marion, Italie (42,75 $ – 10863660)

Clos de l'Oratoire des Papes 2009, châteauneuf-du-pape, SCEA de l'Oratoire – Léonce Amoureux, France (43,50 $ – 11407990)

Syrah Austin Hope Paso Robles 2009, Austin Hope Winery, États-Unis (46,00 $ – 10744679)

La Montée Rouge 2009, beaune, Domaine de la Vougeraie, France (46,50 $ – 728345)

Les Lavières 2009, nuits-saint-georges, J. Faiveley, France (47,75 $ – 924480)

La Bernardine 2008, châteauneuf-du-pape, M. Chapoutier, France (49,75 $ – 10259868)

Primofiore 2008, veneto, Quintarelli Giuseppe, Italie (52,25 $ – 11542518)

Pio Cesare 2008, barbaresco, Pio Cesare, Italie (54,00 $ – 905026)

Domaine de l'Aurage 2009, côtes-de-castillon, Domaine de l'Aurage, France (58,00 $ – 11761850)

Brunello Riserva 2006, Tenuta Frigialli, Italie (59,00 $ – 11565040)

Pio Cesare 2008, barolo, Pio Cesare, Italie (59,75 $ – 11187528)

Château de Beauregard 2009, pomerol, SCEA Château Beauregard, France (64,25 $ – 10805857)

Es 2010, primitivo-di-manduria, Gianfranco Fino, Italie (70,00 $ – 11805437)

Domaine de Saint-Pierre 2009, cornas, Paul Jaboulet Aîné, France (75,00 $ – 11695223)

Amarone della Valpolicella Marion 2008, Azienda Agricola Marion Fornasa Nicoletta, Italie (78,00 $ – 11694386)

Valpolicella 2003, Quintarelli Giuseppe, Italie (79,25 $ – 10811253)

Il Bricco 2008, barbaresco, Pio Cesare, Italie (83,00 $ – 11213571)

Clos de l'Oratoire des Papes – Les Chorégies 2009, châteauneuf-du-pape, SCEA de l'Oratoire – Léonce Amoureux, France (84,50 $ – 10943740)

Ornato 2008, barolo, Pio Cesare, Italie (85,00 $ – 10271146)

Château Montus La Tyre 2002, madiran, Alain Brumont, France (99,00 $ – 11182671)

Monprivato 2007, barolo, Giuseppe Mascarello, Italie (102,75 $ – 10856435)

Château Montus Cuvée Prestige 2000, madiran, Alain Brumont, France (117,75 $ – 11082347)

Les Greffieux 2008, hermitage, M. Chapoutier, France (148,50 $ – 10701839)

De L'Orée 2008, hermitage, M. Chapoutier, France (162,25 $ – 11193231)

Le Méal 2008, hermitage, M. Chapoutier, France (175,75 $ – 10701791)

Le Pavillon 2008, hermitage, M. Chapoutier, France (206,00 $ – 11176255)

L'Ermite 2008, hermitage, M. Chapoutier, France (242,25 $ – 11176298)

VINHO DO PORTO

SN

926775

04

GARANTIA

LES MOELLEUX
ET LES PORTOS

Est-il encore utile de présenter les cidres de glace du Québec ? Un chapitre entier pourrait leur être consacré tellement ils suscitent d'émotions chez les amateurs, qui aiment la friction légendaire entre leurs sucres et leur acidité. Certains s'en lassent, d'autres les découvrent, d'autres les partagent avec des amis et des connaissances hors frontières, histoire de raconter cette belle histoire de pommes gelées propulsée par Christian Bathomeuf, en 1990, du côté de Dunham, dans les Cantons-de-l'Est. Depuis, la pomme de Christian a roulé sa bosse, à Sutton en 1996, puis à Frelighsburg en 2003, et ensuite à La Face Cachée de la Pomme et au Domaine Pinnacle, pour ne nommer que ceux-là.

L'expertise s'est affinée et de nouveaux joueurs ont croqué du fruit sans même soupçonner qu'il soit défendu. Que ce soit les Lafrance (Vergers Lafrance), Crawford (Domaine Pinnacle), Pouliot (La Face Cachée de la Pomme), Brongo (Antolino Brongo), Jodoin (Cidrerie Michel Jodoin), Fournier (Coteau Rougemont) ou encore Demoy (Cidrerie du Minot). Des hommes et des femmes pour qui les mots cryoextraction (littéralement, extraction du jus des pommes gelées et desséchées sur l'arbre) et cryoconcentration (dans 95 % des cas, les pommes sont récoltées puis entreposées au froid pour en concentrer les sucres) n'ont plus de secrets.

Le Mondial des cidres de glace a célébré son cinquième anniversaire en 2012, avec la participation de la SAQ, qui s'investit de plus en plus d'ailleurs quand il s'agit des terroirs d'ici. Cela dit, le Mondial a remis cette année la palme à 10 lauréats qui se sont distingués par leur style, leur originalité, mais surtout par la fine conception de ces bijoux de glace qui vont bien au-delà d'un simple concentré de sucre aromatisé à la pomme. Vous les trouverez cités en fin de chapitre, dans la section « D'autres bons choix ». J'ai toujours cru que la pomme, déjà présente à l'époque de Jacques Cartier, avait un avenir chez nous, peut-être même plus que le raisin.

Pour ce qui est des grands mutés de ce monde que sont les portos, ils demeurent les chouchous des palais québécois même si leur consommation s'est repliée sur les lated bottle vintages à 25 $ et moins. Quant aux vintages, rien de plus reluisant depuis ces 2007 qui ont été mis sur le marché dans des quantités bien minimes, créant des frustrations bien palpables chez plusieurs amateurs. Avant de mettre sous presse, cependant, un lot de Vau Vintage 1997, de Sandeman, était soldé pour la (très) modeste somme de 25,20 $ (11573162). Allez comprendre quelque chose. Celles et ceux qui l'ont acheté auront eu du flair!... ●

Alvada 5 ans, Blandy's Rich Madeira, Madeira Wine Company SA

23,95 $
500 ml

Portugal / Madère
CODE SAQ: 10365513

Madère. Une île au large de nulle part. Une île abrupte soufflant le froid et le chaud, où s'enracinent des cépages venus de la nuit des temps. Verdelho, sercial, bual et malmsey, autant de noms que de réponses dans l'univers monochrome des chardonnays, sauvignons et autres merlots qui homogénéisent le monde du vin. Personne ne reste insensible à un verre de bon madère, qu'il soit « sectendre » ou carrément gras et moelleux. La magie opère toujours, entre acidité primeur, sucrosité appétissante et amertume profonde comme un cap escarpé regardant l'Atlantique. Cette cuvée offre ce profil, avec sa robe acajou riche, son bouquet sucré-salé de pain d'épices, de figues compotées et de réglisse noire, et sa bouche, tendue, satinée et moelleuse, plongeant en avant sous l'impulsion d'une saine sapidité. La finale démontre une fois de plus l'audace des cépages bien décidés à vouloir prolonger ce souvenir d'un terroir du bout du monde. Pas mal à l'apéro avec des noix, un fromage manchego ou la tarte à la farlouche de votre tante préférée.

Cépages : malmsey, bual

Détente ● LT ● Rond

Avalanche, Clos Saragnat 2009, cidre de glace, Clos Saragnat

27,40 $
200 ml

Canada / Québec
CODE SAQ: 11133221

La Fundación de la Sidra et le Museo de la Sidra, en Espagne, ont décerné à Christian Bathomeuf le Premio 2007, un honneur lui reconnaissant d'emblée l'invention du cidre de glace. L'homme poursuit sa démarche encore aujourd'hui avec une ferveur et un souci de perfection qui en font un véritable maître en la matière. Vous croyez que tous les cidres de glace se ressemblent? Faux! Selon le millésime, le choix des fruits, la méthode d'extraction (cryoextraction ou cryoconcentration), l'oxydation modérée des moûts à l'air libre ou sous élevage (ou d'autres paramètres), il appert que la quarantaine de cidres de glace dégustés cette année possédaient tous quelques subtilités qui les distinguaient. L'Avalanche de Barthomeuf joue la carte de la profondeur, avec une définition fruitée qui va au-delà la pomme, faisant penser à l'abricot séché et au raisin confit. L'arôme est stupéfiant de clarté, à peine iodé par des nuances qui se rapprochent de la pourriture noble. En bouche, le côté salin est troublant sous la liqueur fine, et la finale, radieuse, s'allonge jusqu'à demain matin. Du grand art ! Parfait avec un bon cheddar trois ans.

Pommes : cortland, mcIntosh, empire

Détente ● LT ● Rond

- -

Vidal 2008, vin de glace, Inniskillin

**27,95 $
200 ml**

Canada / Ontario – péninsule du Niagara
CODE SAQ : 11156369

Avec les 260 grammes de sucre bien sonnés de ce vin de glace, tout indique que tous les sens seront mis à contribution. Excessif pour certains, divin pour d'autres, le vin de glace ne laisse jamais indifférent, même si on ne sait pas exactement quand et avec quoi le servir. Avec des poires pochées ? Du foie gras poêlé ? Une tarte des sœurs Tatin ? Ou encore avec des Whippet qu'on aura pris soin de placer une bonne heure au congélateur ? Sans doute moins nuancé, moins fin que le riesling, ce vidal est un fonceur qui n'a peur de rien. La robe or vif précède ici un nez exubérant fleurant bon le thé Red Rose avec cette touche de miel caractéristique évoquant le confit. La bouche s'amène ensuite, liquoreuse et impériale, telle une rutilante Pontiac 1955 aux pare-chocs chromés et aux rondeurs assumées. La finale, longue, donne l'impression de fondre dans un gâteau pain d'épices. Encore soif ?

Cépage : vidal

Détente ● MT ● Rond

Cidre de glace pétillant Domaine Pinnacle 2009, Domaine Pinnacle

29,00 $
375 ml

Canada / Québec
CODE SAQ : 10341247

Je défie quiconque de bouder cette mousse de pommes. Elle est si fine qu'on reste gaga de bonheur après l'avoir bue. Non seulement y retrouve-t-on l'essence même de la pomme, mais on décolle avec elle en douceur, avec ce côté aérien proposé par les bulles, le tout sur un fond d'alcool particulièrement modéré, merci. L'ambiance fruitée y est dès le départ, tranchée, nette et festive. Le régal est instantané, vivifiant, grâce à des saveurs qui ne tombent jamais, puisqu'elles évitent toute lourdeur. Une jolie bulle à saisir au passage, que ce soit à l'apéro avec des pailles au cheddar, ou encore avec une pointe de camembert ou des nems vietnamiens à la sauce aigre-douce. Bref, un bon mousseux en provenance d'un domaine qui sait faire, quel que soit le style, que la pomme soit traitée en sec, en mousseux ou en moelleux.

Pommes : cortland, mcIntosh, empire

Amour ● **CT** ● **Rond**

Moulin Touchais 1996, Vignobles Touchais

39,50 $

France / Loire – coteaux-du-layon
CODE SAQ : 708628

Il y a bien sûr les millésimes 1997 à 45,75 $ (11177418) et 1999 à 45,00 $ (739318), tout aussi recommandables, mais je dois avouer mon penchant pour ce 1996 qui, issu d'une année chaude, était prédestiné à perdre en volume ce qu'il avait à gagner sur le plan de la tension interne, comme si le minéral était ici à fleur de peau. La robe colorée est vive et éclatante, alors que le bouquet, d'abord discret, évolue vers ce quelque chose de confit et d'iodé typique des chenins en surmaturité « sèche ». Le palais offre vigueur et moelleux sans être chargé puisqu'il file ensuite sur une liqueur fine où pointe légèrement l'amertume. Finale longue, nuancée de pomme enrobée de caramel. Le rêve. Mais avec quoi le servir ? À l'apéro avec une mousse de foies de volaille ou une pointe de comté.

Cépage : chenin blanc

Amour ● MT ● Rond

- -

Cabral Branco Porto Fino, Vallegre Vinhos do Porto SA

14,20 $

Portugal / Haut-Douro – porto
CODE SAQ : 10270733

Ce Cabral est actuellement le moins cher des portos sur le marché, sans pour autant être le plus mauvais. Entendons-nous : il est franc de goût, équilibré, pas trop sucré, plutôt sec même, avec cette finale bien nette qui offre un peu d'amertume pour mieux allonger la sauce. Le plus sympathique de l'affaire est qu'il gagne à être servi en *long drink,* sur glace, avec du soda tonique ou encore du vin blanc sec. Certains y ajouteront même une trace de Campari, histoire de le rosir légèrement, mais surtout pour amplifier la noble amertume en finale. Vin de soif, vin d'été, vin à servir pour accompagner une multitude de tapas, que ce soit olives, chorizo, tapenade, filets d'anchois, amandes grillées, et *tutti quanti.* Servir très frais.

Cépages : gouveio, malvasia fina

Copain ● CT ● Musclé

- -

Offley 2007, porto late bottled vintage, Sogrape Vinhos SA

19,95 $

Portugal / Haut-Douro – porto
CODE SAQ : 483024

À 20 $ la bouteille de 750 ml, le prix au kilo des raisins pressés paraît dérisoire tant ce porto concentre le meilleur du sous-sol local. Pour qui aime le style Offley, mélange somptueux de générosité fruitée, de plénitude, de force et de puissance mesurée, il y a là une belle matière à boire. Évidemment, ce millésime y est pour quelque chose : il est « frais » et met à l'avant-plan une certaine luminosité dans le fruit, avec ce détail qui échappe trop souvent aux années chaudes. La robe est d'un violacé très profond, les arômes sont encore peu nuancés mais tournent véritablement autour du fruit, et les saveurs, musclées et très fraîches, exercent une tension homogène au palais, avec cette consistance unique liée à des tannins bien serrés. Bref, du bon jus ! Stilton et autres bleus de l'Abbaye de Saint-Benoît-du-Lac feront l'affaire.

Cépages : touriga franca, tinta roriz, touriga nacional

Copain ● MT ● Musclé

Terra Prima, ruby reserve, Quinta and Vineyards Bottlers Vinhos SA

28,25 $

Portugal / Haut-Douro – porto
CODE SAQ : 10985819

Ce porto bio est un bel ajout au répertoire. Un vin essentiel dans cette catégorie « ruby » qui, parfois, peut être boudée par le grand public. Pourtant, le ruby demeure un bon indicateur sur la qualité d'ensemble d'une maison, à la façon par exemple d'un brut sans année d'une maison champenoise. C'est le cas ici ! Voilà un porto taillé pour évoluer en bouteilles. Oh ! pas des lustres, mais quand même ! On sent que le fruité abondant se nuancera. Les arômes sont nets, tracés sur l'intensité fruitée, à peine capiteux. La bouche est ronde, mais devient plus moelleuse, puis se resserre sur des tannins riches et bien mûrs. L'ensemble est frais et passablement équilibré, s'ouvrant sur la figue et une pointe de réglisse qui ajoute à la fraîcheur. Pas trop compliqué tout ça, mais diable que c'est bon. Je l'ai essayé avec La Tomme du Kamouraska.

Cépages : touriga nacional, touriga

Copain ● MT ● Élancé

Barros 1997, porto tawny (colheita), Barros Almeida & Ca. Vinhos SA

35,00 $

Portugal / Haut-Douro – porto
CODE SAQ : 10328034

Cette maison familiale centenaire, qui appartient aujourd'hui au groupe Sogevinus, dispose de stocks importants nécessaires à l'élevage prolongé des tawnys. Pour ce millésimé embouteillé récemment et issu d'une récolte « déclarée » par une majorité de maisons portugaises (c'est-à-dire qu'il y a unanimité ou presque dans l'ensemble des intervenants sur la qualité exceptionnelle d'un millésime), l'attente est à la hauteur des aspirations. Particulièrement éloquent, diversifié et ouvert sur le plan du bouquet, ce porto promet tout autant le souvenir d'un fruité dont la maturité est manifeste dans ce millésime que le reflet oxydatif du même fruité patiné par les *botti* portugaises. Tout demeure bien frais, avec cette texture fondue, étirée et bien porteuse. Finale longue où le « sec » se mêle au salin, assurant de la sorte une buvabilité friande supplémentaire. Tâtez un bon vieux cheddar là-dessus.

Cépages : touriga nacional, touriga franca, tinta roriz

Détente ●**LT** ●**Rond**

Offley, porto tawny 30 ans, Sogrape Vinhos SA

88,25 $

Portugal / Haut-Douro – porto
CODE SAQ : 441618

La mise en bouteilles est récente (2008) pour un porto qui ne cesse d'approfondir le facteur temps, avec ce que ce dernier offre de plus mystérieux, de plus envoûtant. On imagine ici très bien le fruit frais de l'année, très riche, amplement sucré qui, à la fin des années 1980, se préparait à passer un bon moment à l'ombre des douelles, se plongeant dans un sommeil qui opérerait chez lui ce détachement graduel, passage obligé où le corps fruité devient l'esprit dans la matière. Il y a de l'acajou doux dans la robe, puis un bouquet qui file à la verticale pour mieux s'épanouir, tel un feu d'artifice revenant vers son point de lancement, entraînant au passage une présence rancio découpée dans la plus belle acidité qui soit. La bouche poursuit sur ce feu qui n'a rien d'un artifice, à la fois ardente et tenace, moelleuse mais aussi vigoureuse, nuancée de cuir frais, de réglisse et d'anis, de cèdre et de havane cubain. Grand vin de méditation qui se sirote avec quelques figues fraîches ou quelques pâtisseries fourrées à la crème de marron.

Cépages : touriga nacional, touriga franca, tinta roriz

Détente • **LT** • **Musclé**

D'AUTRES BONS CHOIX

MOELLEUX

Pelligrino, passito-di-pantelleria, Carlo Pelligrino & Co., Italie (22,90 $ – 742254)

Domaine du Noble 2007, loupiac, Dejean Père & Fils, France (23,70 $ – 968511)

Domaine Pouderoux 2008, maury, Domaine Pouderoux, France (23,95 $ – 10811018)

Sauvignon blanc Errazuriz Vendange tardive 2010, Vina Errazuriz SA, Chili (13,65 $ les 375 ml – 519850)

Château d'Aydie 2009, pacherenc-du-vic-bilh, Vignobles Laplace, France (18,70 $ les 500 ml – 857193)

Vendemiaire 2006, pacherenc-du-vic-bilh, Château Bouscassé, Alain Brumont, France (21,25 $ les 500 ml – 702134)

Uroulat 2009, jurançon, SARL Charles Hours, France (16,65 $ les 375 ml – 709261)

Mas Amiel Prestige 15 ans, maury, Mas Amiel, France (41,50 $ – 884312)

Le Glacé 2006, cidre de glace, Les Vergers de la Colline Pomico inc., Québec, Canada (22,00 $ les 375 ml – 10220445)

Pomme de glace Clos Saint-Denis, cidre de glace, Clos Saint-Denis, Québec, Canada (29,55 $ les 500 ml – 10502485)

Moulin Touchais 1997, coteau-du-layon, Vignobles Touchais, France (45,75 $ – 11177418)

Le Fruit Défendu 2009, cidre de glace, La Pommeraie du Suroît, Québec, Canada (24,75 $ les 375 ml – 11441418)

Domaine Pinnacle 2009, cidre de glace, Domaine Pinnacle, Québec, Canada (25,00 $ les 375 ml – 734269)

Neige Première 2009, cidre de glace mousseux, La Face Cachée de la Pomme, Québec, Canada (27,00 $ les 375 ml – 11345291)

Coteau Rougemont Réserve, cidre de glace, Ferme C.M.J.I. Robert, Québec, Canada (27,25 $ les 375 ml – 11680460)

Passito di Noto 2009, moscato-di-noto, Planeta SAS, Italie (39,50 $ les 500 ml – 10540406)

Cryomalus 2009, cidre de glace, Domaine Antolino Brongo, Québec, Canada (30,25 $ les 375 ml – 11002626)

Du Minot des Glaces 2008, cidre de glace, Cidrerie du Minot, Québec, Canada (16,00 $ les 200 ml – 10977202)

Fine Pomme de glace Clos Saint-Denis, cidre de glace, Clos Saint-Denis, Québec, Canada (34,75 $ ls 375 ml – 10502469)

Michel Jodoin 2010, cidre de glace rosé, Michel Jodoin, Québec, Canada (35,00 $ les 375 ml – 10550823)

Les Pommes du Roy 2009, Récolte Hivernale, cidre de glace, La Pommeraie du Suroît, Québec, Canada (35,00 $ les 375 ml)

Château Guiraud 2008, sauternes premier cru classé, SCA du Château Guiraud, France (73,50 $ – 11177725)

Château Clos Haut-Peyraguay 2006, sauternes grand cru classé, SC J. & J. Pauly, France (77,25 $ – 11266411)

Château Coutet 2006, barsac grand cru classé, Société civile du Château Coutet-Barsarc, France (83,25 $ – 11266349)

Château Coutet 2005, barsac grand cru classé, Société civile du Château Coutet-Barsarc, France (89,75 $ – 10681541)

Domaine Lafrance Cuvée Spéciale 2010, cidre de glace, Les Vergers Lafrance, Québec, Canada (24,45 $ les 200 ml – 11137352)

Riesling Ziraldo 2007, vin de glace, Ziraldo Estate Winery, Canada (60,50 $ les 375 ml – 11343594)

Château Suduiraut 2006, sauternes grand cru classé, SA du Château Suduiraut, France (112,50 $ – 11266445)

Château Suduiraut 2005, sauternes grand cru classé, SA du Château Suduiraut, France (149,00 $ – 11266437)

Château Climens 2006, barsac grand cru classé, SF du Château Climens, France (159,00 $ – 11266390)

Château Climens 2005, barsac grand cru classé, SF du Château Climens, France (250,25 $ – 11266381)

PORTOS BLANCS

Quinta do Castelinho, Castelinho Vinhos SA, Portugal (13,85 $ – 907337)

Lagrima Branco, Adriano Ramos Pinto – Vinhos SA, Portugal (18,80 $ – 338632)

Offley Cachucha Reserve, Sogrape Vinhos SA, Portugal (19,40 $ – 582064)

Warre's Otima, porto tawny 10 ans, Warres's, Portugal
(24,95 $ les 500 ml – 565705)

PORTO ROSÉ

Poças Pink, Manoel D. Poças Junior Vinhos SA, Portugal
(20,35 $ les 500 ml – 11305299)

PORTOS ROUGES

**Quinta do Castelinho, porto tawny 10 ans,
Castelinho Vinhos SA, Portugal** (24,85 $ – 734079)

**Dow's 2007, porto late bottled vintage, Symington Family
Estates Vinhos Lda, Portugal** (12,45 $ les 375 ml – 565564)

Black, porto tawny, Quinta do Noval Vinhos SA, Portugal
(26,05 $ – 11557576)

**Quinta do Noval Unfiltred LBV 2005, porto late bottled
vintage, Quinta do Noval Vinhos SA, Portugal**
(26,20 $ – 734657)

**Taylor Fladgate, porto tawny 10 ans, Taylor Fladgate
& Yeatman Vinhos SA, Portugal** (34,75 $ – 121749)

**Smith Woodhouse 1999, porto late bottle vintage,
Smith Woodhouse & Co., Portugal** (35,75 $ – 743781)

**Martinez 10 ans, porto tawny, Symington Family Estates
Vinhos Lda, Portugal** (36,00 $ – 297127)

**Messias 1994, porto tawny (colheita), Dos Vinhos Messias SA,
Portugal** (39,00 $ – 334771)

**Quinta da Ervamoira, porto tawny 10 ans, Adriano Ramos
Pinto – Vinhos SA, Portugal** (39,75 $ – 133751)

**Sandeman Vau Vintage 2000, porto vintage, Sogrape Vinhos
SA, Portugal** (95,00 $ le 1,5 litre – 850784)

**Barros 1988, porto tawny (colheita), Barros Almeida & Ca.
Vinhos SA, Portugal** (52,50 $ – 882894)

**Warre's Otima 20 ans, porto tawny, Symington Family
Estates, Portugal** (39,75 $ les 500 ml – 10667360)

**Quinta da Ervamoira, porto tawny 20 ans, Adriano Ramos
Pinto – Vinhos SA, Portugal** (70,00 $ – 133769)

**Quinta do Tedo Vintage 2000, porto vintage,
Vincent Bouchard, Portugal** (75,00 $ – 728857)

**Dow's Vintage 1991, porto vintage, Symington Family
Estates, Portugal** (83,00 $ – 10320526)

**Warre's Vintage 2007, porto vintage, Warre's & Ca. SA,
Portugal** (44,00 $ les 375 ml – 11220535)

**Graham's tawny 30 ans, Symington Family Vinhos LDA,
Portugal** (61,75 $ les 375 ml – 438630)

Les disponibilités sont, hélas, aléatoires.

LES SPIRITUEUX

Quelle sera la nouvelle tendance en matière d'eaux-de-vie en 2013? Que deviennent les vodka, rhum, cognac, armagnac, gin, calvados, grappa et autres distillats plus obscurs? Les créateurs de cocktails – qu'on appelle aussi mixologues –, qui jouent habilement sur la synergie des différents alcools pour en faire jaillir la beauté, vous diront que, justement, le cocktail est *in*. Très *in*. Est-ce à dire que le cognac de ma tante Berthe est obsolète, que le gin de mon oncle Émile est *has been* ou que la vodka de ma voisine Monika, eh bien, ce n'est plus ça?

Je n'ai rien contre les cocktails. Ils sont amusants, colorés, innovants. Mais j'aime aussi, comme pour un vin, cerner le meilleur du fruit des nombreux distillats qui foisonnent sur tous les continents. Seuls, pour ce qu'ils sont. Que ce soit la fraîcheur juvénile et parfumée d'un gin, la finesse d'esprit d'un cognac, la transparence d'une vodka, la sensualité profonde d'un rhum ou le côté subtilement délinquant d'un whiskey irlandais. Les spiritueux ont des personnalités fortes, mais ils savent, comme les vins, se montrer nuancés, attachants aussi. Ce sont ces personnages que je retiens encore pour vous cette année. Même s'ils sont passés de mode. Évidemment, vaut mieux la modération, surtout si on a l'impression (parfois tardive) d'être soi-même passé dans le col de cygne tordu d'un alambic!

Pour mieux apprécier une eau-de-vie

En raison de la combustion interne alimentée par un degré d'alcool élevé, la dégustation d'une eau-de-vie ne se fait pas à la légère. Pour l'olfaction et avant de vous enflammer, procédez comme suit.

Tenez d'abord le verre (de forme tulipe à buvant fin) à une certaine distance de votre nez afin de capter l'esprit et la subtilité aromatiques de la boisson que vous vous préparez à savourer. Rapprochez-le ensuite, pour que les arômes plus lourds se manifestent. Puis goûtez, mais attention! une goutte seulement, que vous ferez rouler au palais en évitant de ventiler le tout avec de l'air comme vous le feriez pour le vin. Notez à la fois densité, texture, dynamisme et longueur, puis avalez (ou recrachez).

Par ailleurs, les eaux-de-vie plus colorées (whisky, cognac, armagnac, rhum, etc.) laisseront derrière elles, sur les parois de votre verre vide, le souvenir de parfums intrigants et changeants. C'est aussi là que se consument les braises d'une eau-de-vie qui trouve substance à épaissir son mystère tout en repoussant l'instant où elle deviendra souvenance... ●

DES CALVADOS DE RÊVE

Christian Drouin
Calvados Christian Drouin

Nous sommes en 1971 et Christian Drouin est inscrit à l'École des hautes études commerciales de Montréal. En 1979, il rentre au bercail avec sa petite famille, au moment où son père lui cède les rênes du domaine familial, Cœur de Lion, en plein pays d'Auge, berceau du calvados. Certains, dont je suis, pensent que le Québec se prive alors d'une inestimable expertise au moment où l'élaboration du cidre prend son essor dans la Belle Province. À cette époque, Drouin aurait-il pu mettre la production québécoise de cidre sur les rails du succès et en faire un produit de qualité? Nul doute que l'homme aurait nettement fait mieux que le Grand Sec d'Orléans!

Entre-temps, l'affaire familiale achète 20 ans de stocks de calvados à un voisin, et Christian est vite appelé à gérer le domaine de 22 hectares ainsi qu'une production qui ne demande qu'à trouver preneur. Les temps sont durs, la restauration ne daignant que trop rarement s'intéresser au produit distillé de la pomme. Puis un jour, hop! Hédiard, à Paris, après la dégustation des produits jugés remarquables, passe une première commande. Les affaires suivront dans la foulée avec un partenariat avec Champagne Laurent-Perrier, qui propose à son tour d'intégrer les calvados Drouin dans son circuit de distribution.

Depuis, la maison ne cesse de récolter les médailles tout en s'installant dans le secteur de la fine restauration où les calvados ont leurs disciples convaincus. Proposé au tout début des années 1980 à la SAQ, le calvados Christian Drouin est devenu une référence, même si l'approvisionnement est parfois aléatoire. La bonne nouvelle: si la cuvée 15 ans d'âge (81,50 $ – 10686325) est déjà sur les tablettes, celle qui porte l'étiquette Hors d'âge (99,00 $ – 11451085) devrait l'être sur sous peu.

Guillaume s'est joint à son père Christian en 2005 et a élaboré la gamme «Expression» (utilisant entre autres des fûts de Banyuls et de Collioure), histoire de rajeunir la marque et d'offrir l'extraordinaire palette aromatique du produit à un public plus jeune, plus branché, et amateur de cocktails préparés avec le fameux distillat de la pomme.

Mais, au fait, qu'est-ce qu'un bon calvados? C'est le résultat de plusieurs ingrédients: un assemblage et un tri rigoureux d'une grande variété de pommes (douces-amères, douces, acidulées), mais aussi de poires (30 % sont autorisées pour l'appellation d'origine contrôlée «calvados pays d'Auge»), un pressurage à faible pression, une fermentation lente en foudre de bois, une double distillation (comme à Cognac) dans trois petits alambics, et un vieillissement naturel (sans sucre, caramel ou boisage aromatique) dans des fûts de différentes origines (Xérès, Porto, etc.). La version X.O. de la maison a séjourné un minimum de 6 ans en fût, alors que le 15 ans offre une eau-de-vie dont la plus jeune des composantes a 15 ans d'âge. Quant au Hors d'âge, le système de solera a été privilégié: les plus jeunes eaux-de-vie remplacent pour un cinquième du volume la part prélevée des eaux-de-vie plus anciennes dans le même fût, avec une moyenne de 30 ans d'âge. Dans l'ensemble, le calvados Drouin offre finesse, intensité et nuances, élégance, mais aussi une longueur caressante qui ne chauffe jamais et fait amplement rêver.

Signature Infusion Herbale, M.A. Signature Vodka inc.

43,75 $

Canada / Québec
CODE SAQ : 11345645

Selon les sages et autres chimistes de ce monde, certaines plantes seraient des plus bénéfiques pour la santé. Que diriez-vous de savourer une infusion de plante médicinale indienne ? Une façon honnête de se dédouaner lorsqu'on enfile des shooters à tire-larigot ! Ce serait dommage d'exagérer du coude ici, car cette rutilante vodka issue de la distillation de grains canadiens et d'une infusion de curcuma (*Curcuma longa*), le tout filtré au micron près, est simplement épatante. Je ne pensais pas un jour que nous en arriverions là ! Il faut dire aussi que l'industrie affine et développe là où on ne l'attend pas nécessairement. Pour le bénéfice des amateurs toujours à l'affût de nouveautés. Mais il y a plus. Sa texture satinée qui, derrière un premier nez tracé en finesse par l'épice en question, fait son chemin au palais sans hausser le ton ni chauffer la galerie. Une découverte ! Évitez de mélanger cette vodka à d'autres produits et de la servir glacée : ce serait lui manquer de respect.

Quotidien

Vieux Calvados, Michel Beucher [agrobiologique]

71,00 $

France / Normandie
CODE SAQ : 10976023

Thérèse et Michel Beucher travaillent leurs pommiers en culture biologique depuis 1976, et je pense qu'ils ont raison. Ils ont raison parce que le verre que m'a proposé un ami au cours d'une dégustation à l'aveugle cette année a tellement chatouillé ma curiosité que j'ai tout de suite été conquis. Par la fragrance très nette et très pure des pommes portées par le moelleux de l'alcool. puis par la profondeur presque caramélisée léguée par l'admirable élevage en fût.

J'avais oublié que la pomme pouvait offrir un tel potentiel, pas très loin d'ailleurs de la poire, qui demeure à mon avis l'expression ultime de la finesse. Bref, voilà un calvados équilibré, qui paraît bien sec, mais qui semble gagner en onctuosité avec le long parcours en bouche. Superbe d'authenticité. Comparez-le avec l'autre calva maison : le Calvados bio (56,00 $ les 700 ml – 10976031).

Amour

- -

Santa Teresa 1796, Ron Antiguo de Solera, Hacienda Santa Teresa

51,75 $

Venezuela
CODE SAQ : 10748071

Le rhum... Il ferait fondre une banquise tant il dégage, avec sa couleur chaude et le gras de ses saveurs pleines, une énergie qui pousse l'aiguille du thermomètre vers le sommet. Le rhum... Nous sommes au pays de la canne à sucre, où les jus distillés sont élevés longuement (15 ans) avec le système de la solera espagnole. Les jeunes eaux-de-vie (crianza), au contact d'eaux-de-vie plus anciennes, se fondent et gagnent en complexité. Un peu comme cela se pratique à Jerez, du côté de l'Andalousie espagnole. C'est le principe de ce Santa Teresa à la robe acajou, aux arômes harmonieux de banane flambée et de noix sur fond de vanille et d'épices. Pitié, ne le servez pas avec du Coca-Cola ! Plutôt comme vous le feriez avec un cognac, en le faisant rouler longuement. À découvrir aussi, de la même qualité, le rhum Plantation (72,00 $ – 11659863), distillé dans les Caraïbes, à la Barbade, puis affiné en Charente par Cognac Ferrand. Topissime !

Amour

Johnnie Walker Green Label 15 ans, Johnnie Walker & Sons

61,50 $

Royaume-Uni / Écosse
CODE SAQ : 10530451

L'art de l'assemblage, voilà toute la magie des blend. Ce 15 ans en reflète toute la dimension en s'appuyant sur des approvisionnements de quatre distilleries, chacune y apportant son « grain de vie », pour ne pas dire sa petite étincelle personnelle. Talisker lui confère de la « puissance », Linkwood lui donne de la « finesse », Cragganmore lui procure une « saveur maltée » et Caol Ila l'entoure de « mystère ». Le dénominateur commun a pour nom « intensité », mais avec toujours cette patine ronde et passablement accessible qui caractérise les scotchs maison. Le nez est très harmonieux, plutôt détaillé, très frais, avec ce fantôme tourbé en arrière-plan. La bouche démarre en douceur, se muscle doucement et gagne en plénitude avec doigté, sans casser la baraque. On est ici entre un scotch d'amateur qui a déjà fait ses classes et d'un professionnel qui se surprend de ne pas avoir tout bu. Un blend plein de sagesse et d'harmonie.

Copain

Horizons single malt scotch whisky 12 ans, The BenRiach Distillery

**111,00 $
700 ml**

Royaume-Uni / Écosse
CODE SAQ : 11607924

En raison de la triple distillation de ce whisky, nous sommes en terrain fruité, mais aussi riche en émotions épicées, tourbées et fumées. Plutôt discret au premier nez, il laisse ensuite percevoir des nuances de pomme et de poire. Il faut tout de même être attentif, car on est en présence d'un scotch rare, taillé pour les connaisseurs, plutôt axé sur la finesse et la discrétion que sur les gros roulements de tambours. En bouche, une montée en puissance démarre sur la rondeur fruitée, se concentre, gagne en vigueur et en vivacité, puis s'épanouit sur des tonalités plus «raisinées», issues de l'élevage en fût affiné après un séjour de xérès oloroso. C'est là qu'il s'accomplit pleinement et montre son vrai visage. La finale est enlevante, à la fois fine et autoritaire. Un malt de nuit, qui glisse entre le reflet des astres pour mieux faire rêver.

Détente

- -

Old Fitzgerald's 1849, Old Fitzgerald Distillery

34,50 $

États-Unis / Kentucky
CODE SAQ: 11201473

Sans doute le bourbon le plus prisé du Kentucky. Cette marque créée en 1870, et appréciée encore aujourd'hui des connaisseurs, propose ici la distillation d'une bouillie de céréales en utilisant le procédé *sour mash* (pied de cuve utilisé pour le réensemencement), suivi d'un séjour de huit ans en fût. S'il n'atteint pas les sommets organoleptiques des meilleurs whiskys d'Écosse ou d'Irlande, ce bourbon offre en revanche un univers savoureux particulièrement coloré où caramel, bonbon au beurre et réglisse font bon ménage. C'est d'ailleurs tout son intérêt: plutôt qu'une fine qui se savoure au Georges V à Paris, il réconforte les cordes vocales du chanteur rock qui a une petite soif sur scène (Keith Richards?). Un truc à boire entre amis, en jouant de la guitare et en regardant passer les filles (ou les gars). Autre bon bourbon à considérer: Buffalo Trace Straight Bourbon (39,75 $ – 10263891).

Copain

Tullamore Dew Special Reserve 12 ans, Tullamore Dew Co. Ltd

48,00 $

Irlande
CODE SAQ: 11202994

Vous connaissez la fameuse liqueur irlandaise Irish Mist ? C'est la famille de Daniel Williams qui l'a créée à la fin des années 1940. Daniel Williams ? Il entrait à la distillerie Tullamore Dew à l'âge de 15 ans, pour y demeurer... 60 ans. Moi, j'appelle ça avoir trouvé sa seconde maison, pour ne pas dire une bonne raison de vivre. C'est ce que nous raconte la petite histoire. La maison fondée en 1829 lui doit beaucoup. Moi aussi, je dois dire, car cette eau-de-vie triplement distillée a beaucoup de culot et de personnalité. Elle ne cache pas qu'elle veut plaire, mais elle le fait sans se comparer à d'autres, parce qu'elle est confiante et sûre d'elle. J'ajouterais qu'elle a une dose d'élégance, mais aussi de sensuelle gourmandise en raison de ses flaveurs moelleuses de beurre au rhum. C'est savoureux, envoûtant, parfaitement équilibré. À siroter à l'automne, en regardant le soleil se coucher sur les foins blonds.

Copain

Hennessy Very Special Cognac, James Hennessy & Co.

61,50 $

France / Poitou-Charentes
CODE SAQ: 008284

Il y a bien sûr le Paradis Impérial (2 619,00 $ les 700 ml – 11584902) et, si votre billet de loto est vraiment gagnant, il y a le Richard Cognac Napoléon, à 4 779 $ (11285275) les 750 ml, soit 6,37 $ le millilitre. Son concurrent le plus proche pourrait être le cognac Audry Exception Fine Champagne, à 427 $ (706648). Puis il y a, pour le commun des mortels à qui le paradis n'est pas interdit, ce Very Special issu de l'assemblage d'une quarantaine de cognacs différents en provenance de la Grande et de la Petite Champagne, des Fins Bois et des Bons Bois, le tout vieilli pendant plus de trois années. Pour tout dire, cette eau-de-vie récompense pleinement, même à ce seuil hiérarchique, et donne l'impression à l'amateur de pénétrer dans la cour des grands tant plénitude et finesse, moelleux riche et texture satinée dominent. Un cognac de charme qui tire profit aussi de l'approvisionnement de quelque 2 600 viticulteurs et de l'expertise maison acquise depuis 1765. Indiscutablement le meilleur de sa catégorie!

Amour

- -

Pierre Ferrand Réserve premier cru Grande Champagne, Pierre Ferrand

106,00 $
700 ml

France / Poitou-Charentes
CODE SAQ: 11216704

Je vous avais entretenu de la Sélection des Anges dans l'édition du Guide Aubry 2010. Poursuivons avec ce Réserve élevé pendant 20 ans à l'ombre des chais de Segonzac, au cœur même de la patrie des grands cognacs de ce monde. Les Ferrand y possèdent 27 hectares de vignes et sont maniaques de précision, autant pour ce qui est de la qualité des raisins que pour la période d'élevage. Que de classe ici, messieurs dames! Quelle expression magnifique que cette eau-de-vie si civilisée qu'elle résume à elle seule le rayonnement de la France! Belle robe ambrée, bouquet puissant mais harmonieux, sans chauffe aucune, doucement épicé avec une trace de bâton de vanille. Bouche stimulante, vivante, ouverte sur le fruit et l'épice, en un mouvement ascensionnel constant. Finale nette et pure. Caractère et style pour un cognac très personnalisé. À essayer aussi: la délicieuse version Ambré premier cru Grande Champagne (60,75 $ les 700 ml – 10867530) de la même maison. L'assurance des meilleurs.

Détente

Grappa dell'Ornellaia, Tenuta dell'Ornellaia

68,50 $
500 ml

Italie / Toscane
CODE SAQ: 470997

Le 13 avril 2012, dans ma chronique au *Devoir,* j'écrivais ceci à propos du célèbre rouge Ornellaia 2009 (180,00 $ – 11239771), qui arrivait sur le marché : « Classe évidente sur fond de puissance et de finesse. Superbe boisé sur sève mûre, riche, sensuelle, longue. » La grande classe, quoi. Que font ensuite les gens de la maison avec les meilleurs lots de marc de cabernets et de merlots qui ont été utilisés pour élaborer les rouges ? Ils les acheminent la journée même à la distillation, puis élèvent le tout 18 mois en fût, à la façon du grand rouge. Des petits détails qui comptent quand on sait que la réussite se niche justement au cœur des petits détails. Le résultat est magique et vous fait entrer en mode méditation pure. La robe paille invite à percer un bouquet d'herbes et d'épices, de tisane et de foin coupé, alors que le palais, d'abord rond et caressant, s'affine et pousse en puissance pour culminer sur des notes florales, épicées et fruitées. Je vous le disais : la grande classe. Servir à peine rafraîchi dans de petits verres tulipe.

Détente

D'AUTRES BONS CHOIX

VODKAS

Kamouraska, Kamouraska Vodka, Canada (19,95 $ – 090472)

Wyborowa, Agros SARL, Pologne (22,45 $ – 005363)

Zubrowka Bison vodka aromatisée, Agros SARL, Pologne (24,95 $ – 035840)

Ketel One Citron, aromatisée, Distillerie Nolet, Pays-Bas (33,25 $ – 10886010)

Chopin, Polmos Siedlce, Pologne (42,25 $ – 521963)

TEQUILAS

El Jimador Reposado, Casa Herradura, Mexique (33,75 $ – 11133386)

Hornitos Sauza Reposado, Tequila Sauza SA de CV, Mexique (57,75 $ – 11035680)

WHISKYS

Label 5, blended scotch whisky, First Blending Company, Écosse (23,95 $ – 11133394)

Té Bheag Unchilfiltered Gaelic, scotch blended, Praban Na Linne Ltd, Écosse (34,25 $ les 700 ml – 858209)

Glen Turner 12 ans, single malt whisky, Glen Turner Distillery Ltd, Écosse (46,00 $ les 700 ml – 11156094)

Glendronach Original 12 ans, Glendronach Distillery, Écosse (58,50 $ – 10784099)

The BenRiach Curiositas 10 ans, The BenRiach Distillery, Écosse (63,75 $ les 700 ml – 10652547)

Intravagan'za, single malt, Michel Couvreur, France (69,75 $ les 700 ml – 11215381)

The BenRiach Arumaticus Fumosus 12 ans, The BenRiach Distillery, Écosse (70,00 $ les 700 ml – 11092473)

Big Peat Islay, blended malt, Douglas Laing & Co. Ltd, Écosse (73,50 $ les 700 ml – 11310776)

Talisker 10 ans Isle of Skye, scotch single malt, Talisker Distillery, Écosse (73,50 $ – 249680)

The Glenlivet Nàdurra 16 ans, The Glenlivet Distillery, Écosse (80,50 $ – 11156203)

Glenmorangie Nectar d'Or, The Glenmorangie Distillery, Écosse (86,25 $ – 11573859)

Johnnie Walker Gold Label 18 ans, scotch blended, John Walker & Sons, Écosse (86,25 $ – 11447449)

The BenRiach 15 ans, tawny port wood finish, The BenRiach Distillery, Écosse (88,75 $ les 700 ml – 11092457)

Glendronach 14 ans, virgin oak, The BenRiach Distillery, Écosse (89,00 $ les 700 ml – 11543748)

The BenRiach 15 ans, dark rum wood finish, The BenRiach Distillery, Écosse (90,00 $ les 700 ml – 11543676)

Aberlour A'Bunadh, Speyside, Aberlour Glenlivet Distillery Co. Ltd, Écosse (91,00 $ – 573352)

Ardbeg 10 ans Islay, scotch single malt, Ardbeg Distillery Ltd, Écosse (91,00 $ – 560474)

Glengoyne 17 ans, scotch single malt, Lang Brothers Ltd, Écosse (96,50 $ – 306233)

Springbank 12 ans, J. & A. Mitchell & Co. Ltd, Écosse (98,00 $ les 700 ml – 11590270)

Springbank 12 ans, cask strength, J. & A. Mitchell & Co. Ltd, Écosse (98,00 $ les 700 ml – 11590270)

The Dalmore 15 ans, scotch single malt, The Dalmore Distillery, Écosse (106,75 $ – 11368011)

Springbank 15 ans, J. & A. Mitchell & Co. Ltd, Écosse (123,00 $ – 11590296)

Glendronach 18 ans, Allardice, Glendronach Distillery, Écosse (143,00 $ – 11484995)

Glenmorangie 18 ans, Gilmour & Dean, Écosse (161,50 $ – 285734)

Auchentoshan Limited Release 21 ans, Morrison Bowmore Distillers Ltd, Écosse (167,00 $ – 398776)

Springbank 18 ans, J. & A. Mitchell & Co. Ltd, Écosse (175,00 $ les 700 ml – 11590309)

GIN

Magellan, Crillon Importers, France (39,25 $ – 11216712)

COGNACS

Hardy V.S.O.P., Hardy Cognac SA, France (62,00 $ les 700 ml – 11092385)

Le Réviseur V.S.O.P., Réviseur Cognac, France (87,50 $ les 700 ml – 11583061)

Le Réviseur X.O. 10 ans, Réviseur Cognac, France (101,50 $ – 11346200)

Otard Gold Cognac X.O., Château de Cognac SAS, France (193,00 $ – 10689905)

Courvoisier Cognac X.O., Courvoisier SA, France (201,75 $ – 158865)

Rémy Martin Excellence Cognac X.O., Cls Rémy Cointreau, France (229,00 $ – 583468)

RHUMS

Appleton Estate V/X, rhum ambré, J. Wray & Nephew Ltd, Jamaïque (25,85 $ – 177808)

Barbancourt 4 ans, rhum ambré, Crillon Importers Ltd, Haïti (29,45 $ – 11459722)

Flor de Cana Grand Reserve 7 ans, rhum ambré, Compania Licorera, Nicaragua (30,75 $ – 10904409)

Papagayo, rhum ambré [agrobiologique], The Organic Spirits Co., Paraguay (33,75 $ les 700 ml – 11156650)

La Favorite, rhum agricole vieux, Cœur de rhum, Habitation La Favorite, Martinique (55,75 $ les 700 ml – 10913479)

EAU-DE-VIE DE FRUIT

Poire Williams Pied Menu, Domaine de Pied-Menu, France (29,30 $ les 500 ml – 432187)

Les disponibilités sont, hélas, aléatoires.

GUIDE EXPRESS
METS ET CÉPAGES

Bien que consacrés à la découverte du vin, les voyages de presse qui m'amènent un peu partout durant l'année sont indissociables des gastronomies locales. Normal : mets et vins sont aussi fusionnels que deux amants liés pour le meilleur et pour le pire. Accompagné de son alter ego alimentaire, le bon vin se surpasse, créant de nouvelles aventures en bouche – parfois sages, parfois troublantes, parfois totalement insoupçonnées !

Vous avez le plat en tête mais pas le vin pour le mettre en valeur ? Voici une façon de faire qui ne manquera pas de vous faciliter la vie. Au lieu de s'égarer dans les arcanes subtiles et sophistiquées de recettes toutes aussi tarabiscotées les unes que les autres visant à réussir le mariage parfait entre un plat et son vin (qui, comme dans la vie, n'existe pas car au mieux existe-t-il le mariage le moins pire !), ce guide propose pour chaque plat un ou plusieurs cépages susceptibles de vous orienter vers des vins souvent de prix et d'horizons différents.

Pourquoi parler de cépages ? Tout simplement parce qu'ils sont la base sur laquelle s'échafaude « l'édifice » vin. En d'autres mots, ils décident déjà, en raison de leur caractère spécifique inné, de la « logique » du mariage éventuel avec le plat. Ainsi, une tourtière du Lac-Saint-Jean aimera tout naturellement se frotter à un grenache ou à un carignan, qu'il soit de France (Languedoc) ou d'Espagne (Tierra di Castilla) ; un gigot d'agneau s'amourachera d'un cabernet-sauvignon (Bordeaux) ou d'une touriga nacional (Douro), alors qu'un bar rôti pratiquera la nage synchronisée avec un chardonnay (de Bourgogne, d'Australie occidentale, de Californie) ou un riesling (d'Alsace). Bref, vous suggérez le plat et le guide se charge en retour de vous indiquer le cépage qui lui va comme un gant. Un jeu d'enfant (18 ans et plus) !

Ce concept offre plusieurs avantages. *Primo,* il permet de donner rapidement le ton en soulignant le caractère du cépage qui « colle » au mieux avec le plat que vous proposez ; *secundo,* il vous offre toute la latitude et la liberté voulues d'associer ensuite, selon votre humeur et vos goûts, le ou les vins élaborés avec le ou les cépages suggérés ; *tertio,* il revendique une approche simple et réaliste du vin qui se consomme au quotidien avec des plats de tous les jours. ●

L'APÉRO

Acras de morue
alvarinho, gros manseng, sauvignon

Ailes de poulet grillées
alvarinho, chenin, grechetto, trebbiano

Antipasti
chardonnay, gamay, garganega, mondeuse,
pinot gris

Bruschetta
dolcetto, nero d'avola

Gougère, allumettes au fromage, grissini
chardonnay (mousseux), gamay

Mousse ou terrine de foie de volaille
corvina veronese, gamay, muscat (moelleux),
petit manseng, sangiovese

Noix grillées
grenache blanc (doux), palomino fino, viura

**Purée de pois chiches ou d'aubergine
sur croustilles de pita**
aglianico, melon de Bourgogne, sauvignon, sylvaner

Rillettes de thon ou de saumon sur canapés
chenin (crémant), grüner veltliner, riesling

Tapenade
arinto + boal + viosinho (porto blanc), carignan,
mondeuse, syrah

GUIDE EXPRESS METS ET CÉPAGES

L'ENTRÉE

Asperges
gros manseng, riesling, sauvignon, viognier

Avocat aux crevettes
chardonnay + viura (cava), roussanne

Charcuteries diverses
cabernet franc, cabernet-sauvignon, côt,
fer servadou, grenache noir, merlot, syrah

Endives au jambon
cabernet franc, chenin tendre, gewurztraminer,
savagnin

Foie gras poêlé
muscat, petit manseng, sémillon

Quiche
gamay, muscadelle, pinot blanc, pinot noir, sauvignon,
sémillon

Salade César
gewurztraminer + pinot blanc + riesling + sylvaner
(crémant d'Alsace), pinot gris

Salade de pâtes froides
barbera, cabernet franc, dolcetto

Salade de poulet
chardonnay, grenache noir + syrah (rosé)

Saumon ou truite fumés
arinto + boal + viosinho (porto blanc),
cabernet franc, chardonnay, chenin, fumé blanc,
palomino fino, pinot blanc, pinot meunier, pinot noir,
riesling, sauvignon

Le bœuf et l'agneau

Bœuf à l'orientale
aragonez, bastardo, grenache noir, syrah, tinta roriz

Bœuf bourguignon
graciano, mazuelo, pinot noir, syrah, tinta del país
(tempranillo)

Bouilli de bœuf aux légumes
gamay noir, grenache noir, merlot, pinot blanc,
roussanne, syrah

Brochettes d'agneau
cabernet-sauvignon, cinsault, grenache noir, syrah,
tinta franca, tinta roriz

Curry d'agneau
petite syrah, syrah, syrah (rosé), zinfandel

Gigot d'agneau
cabernet-sauvignon, pinot noir, tempranillo,
touriga nacional

Jarret d'agneau braisé
cabernet-sauvignon, mourvèdre, nebbiolo,
nero d'avola

Méchoui
carignan, cinsault, grenache noir, malbec (côt),
montepulciano, periquita, mourvèdre, syrah

Ragoût de bœuf
cabernet-sauvignon, syrah, tinta del país
(tempranillo)

Viande hachée
cabernet franc, dolcetto, gamay, pinot noir

Les crustacés et les fruits de mer

Calmars frits
catarratto, inzolia, palomino fino, sauvignon, savagnin, trebbiano

Gambas grillées
chardonnay, riesling, sangiovese (rosé)

Homard, crabe
chardonnay, marsanne, pinot noir, roussanne, viura

Huîtres
chardonnay, chenin, melon de Bourgogne, picpoul, pinot blanc, riesling, sauvignon

Moules marinière
chenin, melon de Bourgogne, pinot blanc, roussette

Paella
cabernet-sauvignon (clairet), pinot gris, tempranillo

Pétoncles poêlés
chardonnay, chenin sec, mauzac (crémant), pinot blanc, pinot grigio

Plateau de fruits de mer
chardonnay, melon de Bourgogne, picpoul, sauvignon

Quiche aux fruits de mer
pinot gris, roussanne

Risotto aux fruits de mer
chardonnay, pinot gris, prosecco (mousseux), rolle, sauvignon, verduzzo

Salade de crevettes
chenin blanc, grenache + syrah (rosé), sauvignon

Les pâtes et la pizza

Cannelloni au veau
cabernet-sauvignon, grenache noir, touriga nacional

Fettuccine Alfredo
sauvignon

Lasagne à la viande
cabernet franc, grenache noir, sangiovese,
tempranillo

Lasagne végétarienne
cabernet-sauvignon (clairet), chardonnay,
grenache blanc, pinot blanc

Linguines alle vongole
chenin, corvina, gamay, molinara, rondinella,
sangiovese

Macaroni au fromage
dolcetto, gros manseng, teroldego, trebbiano

Pissaladière
cinsault, pinot blanc, roussette, sylvaner, syrah

Pizza toute garnie
cabernet franc, malbec (côt), montepulciano,
sangiovese

Spaghetti alla carbonara
garganega, nero d'avola, pinot gris, sylvaner,
teroldego

Spaghetti de tante Huguette
barbera, cabernet franc, carignan, grenache,
sangiovese, syrah

Le plat traditionnel

Chevreuil, caribou
cabernet-sauvignon, carmenère, mourvèdre, nero d'avola, sagrantino, syrah, tannat, teroldego, zinfandel

Dinde farcie
malbec (côt), nero d'avola, sangiovese

Fèves au lard
aragonez, cabernet-sauvignon, carmenère, malbec (côt), montepulciano, sagrantino, tannat, trincadeira

Jambon à l'ananas
chenin tendre, gewurztraminer, muscadelle, sémillon

Jambon à l'érable
chenin tendre, sémillon

Pâté au poulet
chardonnay, gamay, pinot noir

Pâté au saumon
chardonnay, pinot blanc, pinot grigio, sémillon, verduzzo, viognier

Pâté chinois
cabernet-sauvignon, malbec (côt), merlot, syrah

Ragoût de boulettes
aragonez, cabernet-sauvignon, carignan, grenache, syrah

Ragoût de pattes de cochon
malbec (côt), mourvèdre, zinfandel

Tourtière du Lac-Saint-Jean
aglianico, carignan, grenache noir, sangiovese, syrah

Le poisson

bar ou turbot rôtis
chardonnay, chenin, riesling, sauvignon

Brandade de morue
aragonez, bastardo, grenache blanc, merlot,
nuragus di cagliari, riesling, rolle, trincadeira

Darne de saumon au four
chardonnay, riesling, roussanne

Lotte, raie, loup de mer
chardonnay, chenin, pinot noir

Quenelles de poisson
clairette, pinot blanc, roussanne, sylvaner

Sandre, sole, brochet, truite au beurre blanc
chardonnay, grüner veltliner, pinot gris,
pinot meunier, pinot noir

Sardines grillées
melon de bourgogne, picpoul, pinotage

Soupe de poissons
cabernet + grenache + syrah (rosé), catarratto, inzolia,
marsanne, rolle

Sushis
chenin, grüner veltliner, riesling, sauvignon

Thon grillé
pinot noir, sangiovese (rosé), syrah (rosé)

Le porc et le veau

Blanquette de veau
chardonnay, chenin, garganega, riesling, roussanne,
trebbiano

GUIDE EXPRESS METS ET CÉPAGES

Côtelettes de porc ou de veau
cabernet franc, corvina veronese, nebbiolo

Escalope de veau parmigiana
catarratto, garganega, inzolia, sauvignon

Osso buco
merlot, pinot noir, sagrantino, sangiovese, syrah

Ris de veau
chardonnay, chenin, pinot noir

Rognons de veau
barbera, gamay noir, sagrantino

Rôti de porc
cabernet franc, chardonnay, gamay, montepulciano,
pinot gris

Saucisses grillées
aragonez, carignan, cinsault, grenache, malbec (côt),
petite syrah, zinfandel

Sauté de veau aux légumes
chardonnay, pinot noir

Travers de porc au barbecue
cabernet-sauvignon, montepulciano, periquita

La volaille

Blancs de poulet à la crème
chardonnay, chardonnay + pinot meunier +
pinot noir (champagne), pinot gris

Chiche-kebab de poulet grillé
cabernet franc, syrah

Confit de canard
grenache, malbec (côt), mourvèdre, syrah, tannat,
tempranillo

Coq au vin
nebbiolo, pinot noir, syrah, tempranillo

Magret de canard
pinot noir, sagrantino, syrah, tempranillo

Poulet à l'orientale
gewurztraminer, grenache blanc, roussanne, viognier,
zinfandel

Poulet au citron
albarino, chardonnay, chenin, muscat sec,
pinot blanc, verdejo, viura

Poulet ou chapon rôtis
cabernet franc, chardonnay, gamay noir, pinot noir,
tempranillo

Le fromage

Bleu Ermite de l'Abbaye de Saint-Benoît-du-Lac (vache, pâte persillée)
chenin, petit manseng, sémillon, vidal

Cheddar Île-aux-Grues (vache, pâte ferme)
bastardo, cabernet franc, savagnin,
touriga nacional

Crottin (chèvre, pâte fraîche)
gamay, négrette, sauvignon

Le Barbu (chèvre, pâte molle à croûte fleurie)
chardonnay, pinot grigio, sauvignon

Le Diable aux vaches (vache, pâte molle à croûte lavée)
pinot gris, riesling, sauvignon

Le Migneron (vache, demi-ferme à croûte lavée)
dolcetto, gamay, négrette, marsanne, roussanne

GUIDE EXPRESS METS ET CÉPAGES

Le Riopelle de l'Isle
(vache, triple crème, pâte molle à croûte fleurie)
chardonnay, gamay, pinot noir

Le Sieur Corbeau des Laurentides (vache, demi-ferme)
cabernet franc, riesling

Pied-de-Vent (vache, pâte molle)
chenin tendre, sauvignon

Tomme de Kamouraska (brebis, pâte demi-ferme)
chardonnay, gamay, mondeuse, roussette

Le dessert

Crème caramel ou crème brûlée
muscat, savagnin, trebbiano, zibbibo (muscat)

Gâteau au chocolat
corvina veronese, grenache noir

Gâteau au fromage
grenache blanc (doux), muscadelle, sémillon

Gâteau aux bananes
sauvignon + sémillon

Gâteau aux carottes
muscat doux

Millefeuille à la vanille
sauvignon, sémillon (pineau des Charentes)

Pouding au riz
viognier

Pouding chômeur
vidal (doux)

Tarte aux fruits
pinot gris, vidal (doux)

Tarte aux pommes
pomme de glace (« non cépage »)

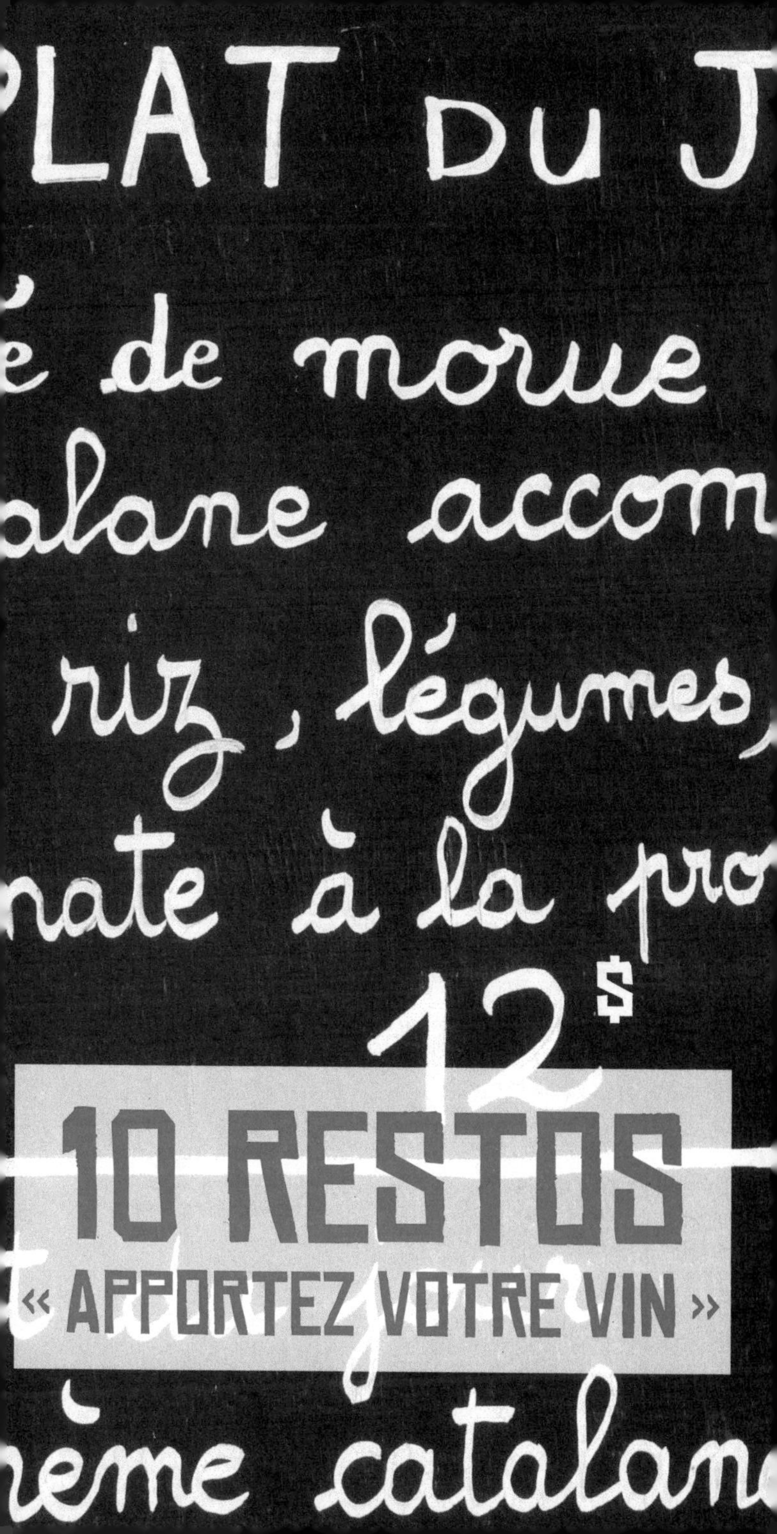

PLAT DU J

é de morue

alane accom

riz, légumes,

nate à la pro

12$

10 RESTOS

« APPORTEZ VOTRE VIN »

ème catalan

Ce chapitre est plus important qu'il ne le laisse paraître, car il reflète l'incroyable explosion de restaurants qui voient le jour au Québec chaque année. Certains ont les reins culinaires solides, d'autres non. Je ne suis pas critique gastronomique, et je n'en ai pas la prétention. Je n'ai pas fait mes classes, comme certains, dans les ateliers des grands chefs afin d'y apprendre les bases essentielles pour mieux faire mon métier. Mais je sais d'instinct de quoi relève une belle, voire une grande table. Elle naît du génie sans la prétention, et de la liberté de créer sans créer la confusion. Demeurer simple et vrai est encore et toujours de mise en cuisine. J'ai privilégié ces tables où je me sens bien, qui respirent et que j'accompagne spontanément, sans me triturer les méninges, d'une bonne bouteille de vin. En voici une autre dizaine, dans ce guide 2013, des tables qui s'équipent d'une verrerie digne de leurs couverts et de leur ambiance. Celles qui font honneur à la cuisine… et à votre vin. Bon appétit ! ●

AMÉRIQUE DU NORD

À LA TABLE DES JARDINS SAUVAGES
17, chemin Martin,
Saint-Roch-de-L'Achigan
Tél. : 450 588-5125
CUISINE : FORESTIÈRE

Mousseux
CIDRE MOUSSEUX MICHEL JODOIN,
CIDRERIE MICHEL JODOIN, QUÉBEC, CANADA
(16,70 $ – 11506779)

Une belle table comme celle-ci se doit de faire mousser la pomme en apéro, histoire de se mettre au diapason avec quelques pépites de vieux cheddar. Exemplaire fruité de pomme, trame vivace, légère, sans excès de sucre. Finale nette et franche.

Blanc
MOMA 2011, RUBICONE, UMBERTO CESARI, ITALIE
(13,65 $ – 11072851)

Trebbiano, sauvignon et chardonnay sont ici vinifiés et assemblés pour le meilleur du fruit, sur le mode de la précision, de la légèreté et de la sapidité. Une bouteille toute simple mais savoureuse, idéale en début de repas.

Rouge
BACO RÉSERVE 2009, DOMAINE LES BROME, QUÉBEC, CANADA
(24,05 $ – 11632804)

Le millésime passera sans doute au 2010 dans les succursales, mais l'important est de déguster ce rouge très coloré, franc de goût, aux beaux tannins bien ronds, élaboré par l'équipe du sympathique Léon Courville, dans les Cantons-de-l'Est. Pas de demi-mesure, l'ensemble est homogène, bien construit, frais, d'une certaine longueur. Il affectionnera les sauces réduites aux petits fruits noirs.

Rouge
CHIANTI CLASSICO RISERVA 2008, BANFI, ITALIE
(25,25 $ – 11366091)

Dans un style moderne, ce rouge élaboré principalement avec du sangiovese est passablement corsé, bien frais, aux tannins présents mais sans aspérités. Il est capable d'affronter le cerf et d'autres gibiers accompagnés de champignons des bois.

Moelleux
MOSCATEL DE SETÚBAL 2007, JOSÉ MARIA DA FONSECA, PORTUGAL
(15,25 $ – 357996)

Il tient le coup avec les pommes caramélisées, ce muscat très polyvalent du sud du Portugal. Il montre une palette variée où épicé, confit et oxydatif se complètent en déployant une longueur particulièrement intéressante. Sa finale saline ne vous plombera pas le palais au sortir de table. Servir frais.

AMÉRIQUE LATINE (ANTILLES)

RAZA
114, avenue Laurier Ouest, Montréal
Tél. : 514 227-8712
CUISINE : LATINE

Blanc
CHAMINÉ 2011, CASA AGRICOLA CORTES DE CIMA LDA, PORTUGAL
(13,95 $ – 11156238)

Carrie et Hans Jorgensen arrivent au Portugal en 1988 après avoir séjourné presque 10 ans en Malaisie. Elle est Américaine, il est Danois, ne connaissent rien au vin, mais apprendront rapidement. Le domaine familial comprend aujourd'hui 150 hectares de vignes. Ce blanc sec à base de viognier, d'antão vaz, de verdelho et de sauvignon blanc est une bombe fruitée, profondément originale par sa composition, assez polyvalente pour les plats épicés du Raza. Le secret le mieux gardé des connaisseurs !

Rouge
LADERAS DE EL SEQUÉ 2011, ALICANTE, BODEGAS Y VINEDOS ARTADI SA, ESPAGNE
(13,25 $ – 10359201)

Sans doute une des plus formidables affaires vendues à la SAQ cette année, mais un produit qui n'est disponible qu'en approvisionnement par lots. Deviendra-t-il un produit courant sous peu ? Espérons-le, à la condition que le prix n'augmente pas ! Un monastrell (le mourvèdre local) somptueux, riche et rond, passablement corsé, au fruité qui ne manque ni d'étoffe ni de caractère. Un régal.

Moelleux
CHÂTEAU LES TOURS DES VERDOTS 2005 OU 2006, CÔTES-DE-BERGERAC, DAVID FOURTOUT, FRANCE
(28,40 $ – 10889683)

Personne ne pense descendre vers Bergerac pour découvrir les moelleux et, pourtant, ce blanc doux de

David Fourtout est un petit bonheur de vin, plutôt délicat avec sa liqueur fine et son équilibre précis. Pensez à la croustade aux poires au dessert pour le porter au premier plan.

EUROPE

ALEX H
5862, rue Sherbrooke Ouest,
Montréal
Tél. : 514 487-5444
CUISINE : FRANÇAISE (BISTROT)

Champagne
PAUL GOERG BRUT 2005, CHAMPAGNE PAUL GOERG, FRANCE
(53,25 $ – 439190)

Il est encore meilleur que le 2004, qui avait pourtant traversé deux jours de l'An de suite sans faiblir de la bulle. Voilà un champagne bien dans sa peau, dosé comme il faut, avec de la rondeur et un fruité de pomme-poire mûre qui régale à tous coups. Champagne de repas ou d'apéro, c'est selon. Vous voulez épater la galerie avec un champagne plus fin encore ? Optez pour le « R » de la maison familiale Ruinart (77,50 $ – 10326004), au profil tendre, délicat et aérien, aux saveurs cristallines et lumineuses, longues à disparaître. La grâce même.

Blanc
CHABLIS LA CHABLISIENNE « LA SEREINE » 2009, LA CHABLISIENNE, FRANCE
(21,65 $ – 565598)

Cette cave n'a plus besoin de présentation. Vous la connaissez parce qu'elle semble éternelle en succursale, mais aussi parce qu'elle assure, bon an, mal an, une qualité constante, très focalisée sur ce qui fait la beauté d'un chablis, à savoir la pureté, la netteté, la tension et le souvenir minéral qui s'en dégage. Bonne affaire à ce prix.

Rouge
**FOLLÌA 2010, BARBERA-D'ALBA,
PODERE CASTORANI SRL, ITALIE**
(14,40 $ – 10966811)

Avec la bavette ou le filet mignon, votre choix sera le bon.
Ou bien vous démarrez avec ce beau rouge fruité, expressif
et bien structuré, ou vous attaquez avec le Barolo 2007,
de la même maison (28,50 $ – 10966845), deux rouges
modernes, authentiques et au caractère affirmé.

Rouge
**LA FLEUR ANNE 2009, SAINT-ÉMILION,
UNION DES PRODUCTEURS DE SAINT-ÉMILION, FRANCE**
(17,70 $ – 236653)

Ce classique sur les tablettes est produit par les vignerons
de Saint-Émilion et offre tout le juteux du millésime, avec
un fruité riche et soutenu, bien encadré par un boisé qui
ajoute des notes fumées. Demandez à ce qu'on le décante
pour vous. Servir frais.

GRENADINE
2004, avenue de l'Hôtel-de-Ville,
Montréal
Tél. : 514 287-0099
CUISINE : FRANÇAISE ET FUSION

Blanc muté
**PORTO BLANC FONSECA GUIMARAENS,
FONSECA GUIMARAENS VINHOS SA, PORTUGAL**
(14,80 $ – 276816)

On n'y pense jamais, mais à ce prix, un porto blanc vous
en offre beaucoup pour votre argent, compte tenu du
fruité proposé. Ou bien vous servez ce blanc doux
nature, bien frais, ou bien vous l'accompagnez de
glaçons, ou encore vous l'allongez avec quatre parts de
soda tonique pour une part de porto. Tout le fruité de la
malvoisie y est, intense, parfumé, texturé et de belle
rondeur au palais. Finale nette et harmonieuse. Pensez
ici aux olives vertes.

Blanc
**DOMAINE DU TARIQUET « LES PREMIÈRES GRIVES »
2011, SCF CHÂTEAU DU TARIQUET, FRANCE**
(17,15 $ – 561274) OU, DE LA MÊME MAISON,
GROS MANSENG 2010 (16,25 $ – 11462075)

J'ai le goût de vous proposer ce « sec tendre » que sont Les Première Grives avec des ailes de canard au miel en entrée, ou même avec les escargots et tomates confites en raison de l'alternance parfaite entre la sucrosité et l'acidité de ce blanc. Toutefois, si vous tenez à un vin sec, optez pour le second, impétueux, tonique, très personnalisé sur le plan fruité.

Rouge
**CABERNET-SAUVIGNON DE MARTINO LEGADO
RESERVA 2010, DE MARTINO SA, CHILI**
(16,90 $ – 642868)

Il fallait un rouge musclé, mais très frais, au fruité généreux et de première jeunesse pour s'attabler avec les côtes levées de veau BBQ ou l'épaule de sanglier confit. Non seulement ce beau rouge concocté par l'œnologue Marcello Retamal, une des stars du monde viticole chilien actuellement, est non seulement taillé pour la table, mais seul, il coule sans surcharger l'estomac. Il est consistant et expressif, même s'il n'a pas la densité du 2009.

Mousseux
**CHANDON RICHE, DOMAINE CHANDON,
CALIFORNIE, ÉTATS-UNIS**
(25,15 $ – 11473428)

Laissez-vous happer par ce mousseux doux et crémeux pour accompagner les surprises du dessert, ou sirotez-le simplement pour étirer la conversation sur des notes fines de pomme et de brioche. Délicieux.

LE CHIEN ROSE
234, rue Fleury Ouest, Montréal
Tél. : 438 289-1793
CUISINE : BISTROT (TAPAS)

Mousseux
CUVÉE FLAMME BRUT, CRÉMANT-DE-LOIRE, GRATIEN & MEYER, FRANCE
(20,20 $ – 1177856)

Toujours très digne que cette mousse apéritive, pleine de vitalité dans le verre comme dans l'esprit, proposant un fruité en équilibre sur un filon minéral aussi persistant que digeste sur la finale. Un des meilleurs mousseux de la Loire en ce moment. Très recommandable.

Blanc
RIESLING RÉSERVE 2011, LÉON BEYER, FRANCE
(18,15 $ – 081471)

Y a-t-il meilleure mise en bouche qu'un riesling bien tonique, très sec, au ton léger ? La réponse est non. Bon, il y a les inconditionnels de finos d'Andalousie, mais ça, c'est une autre histoire. Dans ce beau millésime, on sent que le vigneron ne s'est pas éloigné de l'esprit du raisin au moment de la vinification. Superbe harmonie. La finale reste vive, particulièrement digeste. Une invitation au bonheur à table.

Rouge
CANFORRALES 2011, LA MANCHA, CAMPOS REALES, ESPAGNE
(12,40 $ – 10327373)

Ce tempranillo s'imposera sans même avoir demandé votre avis. Il est comme ça. Coloré, parfumé, offrant un mélange de fruits secs (figue, datte) sur une trame herbacée de tabac frais. Il a du volume, de la puissance et une mâche tout aussi solide qu'elle offre de beaux tannins sphériques sur la finale. L'ensemble est rustique, mais tout de même sympathique.

LE QUARTIER GÉNÉRAL
234, rue Fleury Ouest, Montréal
Tél. : 438 289-1793
CUISINE : FRANÇAISE (BISTROT)

Champagne
**PASCAL DOQUET BLANC DE BLANCS BRUT,
CHAMPAGNE PASCAL DOQUET, FRANCE**
(43,00 $ – 11528046)

Ce serait presque trop bête de se priver d'une mousse en
début de repas, surtout si cette mousse est un champagne
d'un très bon calibre pour le prix demandé. C'est aussi faire
honneur à cet excellent restaurant dont c'est la seconde
apparition dans ce guide. Ici, on entre dans le vif du sujet,
le ton est donné avec ce fruité de pomme, cette valse
généreuse et tonique capable de lancer l'apéro comme
de poursuivre avec le premier plat. Tapez SAQ.com pour
en dénicher une bouteille, et sachez que les amateurs sont
à l'affût !

Rouge
**LA GRANDE CUVÉE 2010, MONTAGNE-SAINT-ÉMILION,
VINS ET VIGNOBLES DOURTHE, FRANCE**
(19,95 $ – 11374294)

Du beau, du bon merlot bien gonflé derrière une robe
profonde et un boisé qui le cerne, le structure et lui assure
un côté épicé particulièrement soutenu. Un rouge
moyennement corsé, bien frais, de belle étoffe, vendu à
bon prix. Évidemment, la pièce de viande s'invite ici à table.

Moelleux
**UROULAT 2010, JURANÇON, SARL CHARLES HOURS,
FRANCE**
(16,65 $ LES 375 ML – 709261)

Il y a d'abord le personnage : Charles Hours. Immédiatement
attachant, une espèce d'ours bien léché qui aime la vie,
le vin, la table, mais surtout faire plaisir avec les fruits
de sa terre. Les mains habiles de ce vigneron aussi sage
que consciencieux livrent un petit manseng tout ce qu'il

y a de saisissant, tiré de son clos Uroulat, d'une superficie de 3,5 hectares. Il y a de l'or, du miel, du coing, du confit dans cette liqueur fine, suave, brillante, élégante et harmonieuse. Une liqueur rieuse comme Hours lui-même, à savourer à la petite cuillère, seule ou avec un dessert pas trop sucré.

LE SMOKING VALLEY
4370, rue Notre Dame Ouest, Montréal
Tél. : 514 932-0303
CUISINE : FRANÇAISE (BISTROT)

Mousseux
GLORIA FERRER BRUT, GLORIA FERRER VINEYARDS, ÉTATS-UNIS
(21,90 $ – 10839184)

Vous vouliez attaquer le tartare de thon de façon originale ? Cette bulle bien porteuse, amplement fruitée, plutôt dynamique et passablement nourrie s'accomodera à merveille de la salinité du plat. Un mousseux de caractère, de belle tenue.

Blanc
PINOT GRIS RÉSERVE 2010, ALSACE, PIERRE SPARR ET SES FILS, FRANCE
(16,30 $ – 11675679)

À défaut de bulles, optez pour cet alsacien qui, en raison de son volume et de sa toute petite pointe de sucre résiduel, pourra faire la transition à table, avec le risotto par exemple. Fruité juteux, mûr, ample, de bonne longueur.

Rouge
CENTINE 2009, TOSCANA, CASTELLO BANFI, ITALIE
(18,20 $ – 908285)

Rien n'est laissé au hasard dans l'élaboration de ce vin. Compte tenu de son prix, celui-ci a même une certaine classe, en plus de révéler des saveurs soyeuses. Son caractère toscan, sur un corps bien proportionné, sait respecter le plat, et l'humain qui le boit. Mon conseil : apportez deux bouteilles, au cas où...

Moelleux

HARVEYS BRISTOL CREAM, SHERRY, BEAM GLOBAL ESPANA SA, ESPAGNE
(14,40 $ – 215483)

Le fondant au chocolat vous fait de l'œil ? Vous voulez tenter une surenchère, histoire d'avoir deux desserts, un dans l'assiette et un autre dans le verre ? À moins de 15 $, voilà une bouteille qui fera beaucoup de chemin ! Même les snobs ne lèveront pas le nez sur ce grand classique onctueux, aux saveurs chocolatées presque grasses, à la finale captivante. Miam.

LES CANAILLES
3854, rue Ontario Est, Montréal
Tél. : 514 526-8186
CUISINE : FRANÇAISE (BISTROT)

Mousseux

HOYA DE CADENAS BRUT, CAVA ROSÉ, VICENTE GANDIA PLA SA, ESPAGNE
(16,80 $ – 11676621)

Ce nouvel ajout au répertoire courant provient d'une maison qui livre aussi, à bon prix, du blanc, du rouge et du rosé de belle facture. La mousse de ce cava ne chavire pas trop le palais ; elle le fait plutôt en douceur, avec une saine vitalité, de façon légère et harmonieuse. Vous pourriez même continuer avec l'entrée de pieuvre et calmars.

Blanc

GROS MANSENG/SAUVIGNON 2011, SA VIGNOBLES BRUMONT, FRANCE
(12,95 $ – 548883)

Attachez votre tuque parce que, justement avec la salade pieuvre et calmars, voilà que tout, mets et vin, se dynamisera pour le mieux. Alain Brumont, comme les Grassa au Domaine du Tariquet, maîtrise à la perfection ces cépages blancs du sud-ouest en en amplifiant les caractères variétaux, sans une once de boisé pour en altérer la transparence. C'est sec, vif, simple, et tellement bien maîtrisé.

Rouge
CHÂTEAU BOUSCASSÉ 2008, MADIRAN, ALAIN BRUMONT, FRANCE
(19,25 $ – 856575)

Si le 2009 dégusté cette année en compagnie d'Alain Brumont lui-même avait un fruité d'enfer, ce 2008, plus sobre, a suffisamment d'étoffe pour accompagner la bavette ou le burger Homa de la maison. Pour moins de 20 $, il y a beaucoup de vin ici, mais surtout une rencontre intime entre tannat et cabernets (franc et sauvignon), qui fait la réputation de cè domaine familial où a grandi le mousquetaire Brumont. Robe soutenue, arômes profonds, sur un ensemble structuré, bien construit. Du caractère !

LES HÉRITIERS
1915, avenue du Mont-Royal Est, Montréal
Tél. : 514 528-4953
CUISINE : FRANÇAISE

Champagne
CHAMPAGNE ROSÉ BRUT PREMIER CRU FORGET-BRIMONT, CHAMPAGNE FORGET-BRIMONT, FRANCE
(49,25 $ – 10845883)

Encore présente dans ce guide parce qu'en matière de rosé, à ce prix, cette cuvée est littéralement imbattable. Les pinots dominent, évidemment, et les 20 % de chardonnay lui donnent hauteur et finesse. Ce champagne habilement dosé est tout fruit derrière sa robe rose tendre et son long chapelet de bulles. Bel équilibre, mais surtout une impression de boire un vin qui se la coule douce et prépare l'esprit, mais surtout l'estomac, à ce qui va suivre.

Blanc
CHABLIS LA VIGNE DE LA REINE, CHÂTEAU DE MALIGNY 2011, JEAN DURUP PÈRE & FILS SA, FRANCE
(23,50 $ – 560763)

Au cours de l'année, le remarquable 2010 laissera place à ce 2011, peut-être un peu moins large sur le plan des saveurs, mais tout aussi caractéristique de cet esprit chablisien qui table avant tout sur la droiture, l'intensité et la finesse du chardonnay issu de marnes calcaires. Finale nette, très pure.

Rouge
SANTA CRISTINA 2010, TOSCANA, MARCHESI ANTINORI SRL, ITALIE
(15,30 $ – 076521)

L'écurie Antinori nous a toujours habitués à une panoplie de vins authentiques, de belle facture, bien représentatifs de cette Toscane élégante et savoureuse, dans l'assiette comme dans le verre. Issu de la production des domaines maison, et non d'achat de raisins, ce rouge souple, franc, habilement fruité et légèrement boisé, coule en souplesse sur un ensemble de constitution moyenne.

Rouge
CLOS BAGATELLE « VEILLÉE D'AUTOMNE » 2008, SAINT-CHINIAN, HENRY SIMON, FRANCE
(19,95 $ – 979229)

Vous hésitez entre le carré d'agneau ou la longe de porc BBQ, alors que vous pourriez prendre les deux ? Cette Veillée d'automne vous fera veiller tard ! De plus, elle s'imposera avec tact avec ces deux plats, car on lui a assoupli les tannins en dotant la syrah d'une rondeur grâce à une vinification appropriée, pour l'enrichir ensuite de grenache et de mourvèdre, histoire de la structurer un brin. Fruité immense, très pur, surtout très séduisant, avec des tannins soyeux et bien tassés. Pure gourmandise.

TANDEM
586, rue Villeray, Montréal
Tél. : 514 277-3339
CUISINE : FRANÇAISE (CUISINE DU MARCHÉ)

Mousseux
L'HEREU RESERVA 2009, CAVA BRUT, JOSEP MARIA RAVENTOS, ESPAGNE
(19,60 $ – 11140615)

Épatez vos invités en dégustant à l'aveugle, sous le regard complice de la copropriétaire, Ericka, ce fantastique cava espagnol qui ne se laisse jamais intimider devant des dîneurs qui ont la soif à portée de lèvres. Un des *top* mousseux d'Espagne sur le marché actuellement, grâce à son style, mais surtout à son caractère net et bien droit, peu dosé sur le fond, d'un fruité riche, vivant, soutenu. À moins de 20 $, une affaire. Vous pouvez même le faire déborder sur l'entrée.

Blanc
POUILLY-FUISSÉ 2011, JEAN-CLAUDE BOISSET, FRANCE
(25,25 $ – 11675708)

Avec ce beau chardonnay signé Boisset, et après la petite bulle espagnole, tout indique que la suite sera particulièrement léchée. Comme il se doit, un fruité pur, magnifiquement équilibré dans ce beau millésime qui a donné naissance à de bons blancs. Rondeur, fraîcheur et une pointe minérale discrète qui relève le tout, sans insister sur le caractère boisé.

Rouge
MERLOT CHRISTIAN MOUEIX 2008, BORDEAUX, ETS. JEAN-PIERRE MOUEIX, FRANCE
(15,50 $ – 369405)

Avec le carré d'agneau de Pascal, ce beau merlot juste assez dodu détend bien ses tannins fins et fruités dans le sens de la fibre de la viande. Un chouïa austère dans ce millésime, qui succède à un 2005 plus riche ; il se rattrape toutefois grâce à cette élégance terrienne des vins qui n'ont pas à en faire trop pour régaler. Au moment d'écrire ces lignes, peut-être aurez-vous la chance de savourer le 2009 nouvellement arrivé. Dans ce cas, faites-en provision !

Rouge
BRONZINELLE 2010, COTEAUX-DU-LANGUEDOC, SCEA SAINT-MARTIN DE LA GARRIGUE, FRANCE
(16,95 $ – 10268588)

Ce grand classique sur les tablettes penchera du côté du cerf de Boileau en raison de sa sève soutenue et bien compacte ainsi que de son caractère bien affirmé, alliant le fruité à des nuances plus épicées de garrigue, de thym et de romarin. Passez-le en carafe une petite demi-heure et servez-le autour de 15 °C.

QUIZ
VINICOLE

I l y a les revues d'œnologie, les documents spécialisés, les magazines d'actualités sur le vin, qu'il s'agisse de *Vins & Vignobles* ou de *Cellier*, au Québec, de *La Revue du vin de France* ou *LeRouge&leBlanc*, en France, en plus des feuillets diffusés sur Internet ; bref, on ne peut pas dire que nous soyons à court de renseignements quand vient le temps de causer vin. Le plus beau de l'affaire, c'est que plus on croit savoir, eh bien, voilà qu'il manque toujours quelques réponses à nos questions.

Dans ce cas, après avoir concocté 70 questions depuis le début de la mise en chantier de ce chapitre, je vous en propose 10 autres. Parce que, personnellement, j'aime toujours apprendre quelque chose. Par exemple, je ne savais pas que le finage de Vougeot s'étendait sur 67 hectares, 8 ares et 67 centiares, dont 50 hectares, 59 ares et 10 centiares sont occupés par le Clos en question, ou encore que le mot anglais *flagon* ne signifie rien de plus qu'une grosse bouteille trapue. Bon, ça ne sert peut-être à rien de savoir tout ça, mais diable que ça se glisse bien dans une conversation entre la poire et le fromage !

Donc, 10 nouvelles questions, toujours 1 seule bonne réponse pour chacune d'elles. Vous trouverez les réponses à la fin du chapitre. Si vous peinez un peu avec ces questions, et comme vous êtes quand même ici pour vous amuser, je vous recommande la lecture de l'*Encyclopédie du vin* (réalisée sous la supervision de l'auteure Jancis Robinson et parue chez Hachette), que vous accompagnerez évidemment d'un verre du fringant sauvignon blanc La Grande Cuvée 2011, de la maison bordelaise Dourthe (16,20 $ – 231654).

1. Qui a conçu et imposé le tire-bouchon que nous connaissons aujourd'hui ? En quelle année ?

a. C'est l'Américain Thomas Jefferson, alors ambassadeur en France, en 1785.

b. C'est l'aventurier portugais Antonio de Abreu lors d'un périple au départ de l'île de Madère pour rejoindre les Indes, en 1511.

c. C'est le Britannique Samuel Henshall, en 1795.

d. C'est le neveu d'Armand Jean du Plessis, dit le cardinal de Richelieu, aux alentours de 1622, en France.

2. La région de Cognac est réputée pour ses eaux-de-vie fines. Au-delà des styles V.S., V.S.O.P. et X.O., que signifie la mention « Fine Champagne » sur l'étiquette ?

a. Que le contenu de la bouteille résulte de l'assemblage d'eaux-de-vie de Petite Champagne et de Grande Champagne, mais doit impérativement en compter plus de 50 % de Petite Champagne.

b. Que le contenu de la bouteille résulte de l'assemblage d'eaux-de-vie de Petite Champagne et de Grande Champagne, mais doit impérativement en compter plus de 75 % de Grande Champagne.

c. Que le contenu de la bouteille résulte de l'assemblage d'eaux-de-vie de Petite Champagne et de Grande Champagne, mais doit impérativement en compter plus de 50 % de Grande Champagne.

d. Que le contenu de la bouteille résulte de l'assemblage de crus de Grande Champagne à 100 %.

3. Qu'est-ce que le délestage ?

a. C'est l'action de pomper le jus du bas de la cuve jusqu'au chapeau de marc, situé en haut, favorisant ainsi une meilleure diffusion de la couleur.

b. C'est l'action visant à écarter le trop-plein de moût durant les fermentations afin d'assurer un meilleur ratio marc-jus, évitant du coup tout débordement de cuve.

c. C'est l'action visant à vendre au négoce non pas le deuxième, mais le troisième vin de la propriété jugé indigne de porter le nom du domaine.

d. C'est l'action de retirer entièrement de la cuve la partie liquide durant la cuvaison pour la transvaser sur le chapeau de marc, favorisant ainsi l'extraction.

4. Sur le plan des terroirs, quelle est l'affirmation qu'endosserait à coup sûr les pédologues ou autres spécialistes des sols et sous-sols ?

a. Les *albariza* sont à Jerez ce que les marnes kimméridgiennes sont à Chablis.

b. Les schistes du cambrien sont à Porto et à Maury ce que les galets roulés sont à Sancerre et à Pouilly-sur-Loire.

c. L'argile bleue est à Pétrus en appellation pomerol ce que les sols compacts de granit sont aux barolos dans le Piémont italien.

d. La *terra rossa* est à la Coonawarra australienne ce que les sables bitumineux sont à l'île de Lanzarote dans l'archipel des îles Canaries.

5. À qui attribue-t-on la citation suivante : « Jamais les orgies ne commençaient que tout le monde ne fût dans cet état de joie que donne le vin de Champagne » ?

a. Le marquis de Sade

b. Voltaire

c. Casanova

d. Cardinal de Richelieu

6. Qui est l'auteure de cette citation : « Je fis, adolescente, la rencontre d'un prince enflammé, impérieux, traître comme tous les grands séducteurs : le jurançon. Ces six flacons me donnèrent la curiosité de leur pays d'origine plus que n'eût fait un professeur » ?

a. Colette, dans *La treille muscate*.

b. Colette Renard, dans sa chanson *Les nuits d'une demoiselle*.

c. Dominique Rolin, dans *Journal amoureux*.

d. Véronique Rivest, sommelière, chroniqueuse et blogueuse.

7. À quoi fait référence une « ouvrée » sur un domaine vitivinicole ?

a. À une mince ouverture pratiquée au bas du demi-muid pour y prélever une part de vin correspondant à 25 cl. « Va me puiser une ouvrée dans le demi-muid n° 4 pour la dégustation de notre ami journaliste de passage. »

b. À une surface de vignes pouvant être travaillée par un vigneron en une journée et qui correspond à 4,28 ares.

c. À une percée du chapeau de marc durant la fermentation alcoolique qui, si elle n'est pas colmatée, entraîne une partie du marc au fond de la cuve, avec pour résultat un phénomène de turbidité important dans les jus.

d. À une danse ancienne du milieu du XVIe siècle, laquelle était pratiquée au cours du ban des vendanges en Haute-Savoie et consistait à placer les femmes au centre de la pièce, alors que les hommes se déplaçaient en cercle autour d'elles dans un exercice de séduction qui ferait même rougir aujourd'hui Anne-Marie Losique !

8. On a dit à Bordeaux, mais aussi ailleurs en France, que le millésime 2011 en était un « de vigneron ». Qu'entend-on par « millésime de vigneron » ?

a. Cela signifie que le millésime, selon les années bissextiles, alterne le travail mécanique de la machine à vendanger et le travail manuel des vendangeurs afin de préserver l'intégrité des ceps.

b. Cela signifie que le millésime est salué d'une appellation par l'ensemble des vignerons lorsque la belle qualité de la vendange le justifie.

c. Cela signifie que le millésime exige que les vignerons déclarent au fisc les dépassements de production à l'intérieur du plafond limite de classement (PLC) autorisé.

d. Cela signifie que le millésime, pas particulièrement facile, nécessite tout le savoir-faire du vigneron pour se réaliser pleinement, au final.

9. Bernard Pivot, auteur et grand amoureux de beaujolais, nous entretient dans son *Dictionnaire amoureux du vin* (Plon) du mot « Rubigales ». Quelle en est la signification ?

a. Ce mot fait référence à ces vastes caves voûtées qu'on scellait pour ne pas être vandalisé à l'époque des croisades en Europe. « On a retrouvé encore récemment des rubigales datant de l'an 1285 environ, mais dont le contenu avait, hélas, été pillé. »

b. Ce mot fait référence à un terme grivois de la fin du XVIIIe siècle et signifie « testicules » ou, plus familièrement, « couilles ». « Nous étions immergés jusqu'aux rubigales lorsque nous avons pigé avec les pieds dans le pressoir afin d'extirper les derniers jus. »

c. Ce mot fait référence aux reflets vermillon d'une cuvée dont l'acidité, parfois excessive, ajoute à la brillance et à la vivacité sur le plan visuel. « Nous avons déjà dans nos jus de gamay des nuances rubigales qui permettent d'espérer une excellente tenue en bouteilles ! »

d. Ce mot fait référence aux dieux romains de l'Antiquité, Robigus et Robigalia, connus comme étant les divinités qui empêchaient la vigne de geler le 25 avril de chaque année. « Pour le millésime 2012, au Québec, il aurait fallu avoir la bénédiction des Rubigales tellement la vigne a souffert ce printemps-là. »

10. La Bourgogne viticole compte 100 appellations d'origine contrôlée réparties sur près de 28 000 hectares. Quelle est la proportion de vins blancs par rapport aux vins rouges ?

a. 61 % de vins blancs et 30 % de vins rouges

b. 25 % de vins blancs et 66 % de vins rouges

c. 47,5 % de vins blancs et 43,5 % de vins rouges

d. 20 % de vins blancs et 71 % de vins rouges

Réponses

1-c, 2-c, 3-d, 4-a, 5-d, 6-a, 7-b, 8-d, 9-d, 10-a

INDEX
DES PRODUITS
CITÉS

INDEX DES PRODUITS CITÉS

INDEX DES PRODUITS CITÉS

INDEX DES PRODUITS CITÉS

INDEX DES PRODUITS CITÉS

INDEX DES PRODUITS CITÉS

INDEX DES PRODUITS CITÉS

INDEX DES PRODUITS CITÉS

INDEX DES PRODUITS CITÉS

INDEX DES PRODUITS CITÉS

INDEX DES PRODUITS CITÉS

Les Éditions Transcontinental
5800, rue Saint-Denis, bureau 900
Montréal (Québec) H2S 3L5
Téléphone : 514 273-1066
www.livres.transcontinental.ca

Pour connaître nos autres titres, consultez **www.livres.transcontinental.ca.**
Pour bénéficier de nos tarifs spéciaux s'appliquant aux bibliothèques
d'entreprise ou aux achats en gros, informez-vous au **1 866 800-2500**
(et faites le 2).

**Catalogage avant publication de Bibliothèque et Archives nationales
du Québec et Bibliothèque et Archives Canada**

Aubry, Jean, 1955-
Les 100 meilleurs vins à moins de 25 $
Comprend un index.

ISSN 1912-7650
ISBN 978-2-89472-649-5

1. Vin - Guides, manuels, etc. 2. Vin - Dégustation. I. Titre.
II. Titre : Cent meilleurs vins à moins de vingt-cinq dollars.

TP548.2.A925   641.2'2   C2007-300312-3

Coordination de la production : Marie-Suzanne Menier, Samuel Rosa
Révision : Diane Grégoire
Correction d'épreuves et indexation : Jacinthe Lesage
Mise en pages : Diane Marquette
Conception graphique de la couverture : Atelier Lapin blanc
Photos : Jean Aubry
Photo de Jean Aubry : Lesley Chesterman
Impression : Marquis Imprimeur – Division Gagné

Imprimé au Canada
© Les Éditions Transcontinental, 2012
Dépôt légal – Bibliothèque et Archives nationales du Québec,
4e trimestre 2012
Bibliothèque et Archives Canada

Nous reconnaissons l'aide financière du gouvernement du Canada par
l'entremise du Fonds du livre du Canada pour nos activités d'édition.
Nous remercions également la SODEC de son appui financier
(programmes Aide à l'Édition et Aide à la promotion).

LÉGENDE

 Point d'excitation : attribué à 10 vins à moins de 25 $ qui s'élèvent bien au-dessus de la mêlée dans leur catégorie

 Dont le rapport qualité-prix est avantageux

 Mise en carafe recommandée

LE CODE AMBIANCE

Amour
Vins de texture dont la trame chaude et sensuelle invite à la dégustation par petites touches

Copain
Vins légers et agiles qui délient les langues

Détente
Vins de mystère, profonds et évocateurs, qui chavirent doucement

Quotidien
Vins simples, polyvalents, qui font l'unanimité

LE CODE TEMPÉRAMENT

Musclé
Cépage énergique, puissant, racé

Solide
Cépage entier, précis, réservé

Élancé
Cépage aérien, volubile, spontané

Rond
Cépage plein, simple, accessible

LA GARDE DU VIN

CT
Court terme : meilleur au cours des cinq prochaines années

MT
Moyen terme : meilleur entre la 6e et la 10e année

LT
Long terme : meilleur au-delà de la 10e année